학교가 문을 닫으니 비로소 학교가 보인다
팬데믹시대 미래 교육

학교가 문을 닫으니 비로소 학교가 보인다
팬데믹시대 미래 교육

초판인쇄일 | 2022년 2월 10일
초판발행일 | 2022년 2월 20일
지은이 | 박혜자
펴낸곳 | 간디서원
펴낸이 | 김강욱
주　소 | (06996) 서울 동작구 동작대로 33길56(사당동)
전　화 | 02)3477-7008
팩　스 | 02)3477-7066
등　록 | 제382-2010-000006호
E_mail | gandhib@naver.com
ISBN | 978-89-97533-44-2 (03370)

* 잘못된 책은 바꾸어 드립니다.

학교가 문을 닫으니 비로소 학교가 보인다
팬데믹시대 미래 교육

박혜자 지음

간디서원

차 례

프롤로그 …… 7

1부 위드 코로나19 시대의 교육
학교가 문을 닫으니 비로소 학교가 보였다 …… 17
   미래 교육의 공습경보, 마스크에 갇힌 아이들 …… 19
   잃어버린 일자리, 인간지능 교육의 도전 …… 22
한 명의 아이도 놓칠 수 없는 학교 …… 28
   원격 학습과 연장된 부모의 교육열 …… 31
원격 학습 이후 높아진 디지털 역량 …… 37
학업중단을 줄이고 개인별 맞춤형 교육은 늘리자 …… 45
   늘어나는 학업중단 줄일 수 없을까? …… 45
   교육격차 줄이는 개인별 맞춤형 교육은 가능하다 …… 49
대한민국 교육, 글로벌 협력의 가능성 …… 54
   교육 컨텐츠 개발과 빅데이터 구축을 위한 미래교육정보원 …… 58
교육학술정보의 공유·유통추세와 그 파급효과 …… 62

2부 국회에서 배운 더 큰 교육
공허한 구호보다 제도적 장치가 먼저다 …… 69
   여성공직자들의 지위 향상 …… 69
   어르신을 위한 목욕탕 추진 …… 71
   친환경 축산, 황금닭 사업 …… 72
국립아시아문화전당, 문화정책과 행정의 만남 …… 77

광주의 문화예술 환경은 풍부하게 살아 있다 ······ 84
국가교육위원회는 지역의 새로운 코어인가 ······ 91
지역 소멸 위기, 지역의 인재육성이 필요하다 ······ 96
  늘어나는 지방 폐교 ······ 96
  지역 균형을 고려한 인재육성이 필요하다 ······ 99
국회에서 지역교육의 가능성을 보다 ······ 105
여전히 역사 왜곡에 갇힌 5·18 광주민주화운동 ······ 110
  국정교과서는 21세기형 내선일체다 ······ 113
  미래 사회를 위해 다시 민주주의를 생각한다 ······ 116
미래의 주인은 진로교육을 통해 만들어진다 ······ 120
세월호의 아픔은 안전 사회로 이어질 노둣돌 ······ 126
  청소년과 노인문제의 사각지대를 찾아라 ······ 130

3부 미래 교육을 위한 준비

10년 후 20년 후 대학은 어떤 모습일까? ······ 135
학교 담장이 허물어지고 있다 ······ 141
  학교를 통해 국민건강을 지키는 최전선 방역시스템 ······ 144
인구감소와 학교 내 비정규직 문제 ······ 148
교육격차를 해소할 수 있을까? ······ 156
  교육 해체 그 이후는? ······ 156
싸우면서 크지 않는 요즘 아이들 ······ 161
기초학력도 인권이다 ······ 165
더 소소한 교육인권을 위하여 ······ 171
메타버스와 미래 교육 ······ 175
고교학점제와 학교재정의 공공성 ······ 179

학교재정의 공공성 …… 181
진짜, 국가 학업성취도 평가의 의미는? …… 186
의무교육과 교육개혁 …… 191
　　　5·31 교육개혁을 넘어 미래로 …… 193
증거기반 교육정책이 합리적일까? …… 198

4부 광주교육의 미래를 만들자
학교와 마을을 '잇자' …… 207
교원의 역량은 디지털 역량이다 …… 212
　　　AI 선생님? …… 215
미리 가 본 다양한 미래 학교 …… 220
　　　그린스마트 미래 학교 …… 223
미래 학교 공간은 어떤 모습일까 …… 226
기술의 진보가 학업성취도를 높여줄 수 있을까? …… 231
　　　메타버스, 교육투자의 블루오션 …… 234
철학교육이 모든 미래 교육의 기초 …… 239
　　　우리 교육 현장에서 질문은 왜 빈곤할까? …… 240
　　　청소년의 독서교육은? …… 242
초중고에서 왜 인문학이 필요한가? …… 245

5부 한국교육학술정보원의 성과 및 나의 독서
대한민국 교육을 이끈 KERIS의 3년간(2021~2019) 성과들 …… 253
나의 독서 …… 267

에필로그 …… 359

프롤로그

1.

　광주는 대한민국의 뜨거운 가슴이다. 오랫동안 광주는 대한민국의 심장이 되어 미래로 뛰어왔다. 그 뜨거운 가슴 속을 지피는 힘은 의향, 미향, 예향이다. 역사 속에서 오래도록 정의를 가슴 속에 가꾸고 키워온 고장이다. 필자에게 가장 큰 자긍심의 뿌리다. 가까운 근현대사의 구한말 의병, 광주학생독립운동, 4·19, 5·18. 크고 굵직한 사건들은 불의에 맞선 숨결들로 자랑스럽다. 여기에 물산이 풍부한 남도의 가슴은 후덕한 인심의 양념이 되어 속마음까지 비벼낸 맛깔스런 혼불이 어우러진 곳이다. 남도소리, 문인화, 농악, 이 모든 문화예술은 남도의 승화된 혼이다. 그 혼이 도처에 살아 숨 쉰다. 문화예술의 깊은 혼불을 지피는 고장이다. 광주가 늘 뜨거운 이유다.

　그런 광주의 향기와는 달리 21세기 광주교육은 얼마나 시민들의 가슴을 울리고 있는가?

항상 다른 지역으로 떠나기 바쁜 인재들은 밖으로 나간 뒤 돌아오지 않고, 지역의 인프라와 결합하여 시너지를 만들어내지 못하고 겉도는 교육 현실, 교육에 관한 한 다른 분야에서 얻은 높은 평가와는 너무 다르다. 안타깝게도 국회 교육상임위원회와 한국교육학술정보원 원장으로 있으면서 그 실상의 면면을 목격하면서 가슴이 절절하게 아팠던 기억이 고스란히 남아 있다. 낡은 행정력과 교육 의지, 치우친 가치 지향과 낡은 교육환경으로 시민이 원하는 만큼 편하게 배울 수 없는 불안한 광주교육을 보았다.

교육은 대한민국의 미래다. 결코 교육이 광주만의 미래일 수 없다. 미래를 펼쳐나가기 위해 대한민국이 고민을 던지더라도 광주가 화답해야 할 일이다. 광주가 짊어진 고민은 지역의 특수성으로부터 출발하더라도 대한민국의 고민으로 공감될 때 모든 지역에서 환호받을 수 있을 것이다. 광주가 고유하게 가지고 있는 잠재적인 역량은 전국적으로 커질 수 있는 확장성을 얼마든지 지니고 있다. 그 힘이 광주의 저력이고 희망이다. 대한민국 현대사에서 5월 광주가 차지하는 위상이 그 대표적인 사례이다. 그럼에도 불구하고 시민들의 지자체 정치와 교육에 대한 만족도가 상대적으로 낮다는 점이 문제다. 광주가 가야 할 방향을 명확하게 제시해주는 질문이다.

교육의 현실은 그 지역사회의 잠재력을 반영하는 중요한 척도다. 광주를 제대로 말하려면 교육을 자세하게 들여다봐야 한다고 믿는다. 민선 3기 내내 우리는 참교육을 외친 전교조 출신의 고군분투를 지켜봤다. 그분들의 노력이 긍정적인 결과를 만들지 못한 것은 아니지만 안타깝게도 시민들의 만족도는 성과에 비해 너무 초라했다. 지금껏 그렇게 비난받으면서도 실력 광주의 명성은 빛났지만, 이후 실력의 실체를 둘러싼 논란은 고단했다. 업그레이드되지 못한 채 더더욱 대안도 제대로 발굴해내지 못했다는 것은 광주교육의 안타까움이었다. 학교 현장의 신뢰도뿐만 아니라 시민들의 기대치와는 너무 먼 이야기가 되어버린 학력과 민주시민 육성이었다. 민주시민을 육성하겠다는 구호는 요란했으나 광주에 걸맞은 명품 민주주의 교육을 어디에서도 디자인 해내지 못했다. 평생 동안 교육의 울타리를 벗어나지 않고 '광주교육을 어떻게 디자인할까'를 화두로 붙잡고 있는 사람으로서 안타깝기 그지없는 일이다.

  지나간 역사를 비난하는 일은 즐거운 일이 아니다. 지난 과거 역사는 미래를 열기 위한 성찰의 디딤돌 정도의 가치일 뿐이다. 그들 나름대로 시대 상황과 환경 속에서 쌓아 올린 업적을 평가 절하할 필요는 없다. 미래를 위한 평가는 그들의 업적에서 출발해야 한다. 내 관점을 고집한 채 과거 사람들의 관점을 비난하듯이 접근하면 서로 다른 차이는 이해되지 않고 오해와 갈등만 너 커질 수 있다. 우리가 고민해야 할 지점은 '왜 참교육 정신이 교육 현실에 제대로 투영되지 못했는가?'일 뿐이다. 여기에서부터 고민이 시작되어야 한다. 그리고 새롭게 보완의 과정을 거쳐야만 광주교육이 튼튼해질 수 있다. 그 이외의 문제는 후속 세대의 몫이다. 필자는 그들의 참교육 가치가 미래 교육으로 녹아들기 위해서 대전환의 계기가 필요하다고 믿는다. 그것이 민선 4기를 염원하는 시대정신이다.

 광주교육의 새로운 대전환을 열어가는 일은 시대적 소명이다. 지역 교육사회가 유지하고 있는 한정된 진보 문화는 변화를 막은 담합이었다. 광주교육의 시대적인 대전환기를 맞아서 혼자 감당할 수 없는 일이다. 모두가 나서야 한다. 그래서 광주교육의 미래를 준비하기 위한 사회적인 대타협을 제안한 적이 있다. 그때 참석했던 사람들 중에 안타깝게도 갓 졸업한 고등학생들이 가장 명쾌한 광주교육의 해법을 제시했다. 어른들은 오히려 소극적인 모습이었다. 광주를 위해 광주교육의 희망을 거는 것은 해박한 지식을 요구하는 것이 아니다. 시대와 어울리고 미래와 감각을 맞출 수 있는 말랑말랑한 내용이 필요할 뿐이다. 어느 분야보다 교육계는 권위주의 시대에 익힌 통제문화를 교정하지 못하고 있다. 시민들이 전교조 출신에게 기대를 걸었던 가장 큰 이유였다. 하지만 유연하게 해법을 찾을 수 있을 것이란 기대는 허물어졌다. 그 진보교육 12년의 결과는 무색해졌다. 이제 우리 시민들이 나서야 해결될 과제다. 어떤 한계 때문에 생긴 것인지 촘촘하게 살펴봐야 할 문제다.
 광주교육은 광주다운 광주교육의 정체성을 만들기 위해 온 마을이 나서야 한다. 학교가 변화면 광주가 변하고, 광주가 변하면 대한민국의 미래가 희망차게 다가올 것이다. 그것이 광주시민이 염원하는 미래 교육의 길이다. 그 길은 특정 세력과 다른 지역의 평판으로 만들어지는 것은 아니다. 우리는 '참교육'을 외치는 전교조 교사에 대해 환호한 적이 있다는 사실을 기억하면서 미래로 나아가야 한다. 하지만 요즘은 그들에게 등 돌린 사람들이 많다는 점도 의식해야 한다. 전교조에게 기대했던 몫을 감당하지 않아서 차갑도록 냉랭해졌다. 이제 시민들이 변화를 주문하고 있다. 이제 시민들을 중심에 모시고 일선 학교 현장을 지키는 최일선에서 헌신하고 있는 선생님들의 가치를 높이 받들고 모셔야 한다.

'광주답다'는 이야기 속에 숨은 2% 부족한 문제는 교육계를 지키고 있는 일선 선생님들의 몫이다. '광주다움'이란 선진적 민주의식, 공정한 정의감, 용기있는 실천력, 창조적인 문화예술적 감성, 인문학적 소양을 담아내는 말이다. 그 매력 위에 시민과 학교가 손을 맞잡고 한없이 담금질을 더해서 부족한 자신을 채우고 노력하여 유능한 능력을 갖추는 데도 게을리하지 않아야 한다.

2.

한국교육학술정보원(KERIS)은 온라인상의 교육부다. 코로나19로 학교가 문을 닫게 되자 비로소 학교가 보이기 시작했다. 한편으로는 대한민국 교육을 지키기 위해 케리스는 방역과 돌봄과 학습을 병행하기 위해 위기의 한복판에서 싸웠다. 그 덕분

(?)에 디지털 전환기 한국 미래 교육의 기틀을 마련할 수 있었고, 학교 역할의 새로운 패러다임을 꼼꼼하게 정립할 수 있었다.

물론 디지털 환경의 확장이 되면 될수록 염려되는 점이 많다. 정보통신 에티켓은 기본이고, 현실과 가상의 세계에서 벌어지는 심리적 혼란, 이제 현실을 현실과 가상이 결합된 증강된 현실, 확장된 가상현실이 정보통신 공간에서 실제처럼 활동할 때 윤리적인 사고기준을 어떻게 할 것인지, 메타버스 공간의 소유권 다툼을 교육적으로 어떻게 준비할 것인지 등은 아직 어떤 법제적 접근도 갖추지 못하고 있다. 과거 아날로그 방식인 원격수업과는 차원이 다른데도 여전히 시스템은 낡은 상태다.

케리스는 매일 같이 17개 교육청의 상황과 서버를 시간대별로 점검하면서 가슴을 졸였다. 원격수업 종료 시간을 두고 학부모님들의 민원에 시달리기도 했고 실무자들과 함께 밤을 새우는 것도 다반사였다. 지금은 교실 상황에 근접한 화상 수준을 구현함으로써 학생과 교사가 쌍방향으로 서로 소통할 수 있도록 진화하는 단계에 들어선 것으로 자긍심은 무너지지 않게 되었다.

첫 번째 성과는 사립유치원의 재정회계 투명성을 위한 K-에듀파인 개통이다. 이어 두 번째는 코로나 팬데믹으로 불어닥친 교육 중단을 막기 위해 필사적인 노력으로 300만 명 동시접속이 가능한 e학습터의 원격수업 플랫폼을 만들어 낸 것이다.

그뿐이 아니다. 어떤 상황에서도 우리 학생들과 학교의 자료는 안전하게 관리되어야 한다는 일념으로 세종에 재난안전관리센터(DR센터)를 구축하였고, 2023년 개통을 앞둔 지능형 나이스(NEIS) 구축도 순조롭게 진행 중이다. 보이지 않은 곳에서 교육이 지속될 수 있도록 고군분투한 셈이다.

교육의 대전환기 교사의 디지털 역량 강화가 무엇보다도 중요하다고 보고 이를 위해 '지식샘터'를 열어 연찬 활동을 확장할 수 있도록 지원했다. 월 200개가 넘는 강좌를 통해 새로운 교수학습 방법을 적극적으로 전수했다.

이와 함께 교사와 학생들의 미래 교육 발전소라 할 '에듀테크 소프트랩'을 광주를 비롯 경기교육청과 대구 3곳에 열어 운영에 들어갔다. 또한 K-에듀통합플랫폼 구축을 위한 기본계획을 수립하여 진행 중에 있다. 이를 통해 향후 질 높은 원격수업의 안정적인 기반을 구축할 것으로 기대되고 있으며 이는 한국교육의 세계화에 기여하게 될 것이다.

이런 노력에도 불구하고 문제는 사람이 기술과 과학에 밀리면서 인성을 담아내는 가치관을 소홀히 할 수 있다는 점이다. 가치판단과 비판적 사고력을 키워주는 인문학적인 마음가짐을 뒷받침하지 못하면 심각한 교육적 블랙홀에 빠져들 수 있다. 생각은 실종되고 기계적 필요성만 부각될 수 있다. 능력은 넘치지만 사람 노릇을 담아내지 못하고 만다면 우리 사회 전체가 근본적으로 불행해지고 말 것이다. 사람됨의 인성과 잠재능력의 신장은 광주교육이 가야 할 두 축인 셈이다.

대학에 재직하면서 교육에 대한 시선을 키웠다면 국회와 한국교육학술정보원에서는 실제 집행력을 키우는 기법을 배웠다. 이런 활동을 끝으로 온라인 교육부 격인 한국교육학술정보원 원장직을 맡아왔던 3년을 갈무리하면서 광주를 사랑하는 마음을 오롯이 담아냈다. 시작은 미미하나 끝은 장대하리라는 성경 구절을 좋아한다. 그 마음은 광주가 더 크게 더 넓게 열린 지역으로 거듭나기를 희망하는 간절함만 담았을 뿐이다. 나머지는 시민들의 몫이고 현장의 교육관계자들 몫이다. 필자는 일머리가 좋은 1등 머슴이고 상일꾼으로 일할 마음의 준비가 되었다. 이제 광주교육의 대전환을 위한 대장정의 부흥을 주문한다.

글쓴이 박혜자

1부 위드 코로나19 시대의 교육

학교가 문을 닫으니 비로소 학교가 보였다
한 명의 아이도 놓칠 수 없는 학교
원격 학습 이후 높아진 디지털 역량
학업중단을 줄이고 개인별 맞춤형 교육은 늘리자
대한민국 교육, 글로벌 협력의 가능성
교육학술정보의 공유·유통추세와 그 파급효과

학교가 문을 닫으니 비로소 학교가 보였다

코로나19가 처음 발생한 지 어언 2년을 맞고 있지만 코로나 확진자 수는 여전히 맹위를 떨치면서 연일 최고치를 경신하고 있다. 한국교육학술정보원(https://www.keris.or.kr)은 대구에 위치한 터라 코로나 발생 초기 단계부터 연일 코로나와 전쟁을 치러왔다. 코로나19 종합상황반을 구성하여 보직자와 필수 요원을 제외하고 재택근무를 실시하기도 했고 확진자와의 밀접접촉자나 동선 중복자에 대해서는 선제적인 자가격리제를 시행하기도 했다. 코로나와 같이 전염성이 강한 질병은 정보를 신속하고 투명하게 공개하는 것이 최선이라는 생각으로 매일매일 우리 원의 코로나 일지를 전 직원이 공유함으로써 보도통신에 휘둘리지 않고 자신이 자신을 가장 잘 방역할 수 있다는 믿음으로 지켜왔다.

이제 코로나 백신이 개발되었고 국내에서도 집종이 빠르게 진행되고 있어 코로나의 긴 터널도 서서히 끝을 맞이할 수 있을 것이다. 그러나 우리가 제대로 된 준비도 없이 맞을 수밖에 없었던 비대면 사회의 경험들이지만 코로나가 끝난다고 해서 이 경험들이 사라지지는 않을 것이다. 우리 사회의 변화는 이미 시작되었고 교육의 영역도 예외는 아니다.

학교에 가서 선생님께 배워야만 했던 교육은 이미 학습자 중심의 러닝으로 바뀌고 있다. 초등학교에서 대학에 이르기까지 학습자 중심이 가져올 선택권은 빠르게 진화하고 있다. 자기주도적 문제해결 능력을 키우는 학습이 중심이 되면서 수업시간도 한 입에 먹을 수 있는 분량의 짧은 강의, SNS를 통해 협치하고 소통하는 능력, 그리고 무엇보다 재미있어야 선택받을 수 있다는 점 때문에 지루할 새 없는 다양한 수업방식과 콘텐츠가 등장하고 있다.

한국교육학술정보원도 코로나 와중에 그 존재가치를 새삼 확인하게 되었다. 학생들의 학교 출석가능 여부를 결정해주는 자가진단시스템을 통해 학교 방역을 지원했고 재택수업을 위한 온라인 학습을 제공했다. 이 때문에 e학습터와 위두랑, 디지털 교과서 접속량이 200배 이상 폭발적으로 증가하면서 서버를 증설하고 관련부서는 비상근무체제를 유지하면서 대응하였다. 대학에서도 KOCW(Korea Open Course Ware, 고등교육 교수 학습자료 공동활용 체제)와 MOOC(Massive Open Online Course, 온라인 공개수업) 등 온라인 강의 콘텐츠가 강단을 대신했다. 그동안 일각의 우려 때문에 주춤거리던 디지털 교과서도 이제는 선생님들이 직접 만드는 교과서로 진화해가고 있다.

민간에서도 온라인을 통한 교육지원에 나서 다양한 콘텐츠를 제공하면서 중단없는 교육에 동참했다. 온라인 학습을 통해 학생들의 학습정보가 축적되면 AI알고리즘을 통해 개인 맞춤형 학습이 가능해진다. 2030년이 되면 최대 인터넷회사는 교육분야가 될 것이라는 미래학자들의 예측을 들먹이지 않더라도 온라인을 통한 디지털학습은 피해갈 수 없는 미래 교육의 모습이다. 각자의 학습역량과 진로에 걸맞은 맞춤형 강의콘텐츠를 제공해주는 것은 이미 진행되고 있고 이번 온라인 학습 경험이 이를 더욱 가속화시킬 것이다. 교육과 기술을 결합한 에듀테크 산업도 비로소 그 존재 이유를 확인해주고 있다.

역설적으로 코로나는 우리 사회에 제4차 산업혁명시대로 진입을 재촉하며 교육의 혁신을 요구하고 있다. 기술만으로 교육을 변화시킬 수는 없지만 효과적인 자기주도 학습을 위한 기술을 배제해서도 안 된다. 코로나로 인한 교육의 새로운 학습경험, 그리고 그것이 가져올 변화를 주목한다.

미래 교육의 공습경보, 마스크에 갇힌 아이들

코로나19는 우리 일상을 전면적으로 바꾸어 놓았고 우리 아이들의 학교생활까지 흔들어 놓았다. 이러한 변화가 계속된다면, 몇 년 후 우리 아이들이 기억하는 학교는 어른들의 기억과는 다를 것이다. 그 정도가 아니라 마스크에 갇혀 얼굴도 기억하지 못한 가운데 교사 학생의 관계가 이뤄질 것이다. 아이들에게 학교는 교실이 아니라 안방일 수도 있고 가상공간일 수도 있다. 친구들과 몸을 부딪치며 어울리는 대신 아바타로 인사를 나누고 친구의 모습도 서로 비슷비슷한 아바타 스타일로 기억하게 될지 모른다.

흔히 태풍의 눈에 들어서면 별다른 변화를 감지하지 못하는 고요함에 놓이게 된다고 한다. 우리가 사는 세상이 빠르게 변하고 교육 현장에도 미래 교육의 태풍이 몰아치고 있지만, 정작 우리는 코로나가 끝나면 예전의 학교로 돌아갈 수 있을 것이라고 믿는지 잠잠하다. 코로나19로 인한 교육 중단을 막기 위한 방편으로 원격수업을 시작했고 이제는 쌍방향 화상수업으로 진화하고 있다. '학교가 문을 닫으니 학교가 보였다'는 말처럼 닫힌 문 앞에서 오로지 문이 열리기만 고대하면서 등교만 하면 교육의 모든 문제가 사라지고 다시 과거의 학교로 회귀할 수 있다고 믿는 것일까. 교육학자 마크 프렌스키(Marc Prensky)는 "우리 학생들은 근본적으로 달라졌다. 오늘날 학생들은 더 이상 우리의 교육시스템이 가르치려 했던 그 아이들이 아니다"고 지적하면서 "더 좋은 교육방법을 찾기 위한 실험을 하지 않는 것은 무책임하다"고 일갈한다. 교육은 달라져야 하고, 이미 달라지고 있다.

당장 내년부터 국가교육위원회가 출범하고, 2022년 개정 교육과정과 고교학점제가 단계별로 시작된다. 어느 하나도 현장 착근이 결코 쉽지 않은 개혁과제들이다. 필자가 근무하고 있는 한국교육학술정보원은 국가 미래 교육기관으로서 개정 교육과정을 위한 플랫폼을 열어 국민의 의견을 수렴하고 고교학점제를 뒷받침하는 지능형 나이스를 준비 중이다. 무엇보다 미래 교육을 향한 준비작업으로 교육 콘텐츠와 에듀테크 서비스 등 교육자원의 총 집합체라 할 "K에듀 통합 플랫폼" 구축이 진행 중이다. K에듀 통합 플랫폼은 교사들에게는 교수학습 설계부터 학습관리 시스템, 그리고 다양한 콘텐츠와 에듀테크(교육기술)까지 지원하며, 학생들에게는 언제 어디서나 수업이 가능한 플랫폼을 통해 자기주도적인 학습역량을 키울 수 있는 기회를 제공한다. 학습과정에서 생성된 다양한 형태의 정보를 빅데이터 형태로 축적하여 AI기술로 분석·기록·관리함으로써 개인별 맞춤형 학습으로 나아가게 되는 기폭제가 될 것이다.

교육은 근본적으로 인간과 인간 사이의 상호작용 과정이며, 교육의 목적은 학생들의 경험을 확장하는 데 있다. 미래 교육은 기술을 통해 사회적 소통을 확대하고, 학습자의 경험을 넓혀줄 수 있으며, 데이터 분석과 활용을 통해 교육의 신뢰성과 객관성을 높여줄 수 있다. 나아가 인공지능 등 첨단기술을 활용한 학습지원을 통해 학생을 중심에 두고 교육의 보다 근본적인 변화와 혁신을 요구할 수도 있다. 반대로 맹목적인 기술주의에 함몰되면 교육 본연의 역할을 상실하고 인간성 상실과 교육격차를 확대하는 부작용을 유발할 수도 있다. 다만 분명한 것은 향후 몇 년간 코로나19가 촉발한 시대적 대전환의 흐름 속에서 정책 변화와 기술의 진보가 맞물려 초래할 미래 교육의 공습에 대비해야 한다는 것이다. 교육은 아이들이 우리의 미래라고 믿는 데서 출발한다. 부디 우리의 미래를 위한 고민과 성찰이 때를 놓치게 되지 않기를 바란다.

잃어버린 일자리, 인간지능 교육의 도전

"인공지능·로봇 기술·생명과학 등이 주도하는 4차 산업혁명의 쓰나미로 상당수의 기존 직업이 사라지고 기존에 없던 새로운 일자리가 만들어질 것"이라고 세계경제포럼(WEF)의 미래 보고서는 지적했다.

지금 초등학교에 입학하는 어린이들의 약 65%는 현재 실존하지도 않는 일자리에서 일하게 될 것이다. 앞으로 시대는 지금보다 훨씬 더 빨리 바뀔 것이고, 거기에 대응하지 못하면 더 힘들게 살 것이다. 4차 산업혁명의 시대, 인공지능과 공존하면서 우리는 살아갈 것이다. 인공지능은 인간의 학습능력, 추론능력, 지각능력, 자연언어의 이해능력 등을 컴퓨터 프로그램으로 실현한 기술이다. 인간의 고유한 능력들이 과학기술과 결합되어 새로운 목표와 방식을 적응하도록 요구하고 있다.

새로운 교육의 목표는 시각적으로 공간적으로 확장된 증강현실을 만들어 그에 맞는 교육내용과 교육방법의 대혁신이 절실한 현실이다. 특히 4차 산업혁명시대 교육의 목적으로 인성과 자율성 그리고 창의성을 꼽을 수 있다. 지식 중심의 함양이 아닌 멀티적인 창의성을 바탕에 두고 생각하는 각자 주도적 능력을 개발하고, 스스로 문제를 발굴하여 해결하는 비판적 사고 능력, 기계를 활용하는 기술적 능력 등이다. 인터넷과 스마트폰의 등장은 세상과 소통하는 방법을 바꾸었다. 이제는 인공지능이 다시 인간이 세상을 살아가는 삶의 방식을 바꾸고 있다. 그렇다면 인공지능 시대, 교육의 역할은 무엇일까? 어떤 인간을 길러내야 할까?

소프트뱅크의 손정의 회장이 문재인 대통령을 만나 대한민국이 살길은 첫째도, 둘째도, 셋째도 AI(인공지능)라고 언급한 적이 있다. 시간이 지날수록 AI는 미래 사회 최대 관심사로 등장하고 있다. 대통령도 AI 정부를 만들겠다는 발표를 하면서 AI 대학원이 설치되고 모든 분야에서 AI 인재 모시기 경쟁이 갈수록 치열해지고 있다.

AI는 인간의 지능보다 학습 속도가 현저히 빠르고 장래 스스로 학습기능까지 갖게 될 것으로 보인다. 머신 러닝과 딥 러닝(deep Learning)이 그것이다. 머신 러닝(Machine Learning)은 컴퓨터가 학습할 수 있도록 하는 알고리즘의 기술을 개발하는 분야를 말한다.

인간의 지능은 오랜 시간 여러 세대를 거치면서 후손에게 DNA를 통해 진화해왔다. 반면에 인공지능은 단순히 수학 계산 능력을 넘어 인간을 위협하는 수준 이상으로 판단과 통찰력을 발휘하여 지배할 능력에까지 이르렀다. 인공지능의 파괴적 혁신에 대한 두려움보다는 대응책을 즉시 찾을 수밖에 없는 절박한 상황에 와 있다. AI가 자신의 지능을 후손에게 전달하며 진화하는 시스템 기능이나 복제는 불가능하게 해야 하고 또 허용되어서도 안 된다는 태도를 지적하지만 이미 그 기술력은 통제수준을 넘어선 것으로 소극적인 고민일 수 있다는 점이 문제다.

인공지능을 인간의 통제하에 둘 수 있을까?

이렇게 등장하고 있는 인공지능으로 인해 인류는 또다시 사회 전반에 걸친 구조적인 변화를 겪게 될 수밖에 없다. 이것이 바로 제4차 산업혁명이다. 그동안 인간이 겪었던 농업혁명과 산업혁명, 그리고 인터넷 혁명이 1차, 2차, 3차 산업혁명이었다면 이제 시작된 제4차 산업혁명은 빅데이터, 사물인터넷, 클라우드, 모바일 기술과 기계학습과 같은 인공지능 기술의 융합으로 대표된다. 그간의 산업혁명이 인간의 한계를 극복하는 데 도움이 되었다면, 이제는 인간의 욕구나 필요를 분석해서 대응함으로써 기계가 인간과 같아지려는 변화로 나타날 것이다.

제4차 산업혁명은 초연결, 초지능, 초실감의 특성을 갖는 반면 승자독식(Winner takes all)에 대한 우려가 제기된다. 과거 산업혁명이 원유에 의존하였듯이 지식 정보화사회에서는 데이터가 원유로 표현된다. 수많은 데이터 중에서 가장 정확하고 빠르게 정보를 획득하는 사람이 부와 권력을 독점하게 된다. 이미 세계에서 시가총액이 가장 높은 기업 1~5위는 마이크로소프트, 아마존, 구글, 페이스북 등 정보기업들이 차지하고 있다.

한국교육학술정보원을 찾아오는 많은 해외 교육기관들은 우

로고	기업	국가	시가총액 USD	시가총액 KRW
	마이크로소프트	🇺🇸	1080 억달러	1279 조원
a	아마존	🇺🇸	956 억달러	1132 조원
	애플	🇺🇸	955 억달러	1131 조원
G	구글	🇺🇸	863 억달러	1022 조원
f	페이스북	🇺🇸	570 억달러	675 조원
	버크셔 해서웨이	🇺🇸	516 억달러	611 조원
	알리바바	🇨🇳	465 억달러	551 조원
	텐센트	🇨🇳	450 억달러	553 조원
	JP모건 체이스	🇺🇸	377 억달러	446 조원
	존슨앤존슨	🇺🇸	347 억달러	411 조원

2019년 세계 시가총액 상위 10개 기업

리나라가 전쟁으로 폐허가 된 상태에서도 오로지 자식교육에 투자한 부모들 덕분에 가장 빠른 시간 내 빈곤을 극복하고 선진국대열에 들어섰다고 부러워한다. 미국의 오바마 대통령이 수차례에 걸쳐 한국의 교육을 높이 평가했고 얼마 전 우리 정보원을 방문한 미국 알라바마 주정부 교육감도 한국의 교육시스템을 배우러 왔다고 말했다. 그러나 정작 우리 학생들의 교육만족도는 OECD국가 중 하위권이고 노벨상 하나에 목맬 만큼 고등교육의 경쟁력도 낮다. 며칠 전 발표된 PISA의 학업성취도도 하락 중에 있다. 결정적인 흑역사를 이끄는 것은 사교육비 지출과 해소되지 않은 교육격차다.

제4차 산업시대 우리 교육의 해법을 찾는다면 교육에 새로운 기술을 접목시키는 에듀테크(Edutech)가 그 한 대안이 될 수 있다. 인공지능이나 온·오프라인의 융합, 모바일, 소셜러닝 그리고 AR·VR을 이용한 하이퍼리얼 학습은 스스로 자기주도적인 학습을 가능케 한다. 무엇보다 에듀테크는 미래 사회 우리 아이들이 갖추어야 할 새로운 역량인 창의성과 협업능력, 의사소통 능력, 비판적 사고력과 문제해결 능력 등을 길러줄 수 있다. 그보다 한 걸음 나아가 수요자 각자의 수준과 요구에 필요한 맞춤형 학습을 가능케 해준다.

한국교육학술정보원은 그러한 필요에 따라 교육과 학술에 정보화기술(ICT)를 접목하고자 세워진 '사람 중심의 디지털교육 혁신 전문기관'이다. 김대중 정부시절 "세계에서 컴퓨터를 가장 잘하는 국민이 되자"는 슬로건을 통해 가장 먼저 학교에 초고속통신망을 보급하는 데 앞장서면서 이후 잘 깔려진 인프라에 학생과 교사, 연구자들이 사용할 콘텐츠와 이를 공유, 유통시킬 플랫폼을 구축하였다. 학생들의 학생생활기록부 등이 포함된 교육행정정보시스템(NEIS)과 교육재정정보시스템(Edufine), 학술연구 자료검색망(RISS), 그리고 디지털교과서 등을 개발하여 운영함으로써 교육의 실질적 정보화 구현에 앞장섰다. 최근에는 학습에 인공지능을 활용하기 위해 'AI 맞춤형 학습플랫폼'을 개발 중에 있다.

미래 사회 국가 간 경쟁에서 성패는 인공지능과 빅데이터의 활용에 달려있다. 김대중 대통령의 혜안을 다시 살려 "세계에서 인공지능을 가장 잘 사용하는 국민"이 되어야 할 것이다. 인류가 가보지 못한 새로운 길을 가는 데 있어 넘어질 수도 있고 실수할 수도 있다. 그래도 그 길을 가야만 한다면 실패에 대한 두려움을 넘어설 수 있는 국민적 이해와 관용이 필요하다.

한 명의 아이도 놓칠 수 없는 학교

 교육에서 인재상을 정의하는 일은 '어떤 사람을 교육할 것이냐'이기 때문에 바로 교육의 목표를 설정하는 일과 통한다. 교육활동은 인재를 양성하는 것이 보편적 진리이지만 어떤 인재를 양성할 것인가는 사회적인 시대 여건에 따라 달라질 수밖에 없다.
 우리가 사는 작금의 사회는 여러 가지 점에서 과거와는 현저히 다른 환경에 놓여있다. 무엇보다 저출산·고령사회로의 전환에 따른 인구구조의 변화로 학령인구가 급감하고 개인의 권리와 존엄성을 최대로 존중하는 사회로 신장되면서 이제는 '한 명의 아이도 놓칠 수 없는 교육'으로의 전환을 요구받고 있다. 이와 함께 과학기술의 발전과 산업구조의 변화로 일자리의 양과 질, 고용형태 등이 급변함으로써 사회적으로 필요로 하는 인재상이 달라지고 있다. 단순반복적인 일자리가 사라지고 있는 반면 한 명의 인재가 수십만 명을 먹여 살리는 시대가 도래하고 있다. 많은 학자들이 지적하는 것처럼 4차 산업혁명이 '정의되지 않은 다양한 문제를 해결할 수 있는 전방위적 인재'를 요구하고 있다. 모든 분야가 서로 융합되면서 교육도 새로운 기술과 결합되고 새로운 형태의 교육 체제가 적용되면서 '파괴적 교육혁신'이 나타나게 된다. 강의실이 없는 미네르바스쿨이나 일본의 인터넷고등학교인 N고등학교, MOOC를 통한 울트라 러닝 등의 사례는 기존의 교육 체제와는 확연히 구분된다.

현재의 공교육 시스템에 만족하지 않거나 공교육 시스템이 수용하지 못해서 학교를 떠나는 학교 밖 학생이 연간 5만여 명을 넘는 상황이다.* 지금까지 교육이 추구해 왔던 인재상에 대한 전면적인 재검토가 필요한 규모다. 세상의 변화에 능동적으로 대처하면서 어떤 환경에서도 스스로 삶을 개척해 나갈 수 있는 역량을 키워나가는 학습이 필요하다. 코로나19 기간 중 가장 많은 사람들이 교육에 활용한 콘텐츠는 유튜브였다. 이는 유튜브를 통한 학습이 학습자의 필요에 따른 선택성과 '한입 크기의 학습(Micro Learning)'을 촉발시켰기 때문이다. 학생들의 학습과정은 과거처럼 주어진 교과과정을 그대로 따라가는 것이 아니라 스스로 필요에 따라 선택하고 재구성하면서 만들어가는 것이다. 그러기 때문에 학습을 학교에 소속된 학생들로 그 범주를 한정할 수도 없다. 나이와 관계없이 필요에 따라 또한 세상의 변화

---

* '2021년 교육기본통계 조사' 결과에 따르면 학교 밖 청소년 수는 2016년부터 증가했다. 2016년 4만7663명이었던 학교 밖 청소년은 2017년 5만57명, 2018년 5만2593명으로 매년 5%가량 늘었다가 2019년 5만2261명으로 소폭 감소했다.

에 따라 평생 학습을 하게 되므로 학습자와 교육자의 구분이 무의미해진다. 비대면 사회에서 학습 공간은 어디든지 학습자가 있는 곳이라면, 학습 시간은 언제든지 학습하고 싶을 때, 학습 내용은 배우고 싶은 것을 중심으로 이루어지기 때문에 '어느 곳에서든지, 언제든지, 어떤 것이든지 학습한다(any where, any time, any learning)'는 것이 가능해진다.

  이런 과정에서 우리가 제4차 산업혁명시대를 살아가야 할 미래 인재에게 요구되는 역량은 학습의 선택성과 자기주도성이 있는 '자율성'이다. 자신 앞에 당면한 문제를 정해진 고정관념에서 벗어나 다양한 지식의 결합을 통해 새로운 방식으로 풀어갈 수 있는 '융합'과 '창의'가 필요하다. 코로나19 시대에 오프라인상에서는 사회적 거리두기를 강조하고 있지만, 오히려 온라인상에서는 역설적으로 사회적 관계가 중요해지고 있다. 나의 건강과 삶의 방식이 타인의 건강이나 삶의 방식과 연동되어 있다는 것이고 결국 서로 간에 더불어 '소통'하고 '협력'하지 않으면 안 된다는 공동체성에 대한 깨달음이 더 절실해진 것이다. 2017년 다보스포럼의 핵심의제는 소통과 책임성이었다. 여기서 책임성은 공동체성을 존중하고 협력해야 할 책무성을 의미한다. 제4차 산업혁명은 기술혁신의 시대이지만 그 기술의 지원에 힘입어 다양한 매체를 통해 다양한 방식으로 더 많이 소통하고 더 크게 협력할 수 있도록 해주고 있다. 이러한 소통과 협력의 전제는 인간으로서의 '감성'을 잃지 않아야 함을 요구한다. 인간적인 감성이 없이는 상대를 제대로 이해할 수도 없고 소통하거나 협력하는 것이 불가능하다는 점에서 감성은 소통의 또 다른 이름이다.

과거 교육이 학습규율을 강조하고 그 규율을 따르는 모범생을 키워내는 데 주력했다. 이제는 오히려 그러한 학습규율의 전복과 함께 자율과 창조, 소통과 협력, 감성을 강조하는 시대로 변화를 요구하고 있다. 이런 흐름은 그동안 중요하게 다뤄온 학습의 표준화를 빠르게 해체해나갈 것이다. 그동안 우리 교육은 가장 중요한 목표로 입시에 방점을 두고 국가 주도의 공교육 체제를 유지해 왔기 때문에 4차 산업혁명시대 다양한 문제해결 능력을 가진 미래형 인재 양성에 대해서는 다소 뒤진 감이 있다. 코로나가 앞당긴 제4차 산업혁명이 본격화되고 디지털 전환이 빠르게 진전되면서 우리의 미래 교육도 변화가 예상되는 만큼 교육의 혁신적 변화가 필요하다. 코로나는 준비없이 맞았지만 미래 교육은 지금부터 철저하게 준비할 수 있는 예령을 울려준 것이다. 교육의 표준화가 해체된 상황에서 교육의 넥스트 노멀(next normal)에 대한 답은 궁극적으로 학교 현장에서 찾아야 할 것이다. 학교 현장의 다양한 목소리가 어느 때보다 기다려진다.

원격 학습과 연장된 부모의 교육열

2021년 2월 코로나19가 세상을 덮치면서 우리는 초유의 경험을 했다. 전시에도 계속됐던 학교가 문을 닫으면서 원격수업이라는 새로운 교육방식을 도입했다. 필자가 근무하고 있는 한국교육학술정보원은 2주간의 시간을 얻어 전면적인 원격수업 준비에 나섰다. 그동안 하루에 3, 4만 명 정도 사용하던 초중등학생들의 원격학습 플랫폼인 e학습터를 300만 명이 사용하는 시스템으로 확장하는 문제는 결코 쉬운 일은 아니었다. 우리나라뿐만 아니라 세계 어디서도 300만 명 동시접속이라는 사례는 없었다. 이러한 일을 예견했던 것은 아니지만 사전에 새로운 저장방식인 클라우드시스템으로 전환해두었기 때문에 어찌됐든 대응이 가능했고 교육의 중단을 막을 수 있었다. 코로나19로 학교가 문을 닫으면서 전 세계에서 10억 명의 학생들이 교육 중단을 경험하고 있을 때, 우리는 새로운 디지털교육의 장을 열었다.

교육은 어떤 의제보다도 이해관계의 스팩트럼이 넓어서 다양한 의견이 있고 그만큼 합의가 어려워서 개혁이 어렵다는 견해가 일반적이다. 그러나 코로나19로 인해 우리는 합의 과정도, 준비 과정도 생략한 채, 새로운 교육방식인 디지털교육으로 대응하였다. 역설적으로 코로나19가 교육의 혁신을 가져온 셈이다. 원격수업은 기존의 교실수업과 달리 시각적이고 체험적인 다양한 콘텐츠가 필요하고, 이러한 콘텐츠를 효과적으로 전달하기 위해 여러 가지 디지털기술을 활용하기 때문에 디지털교육이 필수적이다. 집에서 원격수업을 받자면 디지털기술을 활용할 수 있는 역량이 필수적이고 초등생의 경우 이러한 역량은 부모의 책임하에 놓이게 된다. 전면적인 원격수업은 교육의 중단을 막기 위한 고육지책이었지만 부모의 입장에서 자녀들의 원격수업을 책임지는 것은 한동안 당황스러울 수밖에 없는 일이었다.

아침에 눈 뜨면 학생용 자가진단시스템의 알람을 받고 체온을 재서 올리면 등교여부를 통지받는다. 다행히 등교하게 되는 날이면 아이에게 마스크를 씌우고 학교를 보내지만 친구끼리 가능하면 접촉하지 않도록 당부에 당부를 거듭한다. 같은 반에서도 절반만 등교하면 선생님은 수업장면을 원격으로 전송하면서 틈틈이 원격수업 받는 학생들에게 피드백을 해주어야 한다. 집에서 부모는 오늘 우리 아이가 학교를 가는지 안 가는지에 따라 육아휴직이나 연가를 신청해야 하고 아이들 수업을 돌보아야 한다. 그동안 대한민국 부모들이 보여 온 세계 최고의 교육열은 원격수업이라고 시들지 않았다. 어떻게든 원격수업을 제대로 받도록 아이들이 책상에 앉도록 유도하고 컴퓨터로 원격수업을 접속해주면서 딴짓하지 않는지 지켜보아야 한다. 출결석에서부터 과제 수행, 그리고 선생님의 피드백에 대한 대응과 평가에 이르기까지 모두 부모의 역할이라 할 만하다.

원격수업이 학부모, 특히 엄마의 책임이 되면서 언론을 통해 원격수업으로 교육격차가 커진다는 기사를 보면 맞벌이 가정 엄마는 마치 자신의 탓인 것처럼 자격지심에 시달리기도 한다. 직장에서도 전화기를 붙들고 아이들의 원격수업을 체크하고 때때로 원격수업을 담당하는 한국교육학술정보원 직원들에게 민원을 제기해서라도 원격수업 시간을 저녁 9시에서 밤 12시로 연장시켜가면서 밤낮없이 아이들 교육을 닦달한다. 아이들의 매 끼니 걱정까지 해야 한다. 그동안 맛없다고 불평했던 학교급식까지 그리워진다. 다들 학교가 문을 닫으니 비로소 학교가 보인다고 한탄한다.

한국갤럽의 6~7월 설문조사에 따르면 전업주부의 경우 자녀돌봄 시간이 코로나 이전 9시간 6분에서 코로나 상황 속에서 12시간 38분으로 3시간 32분이 늘었다. 맞벌이 가구에서도 자녀돌봄 시간은 남성이 46분 느는 데 그친 반면 여성은 1시간 44분 늘어났다. 코로나19로 인해 맞벌이 가구든, 전업주부든 여성의 가사노동 시간과 자녀돌봄 시간이 늘어나면서 여성의 코로나 블루(우울감)도 깊어지고 있다. 자기만의 시간을 갖지 못한 채 온종일 아이들과 남편을 돌보아야 하는 부담은 여성 스트레스와 우울증으로 이어질 수 있다. 코로나19가 사회적 거리두기 이면에 집콕생활을 강요하는 상황에서 전업주부들은 가족들과의 거리두기를 요구하고 싶을 만큼 고단한 일상의 늪에 빠져있다.

무엇보다 이렇게 빠르게 변화하는 디지털시대를 맞으면서 여성으로서, 엄마로서 맞는 열패감과 낙오감도 크다. 최근 FOMO(Fear of Missing Out) 증후군이라는 신조어가 유행하듯이 세상은 빠르게 변하고 기술은 진보하는데, 격리된 일상 속에서 허우적거리고 있다는 자괴감은 삶의 의미를 상실하게 만든다. 통계적으로도 코로나19 이후 30, 40대 여성들이 극단적인 선택에 빠져들 가능성은 2%정도 높아진 것으로 나타난다.

 코로나19가 가져온 일상의 변화가 어디 여성뿐이겠는가. 집콕 시간이 늘어난 아이들과 노인들에 대한 학대와 방임도 걱정이고, 일자리로부터 배제된 청년들의 불안감도 걱정이다. 그럼에도 불구하고 코로나19가 여성의 일상에 미치는 영향은 가히 전방위적이다. 코로나로 인한 가족의 모든 스트레스와 짜증을 받아내면서 불화와 학대로 흔들리는 위기의 가정에 맞서야 하고, 새로운 시대가 요구하는 역할을 감당해내기 위해 새로운 정보와 기술에 대한 이해도 갖추어야 하며, 디지털 역량도 키워야 한다. 코로나19가 앞당긴 디지털시대가 가져온 일상의 변화는 여성에게 대책 없이 우울한 미래부터 선사하고 있다.

 디지털시대 성별 불평등은 개도국에서 더욱 심각하다. 유네스코에 의하면 많은 개도국에서 디지털 기술과 인터넷 접근성에 있어 성별 차이가 있고 코로나로 학교가 문을 닫으면서 소녀들의 학교 복귀는 더 어려워지고 있다고 한다. 성별 불평등에 미치는 영향이 건강과 교육뿐 아니라 무급 돌봄과 노동 부담까지 가중시킨다. 2021년 ILO통계에 의하면 남성고용율은 3%하락인데 비해 여성고용율은 5% 하락하고 구직포기자도 남성이 10명 중 7명인데 여성은 9명으로 나타난다.*

---

* 진선민, 「팬데믹시대의 디지털 양성평등」, KISDI Perspectives July 2021 no.2.

백신이 개발되면서 이제 코로나19의 터널도 서서히 끝을 보이고 있다. 전염병에 대한 대응에서 그동안 소홀히 되었던 교육과 젠더 이슈에 대해서도 관심이 필요하다. 학교가 문을 닫으니 학교가 보였던 것처럼 늘상 입고 있는 옷처럼 여겨졌던 가족도 한 걸음 떨어져서 바라보면 그 일상이 얼마나 젠더불평등으로 점철되어 있는지가 보인다. 코로나19가 촉발한 변화의 시대, 여성의 일상에 대한 관찰과 연구가 새로운 가족 형태에 대한 논의로 이어지고 가족구성원 간의 역할분담에 대한 또 다른 담론의 장을 열어주길 기대해 본다.

원격 학습 이후 높아진 디지털 역량

　우리 사회는 코로나19의 공습 이후 급속히 비대면 시대로 전환되고 있다. 비대면 시대는 우리의 삶 곳곳에서 변화를 촉발시키고 있다. 그중 가장 큰 변화의 현장은 '교육'이다. 유네스코 통계에 따르면 세계 59.9%의 학생들은 여전히 학교 폐쇄로 등교를 기다리고 있다. 우리나라뿐만 아니라 많은 국가에서 중단없는 학습을 위한 고민이 깊어지고 있다.

　우리나라는 이러한 위기 상황에 대응하여 학생건강과 안전보장, 학습 공백의 최소화를 위해 세계 최초로 전면적인 온라인 개학을 실시했다. 3월 31일부터 단계적 방식*에 의해 시작된 온라인 수업은 현재에도 학교 상황에 따라 등교수업과 병행되고 있다. 비대면 시대의 도래에 따른 국내 온라인 수업이 어떻게 진행되고 있는지를 살펴보면 미래 교육의 모습이 일부 보일 것이다.

---

*　1단계(4.9), 고3, 중3 약 86만 명 → 2단계(4.16), 초4~6, 중·고 약 400만 명 → 3단계(4.20), 초중고 약 534만 명

먼저 국내 온라인 수업 현황을 살펴보면, 교육부는 '안정적인' 인프라 구축, '수준 높은' 교육 제공, '차별 없는' 기회 제공을 온라인 수업의 3대 방향으로 삼아 시기별로 다른 지원정책을 추진하였다. 온라인 수업 준비 단계에는 교육 접근성 확보를 위해 '안정적인' 인프라 마련과 온라인 수업 운영기준을 만드는 제도 정비에 집중하였다면, 본격적인 원격교육 실행 단계에서는 '수준 높은' 교육 제공을 위해 디지털교과서, e학습터를 비롯한 다양한 공공 콘텐츠와 양질의 민간 콘텐츠를 함께 제공하였다. 안정화 단계에 접어들어서는 '차별 없는' 기회 제공을 위해 저소득층 및 장애 학생에 맞춤형 온라인 수업과 긴급 돌봄을 지원하는 데 초점을 두었다.

온라인 개학은 EBS의 온라인클래스와 한국교육학술정보원(KERIS)의 e학습터를 통해 비상대응 체계를 구축하고, 전국 모든 초·중·고 학생을 동시에 수용할 수 있도록 각기 300만 명 규모의 인프라로 증설하였다. 이를 통해 다양한 수업 콘텐츠를 제공하고 평가와 상담체제를 운영하는 등 교사들이 편리하게 원격교육 활동을 진행할 수 있도록 지원했다.

돌발적으로 발생한 위기 상황은 긴급한 대응을 요구하였다. 초기에는 시행착오가 없었던 것도 아니지만 시간이 지날수록 점점 안정을 찾아갔다. KERIS가 학생, 학부모, 교사들을 대상으로 온라인 수업 경험과 인식에 대해 조사한 결과에 따르면, 교사들의 약 56%가 원격교육 도입이 온·오프라인 융합 수업 등의 도움으로 수업혁신에 기여했다고 긍정적인 평가를 했다. 학생들의 원격수업 만족도는 70%을 넘어서고 있지만 보다 주목해야 할 점은 학생들의 약 58%가 온라인 수업으로 인해 자기주도 학습능력이 향상되었다고 응답하고 있다는 것이다. 이것은 원격교육이 기본적으로 미래 역량 기반의 교육 체제로의 전환에 긍정적 영향을 미치고 있음을 시사한다.

반면, 온라인 수업의 개선점으로는 수업의 질 개선과 학부모의 부담 완화, 교육격차 해소에 대한 요구가 높게 나타났다. 교사의 약 80%는 학생 간 학습격차가 커졌다고 응답하였으며, 학습격차가 심화된 원인으로는 학생의 자기주도적 학습능력 차이(46.92%), 학부모의 학습보조 여부(13.86%), 학생-교사 간 피드백의 한계(11.26%) 등을 꼽아 이에 대한 정책적 지원이 시급한 것으로 나타났다.

코로나가 장기화되면서 등교수업과 온라인 수업 병행체제가 고착되면서, 이제 온라인 수업은 교육 중단에 대한 단순한 위기 대응이 아니라, 미래 교육 체제로의 도약을 위한 역할로 재정립되고 있다. 온라인 수업의 발전을 위한 핵심 과제는 다음과 같다.

첫째, 저작권 제도 개선을 통해 온라인 수업의 활성화를 위한 기반을 조성할 필요가 있다. 갑작스러운 온라인 수업의 실시로 학교 현장의 교사들은 물론 학생과 학부모들이 많은 혼란을 겪은 바 있다. 이는 처음 접하는 교육방법에서 오는 생소함에도 원인이 있지만, 교실이라는 물리적 공간을 벗어난 온라인상에서의 수업운영을 위한 법적 근거 및 제도 기반이 미처 마련되지 못했기 때문이기도 하다.

이러한 문제를 해소하기 위해 교육부는 문화체육관광부와 함께 코로나 기간 중 교과서 PDF 파일의 온라인 전송을 허용하는 것을 포함해 수업목적 저작물 이용에 대한 규정을 일시적으로 완화하였다. 그러나 이러한 조치는 코로나 기간에 한하는 임시적 조치로 근본적인 제도 개선이라는 큰 과제를 제기하고 있다.

지난 4월 교육부가 교사 22만 명을 대상으로 교육행정정보시스템(NEIS)를 통해 실시한 설문조사 결과에 따르면, 교사들의 33%는 온라인 수업을 실시하기 위해 자체 제작 콘텐츠를 활용하고 있었으며, 온라인 수업에서 어려운 점으로 41.3%가 저작권 문제를 꼽았다. 온라인 수업을 위한 공공 플랫폼(e학습터, EBS 온라인클래스 등)에 업로드된 저작물이 2020년 말 1억 건에 달하는 통계치를 봐도 온라인 수업에서의 자유로운 저작물 이용에 대한 현장의 요구가 얼마나 높은지 짐작할 수 있다.

온라인 수업이 교육 현장에 안착되기 위해서는 교사들이 수업 목적의 저작물을 자유롭게 이용할 수 있도록 저작권법·제도 개선이 우선적으로 이루어져야 할 것이다. 아울러 수업의 주체인 교사, 학생들의 저작권에 대한 인식 개선과 KERIS 저작권지원센터와 같은 공공의 지원도 강화되어야 할 것이다.

둘째, 민간의 참여 기회 확대를 통해 디지털교육 생태계를 조성할 필요가 있다. 보수적인 입장을 취해온 공교육에서도 양질의 기술을 가진 민간기업의 참여를 유도하고, 에듀테크 산업의 활성화를 이끌어 낼 수 있는 시스템의 개선은 미래 교육 체제 전환의 중요한 열쇠가 될 것이다.

우리나라에서는 그동안 공교육의 사기업 참여는 극히 제한되어 왔기 때문에 사교육 중심으로 불균형적인 에듀테크 시장이 형성되어 왔다. 이제는 교수학습 활동의 효율을 높일 수 있는 민간의 첨단기술이 맞춤형 학습을 비롯하여 교사업무 경감, 교육행정 등에 적극 활용될 수 있도록 하는 정책적 변화가 필요한 시점이 되었다.

일례로, 영국은 학교의 기술 활용과 관련된 민간 참여방식을 혁신적으로 전환하였다. 예컨대 학교와 기업이 함께 교육 서비스를 기획하는 협력 디자인 모델, 기술 테스트베드 모델, 실증 모델 등의 다양한 협력 모델을 운영하고 있다. 아울러 교사와 학생이 자신의 필요에 맞는 가장 적합한 에듀테크 제품 및 서비스를 찾아 활용할 수 있도록 디자인된 온라인 플랫폼인 Lend-ED를 운영함으로써 학교의 에듀테크 활용을 촉진하고 있다.

이러한 모델을 참조하여 공교육의 에듀테크 수요와 기업의 기술력이 만날 수 있는 선순환적 생태계를 조성하여, 학교 현장에서 수업의 질을 높이는 동시에 에듀테크 산업도 동반 성장할 수 있는 기반을 마련해야 할 것이다.

셋째, 전 국민의 디지털 역량을 강화해 나가야 한다. OECD PISA(2018)에 따르면 우리나라 학생들의 학교에서의 디지털기기

영국 에드테크 전략 10대 과제

구분	목표	도전 과제
행정	수업 외 업무부담 줄이기	1. 교사의 업무량을 학기당 최대 5시간 단축해 학부모 참여와 소통 향상 2. 학교 유연근무 관리를 위한 소프트웨어 등 기술 제공
평가	효과적이고 효율적인 평가 방식 고안	3. 교사의 채점 및 평가 사용시간을 주당 2시간 단축 4. 교사가 중등교육자격점검시험(GCSE) 모의고사 채점 5. 학생들이 보고서를 구입해 제출하는 문제점을 해결하기 위한 부정행위 감시 소프트웨어 개발
교수법	교육접근성 및 학습 참여, 학습 결과 개선	6. 리서치 그룹이 최선의 기술을 통해 모든 학습자에게 공평한 기회를 제공할 수 있는지 확인
전문서 개발	교사 자기개발 지원	7. 학교와 교사들의 개발 필요 부분들을 진단하기 위한 기술 발굴
생애 교육	직업이나 추가적인 연구활동에 대한 결정 지원 정규교육 밖 학습자 도움	8. 아동과 부모를 겨냥한 홈러닝(Home Learning) 어플들(Apps)이 사회적으로 불리한 아동들의 문해력 및 의사소통 기술 개선에 기여하는지 증명 9. 성인을 대상으로 하는 인터넷 기본 기술 훈련의 접근 폭을 넓히도록 개선 10. 인공지능(AI)이 성인 대상 온라인 학습 및 훈련을 효과적으로 전달할 수 있는지 시험

활용 빈도는 30개국 중 29위, 디지털기기 활용 역량에 대한 인식은 32개국 중 31위로 나타나고 있다. 미래 사회를 살아갈 학생들이 인공지능 활용 능력, 디지털 윤리 등을 포함해 삶의 소양으로서 디지털 역량을 기를 수 있도록 교육과정을 혁신할 필

요가 있다. 이를 위해서는 교원의 디지털 역량 강화가 선행되어야 할 것이다. 또한 온라인 수업이 일상화되면서 학부모들이 자녀의 학습지도를 위해, 혹은 자신의 생산적 활동을 위해 필요로 하는 기본적인 디지털 역량을 갖출 수 있도록 지원하는 데에도 노력을 기울여야 할 것이다. 디지털 역량 혹은 디지털 리터러시는 '디지털 사회구성원으로서 자주적인 삶을 살아가기 위해 필요한 기본 소양으로 윤리적 태도를 가지고 디지털 기술을 이해하고 활용하여 가치를 창출하는 실천적 역량'(김수환 외, 2017)으로 이해된다.

예기치 않은 온라인 수업 경험은 대한민국의 전 교사, 학생, 학부모들의 전반적인 디지털 역량 수준을 끌어올렸다. 반면, 학교의 역량, 가정환경, 학생의 자기주도적 학습능력 등에 의해 심화될 것으로 예측되는 교육격차 해소에 대해서는 별도의 정책적 대응이 필요하다. 재택근무 확대, 전자상거래, 모바일 뱅킹 등 비대면 사회로의 전환이 가속화될수록 디지털 역량은 점점 더 생존과 직결될 것이다. 소위 디지털 전환시대에서 정보 격차가 교육, 사회, 경제 전반의 격차로 이어지지 않도록 취약계층에 대한 디지털 역량교육이 강화되어야 한다. 이를 위해 전 국민을 대상으로 디지털 역량을 강화하기 위한 가칭「디지털혁신교육특별법」제정을 추진할 필요가 있다.

디지털 기술이 우리의 삶을 근본적으로 바꾸는 대전환의 시대, 원격교육의 경험이 위기 대응에서 나아가 지속가능한 교육 혁신의 기제로 작동할 수 있도록 국가적 역량을 집중해야 할 때이다.

학업중단을 줄이고 개인별 맞춤형 교육은 늘리자

늘어나는 학업중단을 줄일 수는 없을까?

 학교에서 학업중단자는 중도에 학업을 중단한 학생을 말한다. 의무교육의 범위가 아닌 고등학교에서는 '자퇴', 품행이 문제가 된 '퇴학', '제적', '유예', '면제' 등의 사유로 중도에 학업을 중단한 학생들이다. 자퇴의 사유는 질병, 가사, 부적응, 해외 출국 및 기타 사유들이 있다. 의무교육에 해당하는 초등학교와 중학교의 경우에는 질병, 장기결석, 미인정 유학생 '유예'와 '질병', '해외출국'으로 중단된 학생들과 그리고 '면제'가 그에 해당된다.

 2020년 발표한 교육통계서비스에 의하면 학교급별 학업중단율의 변화를 학년도별로 보여준다. 진빈적인 변화 양상으로 초등학교 학업중단율은 1980학년도부터 2019학년도까지 0.4%~0.7% 수준의 낮은 학업중단율이었다. 중학교의 학업중단율은 1980년부터 1% 내외 수준으로 유지되다가 2010학년도

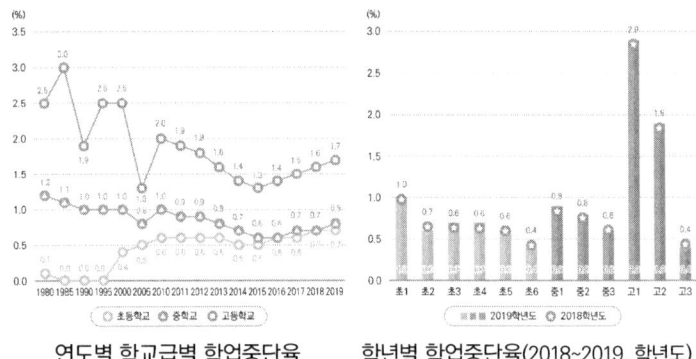

연도별 학교급별 학업중단율 　　　학년별 학업중단율(2018~2019, 학년도)

이후로 0.6%~0.9%의 학업중단율을 나타내고 있다. 고등학교 학업중단율은 1985학년도에 3%로 역대 최고치를 기록하였다. 그 이후 증감을 반복하다 2019학년도에는 1.7%의 학업중단률을 보였다. 이는 의무교육인 초등학교와 중학교에 비해 두 배 이상인 수치다. 또한, 고등학교 세부 유형별로 살펴보면 일반고는 1.4%, 특수목적고는 1.5%, 특성화고는 3.4%, 자율고는 1.1%로 나타나 특성화고의 학업중단율이 가장 높다.

2019학년도 학년별 학업중단율을 더 설명하고 있다. 초등학교의 경우 1학년 학생들의 학업중단율이 1.0%로 가장 높았으며, 6학년의 경우 0.4%로 가장 낮았다. 중학교의 학업중단율은 1학년이 0.9%, 2학년이 0.8%, 3학년이 0.6%로 나타났는데 초등학교와 마찬가지로 1학년의 학업중단율이 가장 높았다. 2019학년도 고등학교의 경우, 1학년은 2.9%, 2학년은 1.9%, 3

학년은 0.4%로 학업중단율이 나타났다. 고등학교 학업중단율의 특징은 고등학교 1학년과 2학년의 학업중단율이 고등학교 3학년의 학업중단율보다 훨씬 크다는 것이다. 2019학년도의 경우에도 고등학교 3학년의 학업중단율은 0.4%인 반면, 고등학교 1학년은 2.9%, 고등학교 2학년은 1.9%로 나타나 고등학교 3학년의 학업중단율보다 훨씬 높음을 알 수 있다.

전체적으로 학업중단은 시대에 따라 상황이 달라지고 있는데 고등학교의 학업중단율이 압도적으로 높은 것은 입시제도와의 상관관계 속에서 이해되어야 한다. 2005년과 2015년에 학업중단율이 상대적으로 낮은 반면 2010년에는 학업중단율이 높아지는 것은 고교 내신성적 반영과 관계가 있을 수 있다. 내신성적이 낮은 경우 검정고시 등을 통해 수능으로 대체하는 편법으로 고교 자퇴가 이루어지는 사례가 우리나라 말고 또 있을까. 입시 위주의 경쟁은 교육의 목표뿐만 아니라 고등학교 과정을 무력화시키는 마법을 부리고 있다. 교육 정상화를 외친다면 '학업중단율'을 가장 먼저 주목해야 할 문제다. 매년 증가하는 중단율은 학교뿐만 아니라 사회적으로도 커다란 부담으로 작용하기 때문이다, 우리는 사회적 현상을 중심으로 문제를 제기하는 것에 그쳐서는 안 된다. 제주도의 경우 학생건강증진센터를 운영하여 자살학생수 0명뿐만 아니라 학업중단 학생수도 낮추고 있다.

교육부의 학업중단 예방정책으로는 학업중단 숙려제와 학교 내 대안교실을 들 수 있다. 예컨대 숙려제라는 아무리 좋은 제도도 체계적인 관리인력이 배치되지 않으면 현장의 교사들만 이 중고를 겪는다. 그래서 내실을 기하지 못하는 경우가 많다. 과거 권위주의 시대에는 한 교사가 1당 100을 했다면 요즘은 학생이 1당 100의 문제를 만들어낸다.

일부 우수한 대안교육 프로그램을 제공하는 위탁교육기관을 공모를 통해 선정하거나 지원하기도 한다. 학업중단의 가능성을 조기 발견하고 대응해 나가는 것이 중요한데, 그간에는 그러한 대응이 선제적이지 못한 점이 있다. 2021년 한국교육학술정보원에서는 나이스의 학적자료에 대한 빅데이터 분석을 통해 학업중단의 가능성이 있는 학생을 조기발견하여 학교에서 선제적으로 대응하기 위한 프로트콜을 개발하였다. 데이터를 활용하여 학업중단을 예측하는 것은 어려운 일은 아니지만 나이스 테이터 활용이 쉽지 않다는 데 어려움이 있다. 나이스 데이터 관리는 초중등교육법에 의해 학교장에게 있기 때문에 이들의 협조를 받는 데는 어려움이 있다.

보다 근본적으로 학업중단 학생이 의무교육과정일 경우 학업중단 자체에 국가의 책임 소재가 따르게 된다. 헌법 제31조 1항은 "모든 국민은 능력에 따라 균등하게 교육을 받을 권리를 가진다"고 하여 교육의 권리를 규정하고 있으며, 2항은 "모든 국민은 그 보호하는 자녀에게 초등교육과 법률이 정하는 교육을 받게 할 의무를 진다"고 하여 교육의 의무를 규정하고 있다. 교육의 의무와 권리의 범주에 의무교육이 있는 만큼 의무교육 범주 내의 학교 학업은 중단하더라도 교육은 계속되어야 하는 것이 헌법의 정신이다. 국민을 대신하여 국가는 학교학업을 중단하지 않도록 해야 하며 학교가 아닌 다른 방식으로라도 교육을 계속할 수 있도록 하여야 한다.

이러한 취지를 반영하여 「의무교육 중단학생에 대한 지원에 관한 특별법」을 2015년 발의한 적이 있다. 의무교육 중단 문제는 후일 우리 사회의 국가 경쟁력을 저하시키는 큰 문제가 될 것으로 본다.

교육격차 줄이는 개인별 맞춤형 교육은 가능하다

한국교육학술정보원에서 원격수업을 진행하면서 가장 뼈아팠던 점은 비대면 교육으로 인해 교육격차가 확대되고 있다는 지적이었다. 케리스가 교사와 학생, 학부모를 대상으로 실시한 원격수업에 대한 인식도 조사에 따르면 응답자의 79% 정도가 원격수업 이후 교육격차가 확대되고 있다고 인식하고 있었다. 물론 이는 조사 대상자들의 인식을 조사한 것이기 때문에 성취도 평가, 심층면접 등을 통해 교육격차의 현황을 객관적으로 보완해서 분석해 볼 필요는 있다.

교육격차는 원격수업 이전에도 우리 교육에서 가장 큰 화두가 되어왔다. 격차 문제의 해소는 지속적인 사회적 관심사였으며, 다각도의 정책을 통해 해법을 모색해 왔으나 성과가 쉽게 나타나지는 않고 있다. 2016년 국제학업성취도평가(PISA) 조사 결과에서도 5년 전보다 격차의 정도가 다소 늘어났다. 코로나19 이후 원격수업이 확대되면서 이 격차는 더 확대되었을 것이라는 우려가 있다.

교육격차의 원인은 다양하지만 현재의 학교 시스템의 개선만으로는 해결 방법을 찾기 어렵다. 무엇보다 부모의 사회경제적 지위에 의해서 가장 큰 영향을 받기 때문이다. 얼마 전 공간사회학자인 이시효 박사는 『공간과 사회』 74호에서 주택가격이 높은 지역에 사는 학생일수록 원격수업에 더 집중한다는 실증 연구 결과를 발표하였다. 이 연구는 학생이 처한 사회경제적 여건에 따라 원격수업의 성취도가 다를 수 있다는 문제를 제기한 것이지만, 등교수업이라고 해서 사회경제적 배경의 영향이 배제되는 것은 아니다.

학계에서는 교육격차 해소를 위해서는 학생 개인별 맞춤형 학습이 필요하다는 보편적인 공감대가 형성되어 있다. 코로나19 이전에도 교육격차를 줄이기 위한 정책적 노력은 계속되어 왔다. 우선 기초학력 미달 학생들을 대상으로 맞춤형 학습을 지원하기 위해 '기초학력 진단-보정' 서비스를 제공해 왔다. 이 서비스에서는 학생들의 기초학력 수준에 대한 표준화된 평가를 통해 학생들의 수준을 진단하고 개인의 수준에 맞는 보정 서비스를 제공한다. 교육청과 학교의 판단에 따라 선별적으로 매년 4회에 걸쳐 기초학력 진단·향상도 검사가 진행되고 있으며, 기초학력향상지원사이트인 '꾸꾸(Ku-Cu)'도 운영되고 있다.

다문화가정 학생들이 늘어나면서 한국어 구사에서부터 어려움을 겪는 학생들을 위해서는 한국어능력 진단·보정 서비스를 운영 중이다. 건강장애학생 및 장기결석생에게는 실시간 화상수업을 통해 기초학력 수업을 제공하는 '스쿨포유' 프로그램도 시행되고 있다. 이러한 프로그램에도 불구하고 기초학력 저하 추세는 줄어들지 않고 도리어 상위권 학생들의 성취도는 상승하고 하위권 학생들은 하락하는 "K자 양극화 현상"에 대한 우려가 커지고 있다.

최근 '기초학력증진법' 제정을 둘러싼 논란은 기초학력 저하가 더 이상 방치할 수 없는 수준에 이르렀다는 점을 보여주고 있다. 학급당 학생 수를 줄여서 교사들의 관심과 지도가 기초학력 미달학생에게 더 많이 주어질 수 있는 여건을 조성하거나 일부 교육청에서 시행하고 있는 기초학력 전담교사 배치는 이러한 노력의 일환이다.

원격수업에서 학습격차에 대응하기 위해서는 첨단기술을 활용하는 방안을 적극적으로 검토하고 있다. 인공지능, 빅데이터 등 에듀테크를 활용하여 개인별 맞춤형 교육을 지원하자는 것이다. 학생들의 학습 진행 속도와 하습 내역, 평가결과 등의 학습이력에 대한 빅데이터 분석을 통해 수준별 맞춤형 학습기반을 구축하고, 인공지능에게 보조교사 역할을 하게 함으로써 교사들의 수업을 보조하게 할 수 있다면 맞춤형 학습의 도입 가능성은 높아질 것이다. 무엇보다 첨단기술의 활용을 통해 디지털 전환에 대응하는 인재를 양성하는 것은 교육격차의 해소뿐 아니라 미래 교육을 위한 초석을 마련한다는 점에서 중요한 국가적 과제이다. 최근 케리스에서도 학습자의 학습데이터를 수집, 분석하여 인공지능 기술을 적용하여 학습자의 수준에 맞는 콘텐츠를 추천하거나 큐레이션 서비스를 제공하는 '지능형 학습분석 플랫폼'을 구축하고 있다.

그러나 이러한 첨단 서비스가 교육의 문제를 모두 해결할 수는 없다. 오히려 기술이 모든 문제를 해결할 수 있다는 기술결정주의의 함정은 경계해야 한다. 교육 문제는 단선적 논리나 단편적인 접근으로 풀 수 있는 문제가 아니고 법과 제도뿐 아니라 구성원들의 가치관과 노동시장 등이 얽혀있는 복합적인 의제이기 때문이다.

인공지능 기반의 맞춤형 첨단 서비스를 제공한다고 해도 학교 현장에서 이를 받아들이기까지는 장애 요인들이 산적해 있다. 무엇보다 교육과정이나 학생들이 도달해야 할 성취기준이 국가 주도형으로 설계되어 있어 교사가 자율성을 온전히 발휘하기에는 어려움이 있다. 학년별로 학습해야 할 교육과정이 세부적으로 규정되어 있고 상대평가의 원칙을 고수해야 한다면 개인별 수준에 따른 맞춤형 학습은 조금 더 효과적인 교수학습 방법이라는 의미 이상을 부여하기 어렵다. 맞춤형 학습이 학생들에게 제공되기 위해서는 학교 현장의 자율성을 확대하고 보다 유연한 교육과정의 운영이 필요하다. 현재 준비 중인 2022년 교육과정은 원격수업 등 사회변화의 흐름을 반영하여 면밀하게 설계되어야 할 것이다.

한편 노동시장의 불균형과 이 때문에 파생되는 입시 경쟁의 심화는 교육격차가 확대되는 근본적인 원인을 제공하고 있다. 따라서 교육격차 해소를 위해서는 교육뿐 아니라 사회 전반의 시스템을 조정해야 할지도 모른다. 교육격차를 줄이려는 노력은 교육과정 운영 등의 미시적인 문제일 뿐 아니라 우리 사회 전반의 구조적 불평등에 관한 문제이며, 사회 전체의 프레임을 바꿔야 하는 근본적인 인식의 전환과 혁명의 문제이기도 하다.

대한민국 교육, 글로벌 협력의 가능성

우리나라는 반세기 만에 국제 원조를 받는 국가에서 원조를 주는 국가로 탈바꿈한 유일한 나라가 되었다. 팬데믹으로 국제적 교류가 막힌 상황에서 실감나지 않는다. 우리나라가 실질적 선진국으로 자리매김하기 위해서는 경제나 소득수준을 높이는 것도 중요하지만 국제사회에서의 기여도 중요하다. 코이카(KOICA, Korea International Cooperation Agency, 한국국제협력단)는 이러한 공적개발원조(ODA)를 총괄하는 기구로서 역할하고 있다. 코이카는 아프리카 오지나 개발도상국의 인재를 양성하기 위한 다양한 사업을 진행하고 있다. 코이카와 케리스는 교육정보화사업으로 인연을 맺고 있다. 코로나로 직접적인 접근이 제한되면서 교육정보화 등 E러닝 등을 통한 교육사업이 확장되었다. 그 진출 사례가 우즈베키스탄의 교육정보화사업이다.

한편 중남미와 아세아 등지에 ICT활용 시범교실을 지어주고 교사들을 대상으로 다양한 연수와 컨설팅사업을 진행하고 있다. 그동안 아프리카 12개국을 대상으로 태양광을 이용한 ICT

태양광과 컨테이너 활용 솔라스쿨

교실을 지어주는 등 인프라 지원을 했다. 이는 매년 발간되는 '글로벌교육동향' 자료를 보면 한눈에 알 수 있다.

얼마전 케리스를 찾아온 에티오피아 교육부장관은 면담 자리에서 한국의 눈부신 발전의 원동력은 교육에 있다고 보고 그 비결을 배우고 싶다고 했다. 놀랐다. 우리는 우리의 교육을 폄하하지만 오히려 외국에서는 한국 교육의 성취를 더 주목한다. 문재인 대통령이 해외 나가면 우리나라의 위상을 알 수 있다고

SNS에 소개한 적이 있다. 외국의 요인들을 만나는 정부기관에 있으면 그 현실을 고스란히 접할 수 있다. 해외에 나가면 코이카와 케리스를 알아준다는 얘기는 결코 우스갯소리가 아니다.

코로나 이후에는 코로나에 대한 모범 방역사례로 K방역이 세계적으로 주목을 받은 것은 그냥 벌어진 결과가 아니다. 이미, 해외에서 진행된 교육사업들이 바탕이 되면서 코로나 대응을 위한 원격교육 시스템인 K에듀에 대한 관심도 높아진 것이다. 이는 한 걸음 더 나가 우리가 가진 교육경험과 교육정보화정책, 미디어 리터러시 등에 대한 정보를 유네스코를 비롯한 월드뱅크 등 국제기구에 제공하며 교류하고 있다.

문재인 정부에서 펼친 신남방정책은 국제사회에서 우리의 위상을 확보하고 실질적 협력과 교류를 이끌어 냈다. 신남방정책의 핵심은 아세안 10개국으로 이들과의 교류협력을 위해서는 공통의 접점을 찾을 수 있는 교육이나 문화적 접근이 필요하다. 한국교육학술정보원은 아세안 청년들의 E-러닝 역량강화를 통해 인재양성을 지원하기 위해 아세안 사이버대학 설립을 추진 중으로 관련 사업의 사무국 역할을 수행하고 있다. 이를 위해 한-아세안 지역의 온라인 공개 교육자료(OER)를 공유하는 온라인학습 플랫폼을 통해 ACU-OER 서비스(http://aseanoer.net)를 제공하고 있다. 최근에는 K팝이 관심을 끌면서 한국의 미용이나 음식, 문화예술에 대한 수요가 늘어나고 있다. 무엇보다 아세안

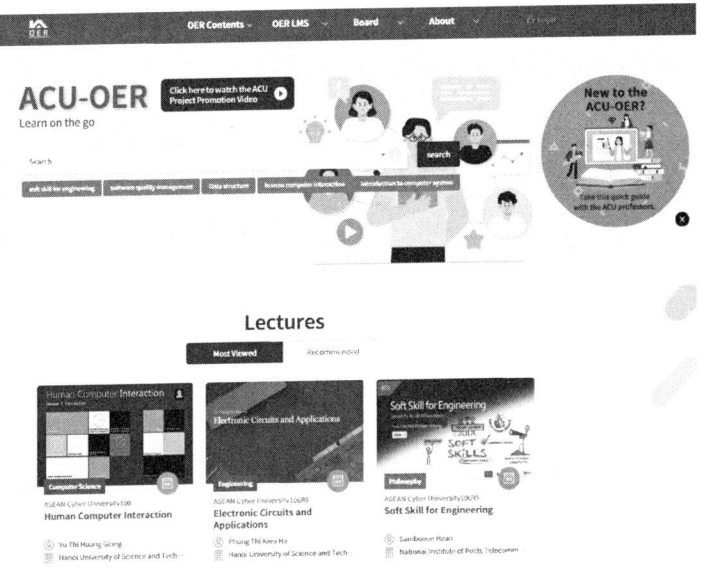

아세안 사이버대학 OER(Open Education Resources) 서비스

청년들은 한국 기업에 취업하고자 한국어에 대한 학습 욕구가 크다는 점에서 다양한 콘텐츠를 공유할 필요성이 크다. 2020년 국내 19개 사이버대학 평가를 진행하면서 사이버학습 경험이 많은 이들의 다양한 콘텐츠와 아세안 진출을 원하는 기업의 직업훈련 콘텐츠를 아세안 사이버대학 온라인플랫폼을 통해 공유하는 방안을 추진하고 있다. 이러한 시도가 원만하게 진행되면 아세안 사이버대학의 플랫폼이 더욱 활성화될 것이다.

그러나 실질적 사이버대학으로 개원하기 위해서는 학습자의 역량 차이를 비롯하여 정보화 수준의 차이 등 실질적 문제만이 아니라 고등교육에 대한 각 나라의 법령과 제도상의 차이를 극복해야 하는 어려운 과제가 남아있다. 예를 들면 학위에 대한 인증제도가 서로 다르기 때문에 아세안 사이버대학 플랫폼 콘텐츠를 학습하더라도 이를 공통의 학위로 묶어내는 것은 쉽지 않다.

교육 컨텐츠 개발과 빅데이터 구축을 위한 미래교육정보원

'미래'라는 단어를 떠올리면 누구나 추상적인 인상을 먼저 갖는다. 시간상으로 과거 현재 미래라는 축으로 표현할 때 '미래'는 유독 막연하다. 아마도 미지의 무경험성이 그런 인상을 강하게 만들어 줄 수도 있다. 우리 앞의 미래는 현재가 든든할 때 블루오션으로 다가온다. 가 보지 못한 미래는 관심을 두지 못하면 낯설고 차가운 이미지를 줄 수밖에 없다. 코로나로 급박한 상황에서 요청된 미래에 대해 낯섦 반 수용 반이다. 이 미래에 대해 적응을 준비하자.

일상에 들어와 있는 인공지능의 적용사례를 보면 가상현실은 더 이상 미래가 아니다. 메타버스에서 벌어지는 증강현실, 빅데이터에 의한 인공지능 등을 촘촘히 들여다보면 '미래'는 결코 낯설거나 추상적이지 않다. 아마도 행정 편의적 주도권을 쥐고 있는 사람들이 습관적으로어쩌면 행정적인 주도권을 쥐고 있는 사람들이 관성적으로 기존의 아날로그형 사고의 연장선상에 멈

취있다면 미래형이 요구하는 유기적인 AI형 디지털형 사고를 감당하지 못하는 한계일 수 있다.

또 하나 주목해야 할 문제가 있다. 교육의 지방화시대가 열린다. 2022년 7월부터 국가교육위원회가 출범하고 교육행정 권한이 지방으로 이전된다. 본격적인 지방화시대를 위한 단계적인 제도가 이행될 전망이다. 아울러 23년부터 고교학점제가 시행되고 2028년이면 대학입시가 개편될 전망이다. 코로나 팬데믹으로 인하여 AI형 교육환경은 훨씬 강도 높게 요구되고 있다.

여기에 호흡을 맞추기 위해 현실을 들여다보면 답이 보인다. 과거 20년 전 '교육정보화시대'라는 구호를 외친 적이 있다. 이때 각 지역마다 만들어진 기관이 '교육정보원'이다. 어떤 지역은 이미 발빠르게 조직개편을 추진한 곳도 있다. 교육정보원이 등장할 때는 도스명령 체계에서 윈도우 체계로 변화되는 시대였다. 수기로 이뤄졌던 성적처리가 CS로 처리되기 시작했다. CS는 다시 성적처리 프로그램으로 독립하여 운영되었다. 286형 컴퓨터가 보급되기 시작하고 학교에 보급된 데스크탑이 교실과 교무실에 중요한 업무도구로 자리잡았던 시절의 풍경이다. 이를 보급하고 관리하면서 그와 관련된 교육활동을 지원했던 조직이 학교에서는 교육정보부, 교육청에서는 교육정보원이었다.

과연 이 조직은 현실의 변화와 요구에 맞게 얼마나 진화했을까, 대학가에서는 메타버스 입학식을 추진하고 있는 정도로 증강현실의 메타버스가 현실과 연동되어 실현되고 있는데 보통교육을 담당하고 있는 초중등 교육 현장의 실태는 어떤가. 그리고 그 정점에서 역할해야 할 교육정보원은 어떻게 변화되었는가가 주목해야 할 문제다. 한마디로 말하면 기존의 교육정보원은 '지원'에 멈췄다. 이제 메타버스 시대를 앞두고 교육활동의 멀티적 '창조'를 위한 허브 역할을 할 수 있어야 한다.

미래 교육의 컨텐츠는 개인용 PC와 허브, 사물인터넷, 대형서버, 인공지능, 쌍방향을 잇는 스마트 디바이스, 콘텐츠가 적용된 지능화, 맞춤형 교육 등 다양한 장치들이 구축되어야 한다. 예컨대 정부에서는 미래 교실을 만들기 위해 40년 이상된 노후 건물에 대해 그린스마트 학교를 만드는 사업을 추진하고 있다. 그린스마트 미래 학교는 교육과정과 혁신적 교수법과 연계된 개별화되면서 맞춤형 학습이 가능할 수 있도록 만들어가는 원대한 프로젝트다. 여기에 디지털 정보통신 인프라 구축을 통해 지원하고, 신재생 에너지 도입을 통해 20% 이상의 에너지 자립률을 실현하고자 한다.

교육정보원은 미래 교육의 흐름 속에서 신개념의 창조를 위한 새로운 기능과 역할을 찾아야 한다는 것은 시대가 주문한 방향이다. 최근 네트워크, 기기, 클라우드, 빅데이터, 인공지능 기술의 발달 및 개인에게는 스마트 디바이스(노트북)을 비치하여 무상대여하는 인프라를 구축함으로써 비대면 수업을 충분히 지원할 수 있도록 디지털환경에 대한 교육 페러다임의 전환이 요청되고 있다.

따라서 20년 전의 컴퓨터 관리 수준의 교육정보원은 명칭 변경뿐만 아니라 기능과 조직도 전면 개편해야 한다. 지금의 교육정보는 진학과 진로를 위한 빅데이터를 구축하고 그 정보를 개인맞춤형으로 생산하며, 유통시키는 허브역할을 할 수 있도록 기능을 변화시키고 강화해야 한다. AI시대를 대응할 수 있도록 데이터베이스 체제를 강화한다.

미래는 그냥 오는 것이 아니다. 예측을 통해 준비하고 시스템을 구축할 수 있도록 노력하는 과정에서 오는 것이다. 그런 다음에야 쓰나미처럼 몰려오는 미래에 당황하지 않고 대응해 나갈 수 있을 것이다.

교육학술정보의 공유·유통추세와 그 파급효과

 최근 캐나다의 청년 스콧 영이 캐나다 밴쿠버의 자택에서 MIT가 무료로 온라인에 공개한 수업들을 활용해서 1년 만에 MIT의 컴퓨터공학과 4년 졸업생과 비슷한 수준의 지식을 쌓은 학습경험이 보도된 바 있다. 이 사례는 교육자원의 개방과 공유 추세가 확산되고 원격수업이 보편화되면 고등교육에 어떤 변화를 가져올지를 극명하게 보여준다.
 고등교육의 경쟁력은 한 나라의 경쟁력을 좌우하고 그러한 고등교육의 경쟁력은 질 높은 학술정보의 제공에 달려있다. 케리스는 대학을 중심으로 개별 기관에서 생산되는 학술정보를 수집·유통하는 통합서비스를 제공할 수 있는 디지털 학술정보 유통체계(dCollection)를 구축하고 있다. 이를 통해 전국 대학의 학위논문이 온라인으로 수집되고 있고 오픈엑세스(Open Access: OA)를 기반으로 연구보고서와 학술논문도 함께 수집해서 제공하고 있다. 대학원을 다니는 학생들은 한국교육학술정보원은 몰라도 학위논문과 학술논문 원본을 제공하는 RISS(Research Information Sharing Service)는 익숙하다. RISS에서는 약 6천만

학술연구정보서비스(리스, RISS) http://www.riss.kr

건의 정보와 자료를 제공하고 있으며 매년 1억 8천만 건 정도의 검색이 이루어지는 국내 최대의 학술정보 검색 플랫폼이다. 과거 1980년대 학위논문을 쓰려고 여기저기 흩어져있는 도서관들을 찾아다니며, 얼마만큼 자료를 확보하느냐에 따라 논문의 질이 결정된다면서, 논문은 발로 쓰는 것이라고 여겼던 시절에 비하면 획기적인 진전이라 할 것이다.

RISS에서 지금 진행하고 있는 논문 봇이 완성되면 논문 주제에 대한 선행연구 결과를 정리해서 제공해주게 된다. 인공지능이 연구자의 관심사와 연구주제를 파악하여 참고할 수 있는 선행논문의 연구 결과를 정리해서 제공하기 때문에 연구자는 기존

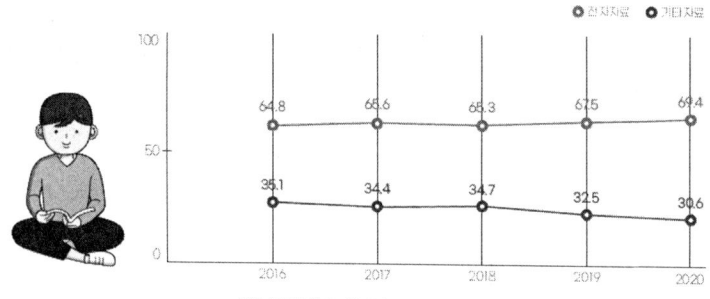

주1) 자료구입비 : 각 연도별 전년도 결산 금액

대학의 연도별 전자자료 구입비

연구 결과를 바탕으로 추가적인 후속 연구를 진행하는 데 중복과 유사성을 회피하는 한편 상당한 시간절약 등 편의를 느끼게 될 것이다. 향후 연구재단이나 대학, 학회 등과 함께 연구자료의 개방과 공유를 위한 협약 등을 통해 이러한 추세를 더욱 확산시켜 나갈 예정이다.

대학에서는 해마다 각종 전자저널의 구독비용이 늘어나면서 도서구입비의 거의 대부분을 여기에 쏟아붓게 되고 따라서 대학의 재정 압박을 가중시키는 경우가 있다. 대학 총장님들을 만나면 케리스가 전자저널 구입문제를 대행해달라는 요청을 받기도 한다. 개별 대학별로 구입하기에는 부담이 크기 때문에 대학 수요가 높은 전자저널을 국가와 대학이 대응 투자하여 국가차원의 전자자료 이용권이라 할 수 있는 대학라이선스를 구입하여 국내 연구자들에게 제공할 필요가 있다. 이에 따라 케리스에서

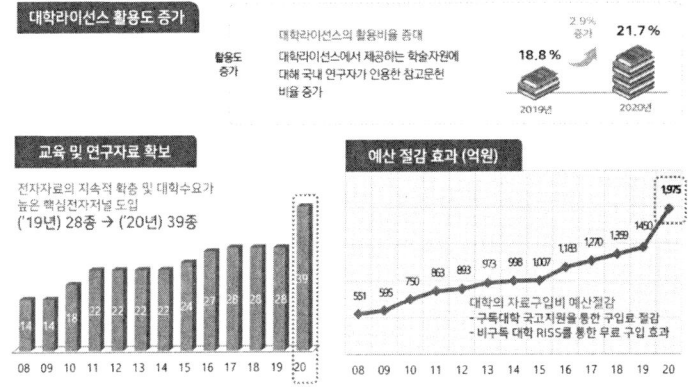

한국교육학술정보원 대학라이선스 사업

는 국가 예산을 확보하여 수요가 큰 핵심전자 저널 Wiley Online Library를 비롯하여 다양한 전자저널을 구입해서 무료로 제공하고 있다. 연구자들에게 시간과 장소에 구애받지 않고 학술자료에 대한 접근성을 높여주는 것은 수준 높은 연구를 위한 정부의 필수적 조치이다.

# 2부 국회에서 배운 더 큰 교육

공허한 구호보다 제도적 장치가 먼저다
국립아시아문화전당, 문화정책과 행정의 만남
광주의 문화예술 환경은 풍부하게 살아 있다
국가교육위원회는 지역의 새로운 코어인가
지역 소멸 위기, 지역의 인재육성이 필요하다
국회에서 지역교육의 가능성을 보다
여전히 역사 왜곡에 갇힌 5·18 광주민주화운동
미래의 주인은 진로교육을 통해 만들어진다
세월호의 아픔은 안전 사회로 이어질 노둣돌

공허한 구호보다 제도적 장치가 먼저다

여성공직자들의 지위 향상

2004년 전남도 복지여성국장을 개방직으로 일하게 된 것은 정말 우연에서 시작되었다. 전남도지사 선거를 앞두고 당시 필자는 호남대학교 행정학과에 재직하고 있었는데, 광주 MBC 시사 프로그램에 후보자들을 대상으로 단독 패널을 하게 되었다.

그때 후보자 중의 한 명이었던 박태영 씨가 지사로 당선되면서 당시 전남도 민원실장을 통해 개방직 복지국장 응모를 제안해 왔다. 교수가 무슨 복지여성국장이냐면서 극구 사양했지만, 박태영 지사를 한 번만 만나달라는 요구에 어쩔 수 없이 응하게 되었고 만나본 그분의 진심에 이끌렸다. 당시 외부에서 개방직으로 들어가 내부의 여성 공무원이나 여성단체와 일하는 게 편치 않을 수 있다는 우려가 있었지만 크게 문제는 없었다.

처음부터 선언하기를 나는 '여성들과는 싸우지 않겠습니다. 싸워야 한다면 차라리 제가 지겠습니다!'고 선언했었다. 그래서인지 큰 문제는 없었지만 박태영 지사가 3개월 만에 유고가 되고 보궐선거를 통해 박준영 지사가 들어온 이후에는 쉽지 않은 모함도 있었다.

개방직의 경우 자신을 임용한 사람이 없어진 상황에서 새로운 지사와 일하는 것이 쉽지 않을 것이라는 우려가 가장 컸다. 한편으로는 나를 밀어낼 경우 6, 7자리 정도의 여성 승진이 예견되는 직원들의 무언의 바램도 모른 채 하기는 어려웠다. 그만둬 버릴까 하는 생각을 수차례 했지만 타 지역에서도 개방직으로 임용된 여성들의 실패사례가 회자되던 터라 임기를 마치지 않는 것은 그 자체로 실패라는 생각으로 버텼다.

여성공직자들의 지위는 눈치보지 않고 스스로 버텨내며 주어진 책무를 완수해 내는 것이라는 것을 배웠다. 도청의 복지분야 근무는 값진 행정 경험이었다. 원래는 2년 예정하고 부임했던 일을 더 연장해 4년이 되었다. 내 의지보다 행정적 일처리에 손발이 맞은 주위의 압력성 추천이 더 컸다.

다행히 신임 지사가 이전의 지사보다 더 믿고 신임하게 되어 그런 걱정은 기우였다. 박준영 지사는 나에게 할 수 있을 때까지 연임해달라는 요구를 하셨고 후임도 나보고 구해오라고 하실 만큼 나를 믿어주셨다. 여성이 정치를 해야 한다는 말씀도 끊임없이 하시면서 나에게는 정치적인 멘토역할을 하셨다. 나를 정치로 밀어낸 분 중의 한 분이다. 각종 위원회에 여성 30% 이상을 맞추어내기 위해 농촌에서는 때 아닌 여성 인재 발굴전이 벌어졌다. 발굴한 여성들이 경력에서 다소 부족하더라도 열성과 성실성으로 그것을 보면서 깊은 감동을 받았다. 자리가 사람을 만든다는 말도 전혀 틀린 말은 아닌 듯하다.

어르신을 위한 목욕탕 추진

전남의 어르신들은 농사 등 힘든 노동으로 근육통을 가지고 있는 분들이 많다. 이런 어른들은 목욕을 하게 되면 상당부분 긴장된 근육을 풀 수 있고 청결함도 유지할 수 있어 건강에 크게 도움이 된다. 그러나 농촌에는 목욕탕이 없어서 이러한 기본적인 요구도 충족하기가 어려운 열악한 환경이다. 따라서 나는 어르신들을 위한 목욕탕을 보급하기로 하고 비용이 적게 들면서도 관리 가능한 방법을 모색하기 시작했다.

보건지소는 어르신들이 접근하기가 좋고 부지도 있으면서 관리에도 유리한 이점이 있다. 그러나 보건지소를 활용하는 것은 보건복지부의 승인이 필요했는데, 보건복지부는 보건시설에 대중목욕탕을 연결하여 짓거나 같은 문을 사용하는 것을 허락하지 않는 관료적인 태도를 보였다. 그러나 당시 유시민 보건복지부 장관이 전남을 내방을 틈타 이 문제를 제기하였는데 바로 며칠 후에 보건복지부로부터 승인이 떨어졌다. 농촌의 특수성을 감안하여 보건지소 옆에 목욕탕을 지어 시설관리를 지원하고, 간단한 체조나 요가와 같은 건강관리 프로그램은 물론 혈압 측정이나 예방주사 등 보건 서비스까지 원스톱으로 제공할 수 있게 된 것이다.

 재미있는 것은 일본의 경우 남녀 목욕탕을 바꾸어 사용함으로써 노인 특유의 냄새를 없앤다고 하는데 전남의 목욕탕도 일주일 단위로 바꾸어 사용하도록 하였고 노인이 노인을 돕는 노노케어를 시작하게 된 계기가 되었다. 젊은 노인들이 나이든 노인을 목욕탕에서도 살피도록 함으로써 만일의 사태에 대비하고 세대 간의 간극을 좁히는 부조 노력을 하였다.

친환경 축산, 황금닭 사업

 전남도는 친환경농산물 육성을 통한 농가 소득증대가 최우선과제로 등장했다. 이에 따라 보건 복지를 담당하고 있던 국장으로서 황금을 먹여 닭을 키우게 되면 면역력이 강하고 육계의 맛도 좋아진다는 전문가들의 견해를 검증하고 싶었다. 강진군을 중심으로 황금닭 육성에 나서게 되었다. 전라남도에서 강진은 경제나 산업 측면에서 가장 열악한 지역이었다. 도에서는 농가들의 소득증대를 찾아내는 방안이 무엇보다 절실했다. 황금닭은 소득증대의 시범 사례로 육성지원하려는 사업과 맞아 떨어졌다. 당시 황주홍 군수도 열성적으로 호응하였다. 황금닭은 브랜드화가 되면서 보통 닭의 2, 3배의 가격으로 판매되었고 인기를 끌었다.

모두가 알다시피 전라남도는 경제적인 자립도가 낮은 지자체 중의 하나다. 낮은 재정자립도로 도정을 이끈다는 것은 민선 단체장들에게 가장 큰 부담이다. 지방재정으로는 턱없이 부족한 도여서 중앙정부로부터 재정을 끌어올 수밖에 없었다. 세상 형편은 좋아졌으나 지역간 격차와 빈부격차는 갈수록 벌어지고 그로 인해 사회적 갈등은 계속 커질 수밖에 없다. 따라서 복지국의 중심 업무는 재정문제를 확보하고 제도적인 지원책을 만들어 관리하는 일이었다.

그래도 일할 때는 즐거웠다. 도정의 복지 분야를 이끌면서 자랑할 만큼 성과를 남겼던 사업은 여럿 있다. 그 가운데 몇 가지를 소개한다. 첫 번째로 가장 손꼽히는 일은 앞에서 언급한 군면에 목욕탕을 짓는 사업이었다. 새로 부임한 신임 도지사는 면마다 목욕탕을 지어 지역의 어르신들 건강을 챙길 수 있도록 추진하자는 것이었다. 현장에서 만나는 주민들은 아이디어가 많았다. 하지만 실제 집행단계에서 부딪히는 결정적인 장애는 예산 문제다. 목욕탕사업의 경우 한 개를 짓는 데 소요되는 건설비가 6억이라면 전남도 내 138개 면에 설치할 때 총 828억이 확보되어야 한다. 이는 부지 매입비용은 빠진 상태다. 도청 연간 세수가 2천여억 원에 불과한 가운데 사업을 추진한다는 것은 실탄 없이 총을 쏘겠다는 지나친 욕심을 부린 것이나 다름없는 꼴이었다. 하지만 턱없이 부족한 예산을 넘는 것이 실무 라인의 현장 책임이다.

업무담당자로서 1단계는 중앙정부에 지원 요청부터 하자고

계획을 세웠다. 정부로부터 돌아올 대답은 전라남도만 지원할 수 없다는 것을 예상하면서도 추진했다. 왜냐면 중앙정부에 요청을 걸어둬야 나중에 이야기해도 낯설지 않고 관심을 두기 때문이었다. 당연히 중앙정부는 다른 시도와 형평성 문제를 제기했다. 궁하면 통한다는 옛말이 있다. 고민을 계속하면 고민의 끝자락에서 묘책이 떠오른다. 사업 목표에 대한 욕심을 반으로 수정하면 부담을 반으로 줄이면서 추진할 수 있겠다는 사업 방법이었다. 결국 남녀용으로 구분해 지으려던 계획을 남녀공용형 욕탕 하나만 설치하고, 사용하는 날짜를 격일제로 변경하는 아이디어를 내 실현가능성을 높였다.

  목욕탕 사업은 성공적이었다. 목욕탕이 있는 지역의 어르신과 다른 지역을 비교하고 보니 생활 자세와 건강이 훨씬 좋아진 것으로 파악되었다. 이 사업은 2014년 중앙정부에 의해 '장터목욕탕'이라는 이름표를 붙인 국가정책으로 채택되어 전국으로 퍼져 나가게 되었다.

  필자가 이와 같은 업무를 추진할 수 있었던 배경에는 행정가로서 가장 먼저 꼽아야 할 덕목으로 실사구시 정신을 떠올렸기 때문이다. 평소 다산 정약용의 『목민심서』를 애독해왔던 영향이 컸다. 목민관은 요즘으로 말하면 행정관리다. 행정관리는 시민과 도민의 최일선에서 일상을 지켜보는 책무를 짊어진 중요한 사람들이다. 다산의 『목민심서』에 나온 '애민육조' 중의 한 구절을 목욕탕 사업에 적용한 것이다.

정약용의 「애민육조」는 여섯 가지 백성을 사랑하는 방법이다. 그중 양로(養老)로 "목민관은 노인을 공경하고 불쌍한 백성을 보살펴야 할 의무가 있다."는 첫 번째다. 그 내용을 현실에 맞게 고친 것이 목욕탕사업이었던 셈이다. 오늘날로 말하면 지역에서 소외되고 문화적인 혜택을 받지 못하는 어르신들을 지원하는 일은 곧 양로의 실질적인 정책을 집행한 것이다.

그뿐이 아니다. 전남도의 취약환경은 희망보다 절망으로 압박해 들어올 때가 더 많았다. 그럴 때마다 이이제이(以夷制夷)나 이열치열(以熱治熱)이라는 사자성어처럼 같은 상황에서 해결책을 찾았다. '노-노(老-老)케어'정책을 가져온 근원이다. 건강한 노인이 몸이 불편한 노인을 돌보는 프로그램이다. 비슷한 처지에 놓여있는 사람이 공감력이 가장 높다. 전남도는 도민들의 연령이 고령화된 점도 고려해야 할 환경이다. 신토불이가 따로 있는 것은 아니다. 같은 환경에서 같은 해결책이 숨어있는 것이다.

국민기초보장사업의 경우 김대중정부에서 수립되어 우리나라 복지정책의 가장 큰 축을 형성하였는데 이 사업은 기본적으로 국가사업이다. 원칙적으로 국가사업은 국가에서 100% 부담하는 것이 옳지만 현실 속에서는 지자체와 일부 분담구조를 이룬다. 당시 국가가 80%를 부담하고 자자체가 20%를 부담하는 것으로 획일화되어 있었지만 여기에는 함정이 있다. 지자제 산의 재정여건이 다르다 보니 재정여력이 없는 전남의 경우 수급자 비율이 높아서 20% 부담에도 허리가 휠 지경이었다. 그래서 기재부를 비롯한 중앙부처와 국회를 통해 차등지원제 도입을 줄

기차게 주장했다. 즉 재정여건에 따라 10%에서 20%, 30%로 차등화함으로서 재정상의 균형을 도모하도록 제도를 바꾸어냈던 것이다. 이를 통해 이후 노령연금에서도 차등지원제가 도입되게 되는 계기를 만들었다.

국민기초생활보장사업을 통해 가난한 지역은 수급비율을 높여 지원받을 수 있도록 입법활동으로 완성했다. 국가가 부담하는 지원비율을 높이고 지자체가 부담할 재정을 다른 쪽으로 움직일 수 있도록 한 것이다. 행정학 전공교수로서 실무적인 행정 참여는 행정의 실태를 보다 적극적으로 접근하게 만들었다.

국립아시아문화전당, 문화정책과 행정의 만남

 국립아시아문화전당은 대한민국 문화발전소이자 광주의 미래다. 지난 2005년 착공한 이래 10년의 기다림 끝에 맞는 경사다. 128,621평방미터(㎡) 위에 세워진 국립아시아문화전당이다.
 단군 이래 최대의 '국가 문화프로젝트'인 아시아문화중심도시 조성 사업의 핵심시설인 국립아시아문화전당이다. '아시아문화중심도시 광주'의 심장이다. 따라서 국립아시아문화전당의 정식 개관은 '아시아문화중심도시 광주'의 본격적인 출발을 알리는 첫 신호탄이다. 광주가 문화를 매개로 아시아와 함께 세계로 나아가겠다는 선언이다.
 3만 6천 명의 고용창출 효과와 2조 7,603억 원의 생산유발 효과가 있다는 국립아시아문화전당은 그 명성만큼이나 도전과 시련도 많았다. 문화전당을 광주만의 시설로 폄훼하고 운영의 전부를 법인에 위탁해 위상을 훼손하려는 시도도 있었다.
 하지만, 이에 맞서 지역정치권과 광주시, 시민사회단체는 물론 항상 공론을 모아 내고 비판을 서슴지 않았던 지역 언론, 무엇보다 문화전당을 위해 한결같은 지지와 성원을 보내주신 광주시민들이 계셨기에 우리는 이를 극복할 수 있었다.

시작이 반이라고 하지만 첫술에 배부를 수는 없다. 국립아시아문화전당이 진정한 대한민국 문화발전소이자 문화 심장으로 안착될 때까지 조금도 긴장의 끈을 늦추지 않아야 한다. 국립아시아문화전당이 아시아문화중심도시의 핵심시설이라면, 아시아문화중심도시는 국립아시아문화전당이 실현할 비전이다.

문화전당을 포함해 아시아문화중심도시 조성 사업에 2015년까지 국비 1조 329억 원이 투입되었다. 2023년까지 추가로 투입될 국비는 1조 7,350억 원이다. 어느 정권, 어느 정부에서라도 이 약속은 반드시 지켜져야 한다.

특별법에 의한 국책사업인 전당 포함 아시아문화중심도시 조성 사업에 박근혜 정부의 적극적인 지원을 촉구한다. 문화전당의 성공은 박근혜 정부의 4대 국정기조인 '문화융성'을 실현하는 길이기 때문에 더더욱 그렇다.

문화전당과 7대 문화권 조성 사업 등이 시너지 효과를 발휘할 때 '아시아문화중심도시 광주'는 우리 앞에 한 발짝 더 다가설 것이다. 전당이 개관되는 만큼 광주시는 7대 문화권 조성 사업 등에 박차를 가해야 한다. 세부사업 또한 가다듬어야 한다. 광주시가 정부의 지원을 기다리는 것이 아니라 정부의 지원을 이끌어내도록 적극적인 자세를 취해야 한다.

지금까지 아시아문화중심도시 조성에 투입된 시비는 675억 원이다. 2023년까지 추가로 투입될 시비는 7,211억 원이다. 광주시가 재원마련에 만전을 기해야 한다. 민간투자 또한 2014년까지 490억 원이 집행되었다. 2023년까지 1조 6,847억 원이 더 투자되어야 한다. 정부와 광주시가 민간이 활발히 참여할 수 있는 방안을 마련해야 한다. 민간에서도 적극적으로 동참해 줄 것을 간절히 바란다.

국립아시아문화전당이 여기까지 올 수 있었던 것은 전적으로 시민들의 힘이다. 앞으로 문화전당의 성공과 '아시아문화중심도시 광주'를 실현하는 데 어떤 난관과 시련이 있을지 누구도 예상할 수 없다. 광주시민 여러분께서 광주의 미래인 아시아문화전당을 지켜야 한다.

국가와 자치단체가 법에 규정된 책임과 의무를 다하도록 지원하고 견제하는 것은 우리 광주시민의 역량에 달려 있다. 아시아문화전당이 대한민국 문화발전소의 역할을 할 수 있도록 문화예술계, 학계, 종교계, 언론계, 여성계, 경제계 등 시민사회가 모두 하나가 돼 문화전당을 지켜주고 이끌어야 한다.

국립아시아문화전당은
대한민국 문화발전소이자 광주의 미래입니다
- 문화전당 개관에 즈음하여 정부와 광주시, 광주시민께 드리는 글 -

존경하는 광주시민 여러분!

128,621평방미터(㎡) 위에 세워진 국립아시아문화전당의 정식 개관이 6일 앞으로 다가왔습니다.

지난 2005년 착공한 이래 10년의 기다림 끝에 맞는 경사입니다.

단군 이래 최대의 '국가 문화프로젝트'인 아시아문화중심도시 조성 사업의 핵심시설인 국립아시아문화전당은 대한민국 문화발전소이자 광주의 미래입니다.

'아시아문화중심도시 광주'의 심장이라 해도 과언이 아닐 것입니다.

따라서 국립아시아문화전당의 정식 개관은 '아시아문화중심도시 광주'의 본격적인 출발을 알리는 첫 신호탄입니다.

광주가 문화를 매개로 아시아와 함께 세계로 나아가겠다는 선언입니다.

3만 6천 명의 고용창출 효과와 2조 7,603억 원의 생산유발 효과가 있다는 국립아시아문화전당은 그 명성만큼이나 도전과 시련도 많았습니다.

문화전당을 광주만의 시설로 폄훼하고 운영의 전부를 법인에 위탁해 위상을 훼손하려는 시도도 있었습니다.

하지만, 이에 맞서 지역정치권과 광주시, 시민사회단체는 물론 항상 공론을 모아 내고 비판을 서슴지 않았던 지역 언론, 무엇보다 문화전당을 위해 한결같은 지지와 성원을 보내주신 광주시민 여러분이 계셨기에 우리는 이를 극복할 수 있었습니다.

존경하는 광주시민 여러분!

이제 시작입니다.
시작이 반이라고 하지만 첫술에 배부를 수는 없습니다.
국립아시아문화전당이 진정한 대한민국 문화발전소이자 문화심장으로 안착될 때까지 조금도 긴장의 끈을 늦추지 않아야 합니다.

국립아시아문화전당이 아시아문화중심도시의 핵심시설이라면, 아시아문화중심도시는 국립아시아문화전당이 실현할 비전입니다.

문화전당을 포함해 아시아문화중심도시 조성 사업에 2015년까지 국비 1조 329억 원이 투입되었습니다.
2023년까지 추가로 투입될 국비는 1조 7,350억 원입니다.
어느 정권, 어느 정부에서라도 이 약속은 반드시 지켜져야 합니다.

특별법에 의한 국책사업인 전당 포함 아시아문화중심도시 조성 사업에 박근혜 정부의 적극적인 지원을 촉구합니다.

문화전당의 성공은 박근혜 정부의 4대 국정기조인 '문화융성'을 실현하는 길이기 때문에 더더욱 그렇습니다.

문화전당과 7대 문화권 조성 사업 등이 시너지 효과를 발휘할 때 '아시아문화중심도시 광주'는 우리 앞에 한 발짝 더 다가설 것입니다.

전당이 개관하는 만큼 광주시는 7대 문화권 조성 사업 등에 박차를 가해야 합니다. 세부 사업 또한 가다듬어야 합니다.

광주시가 정부의 지원을 기다리는 것이 아니라 정부의 지원을 이끌어내는 적극적인 자세를 취해야 합니다.

지금까지 아시아문화중심도시 조성에 투입된 시비는 675억 원입니다.

2023년까지 추가로 투입될 시비는 7,211억 원입니다.

광주시가 재원마련에 만전을 기해줄 것을 촉구합니다.

민간투자 또한 2014년까지 490억 원이 집행되었습니다.

2023년까지 1조 6,847억 원이 더 투자되어야 합니다.

정부와 광주시가 민간이 활발히 참여할 수 있는 방안을 마련해야 합니다.

민간에서도 적극적으로 동참해 줄 것을 간곡히 요청드립니다.

존경하는 광주시민 여러분!

국립아시아문화전당이 여기까지 올 수 있었던 것은 전적으로 시민 여러분의 힘이었습니다.
앞으로 문화전당의 성공과 '아시아문화중심도시 광주'를 실현하는데 어떤 난관과 시련이 있을지 누구도 예상할 수 없습니다.
광주시민 여러분께서 광주의 미래인 아시아문화전당을 지켜주십시오.

국가와 자치단체가 법에 규정된 책임과 의무를 다하도록 지원하고 견제하는 것은 우리 광주시민의 역량에 달려 있습니다.

아시아문화전당이 대한민국 문화발전소의 역할을 할 수 있도록 문화예술계, 학계, 종교계, 언론계, 여성계, 경제계 등 시민사회가 모두 하나가 돼 문화전당을 지켜주고 이끌어 주십시오.

저 또한 여러분의 손과 발이 되어 최선을 다하겠습니다.
감사합니다.

[출처] 기자회견 "국립아시아문화전당은 광주의 미래입니다"
작성자 박혜자

광주의 문화예술 환경은 풍부하게 살아 있다

 광주에서는 문화를 모르면 대화 속에 끼어들기 어렵다는 우스갯소리가 있다. 거리에 설치된 폴리, 사람들을 만나는 찻집 여기저기에도 문인화 한두 폭은 걸려있고, 가정집에도 서예 글씨가 몇 점씩 걸려있다. 특히 궁동에 나가 보면 남도의 예술혼을 여기저기서 쉽게 접할 수 있다. 그래서 광주에서 태어나고 자랐다는 사실이 자랑스러울 때가 많다. 정치의식이 선진적이라는 점은 말할 것도 없지만, 내면의 가치를 채울 수 있도록 풍요롭게 해주는 예술과 익숙하게 연결될 때가 가장 크게 느껴진다.
 광주는 문화가 일상 속에서 숨 쉬는 곳이다. 왜 그런 문화가 숨 쉬는 역사를 가졌을까? 어떤 사람들은 한이 예술로 승화되어 혼불이 되었다고 말한다. 기질적으로 예술능력이 있었다고 하더라도 예술작품은 하루아침에 태어나는 것은 아니다. 문화는 그 사회의 오랜 삶이 만든 소산이다. 자긍심은 때로 다른 사람들의 질투심 가득 담긴 견제를 당한다. 경제적인 지원은 위로의 성격을 담기 때문에 타 지역에서 균형발전론을 근거로 방해한다. 한때 이명박 박근혜 정부에서 예산을 심각하게 삭감하고 국가적인 사업에서 제외시키려고 노력했다. 한때 국립아시아문화전당을 둘러싼 논란이 그것이다.

남도의 예술적 역량이 아시아로 뻗어나가 세계적으로 주름잡는 일은 상상력을 넘어 흐뭇한 일일텐데도 말이다. 이미 국제 무대를 주름잡았던 비보이그룹, 뒤이어 K팝, K영화, 빌보드차트를 주름잡는 BTS의 명성은 익히 잘 알고 있는 사실이다. 광주가 가지고 있는 예술적 역량은 어느 지역보다 높고 그 활용의 에너지가 큰 곳이다. 예술적인 활동들은 여러 분야에서 야무진 도전으로 이어지고 있다. 역사적 산물로 비축된 에너지 위에 IT분야의 새로운 방향과 결합되어 예술적 에너지는 상승될 것이다.

의정활동할 때 특별하게 관심 가졌던 분야가 아시아문화중심도시를 어떻게 이끌고 문화예술을 채울 것인가였다. 최근 교육학술정보원에서 새로운 고민으로 등장한 것이 미래 교육의 정보시스템 앞에 예술은 어떤 가능성을 가지고 변할까이다. 참으로 난제다. 하지만 5G 이후, 6G, 7G 환경이 만들어지면서 메타버스가 실용화되면 예술에 대한 교육적 접근은 상당 부분 달라질 것이다. 이후 원격지원이 아니라 현실과 똑같이 공간 이동 속에서 문화예술 활동이 가능하다는 것이다.

온라인 환경의 확장은 곧 예술 영역까지 무궁하다. 이제 광주의 문화는 아시아문화전당을 통해 새로운 시대를 맞았다. 새뮤얼 헌팅턴(Samuel Huntington)은 『문화가 중요하다』는 저서를 통해 문화가 경제발전과 민주적 정치제도를 결정하는 핵심요인이라고 주장했다. 아시아문화전당은 광주의 경제와 문화발전의 기관차가 될 수 있다. 과거형의 문화도시가 아니라 미래형 문화수도로 새롭게 탄생한 것이다. 제도를 결정하는 문화정책은 사회과학계에서도 문화가 지역발전과 어떻게 연계될 수 있는가의 관심으로 등장하였다. 광주뿐만 아니다. 다른 지자체 단체장들이 문화가 지역을 잘 살게 할 수 있다는 구호를 앞세우면서 문화행사를 개최하고 도시마다 문화도시 발전전략을 내세우면서 한때 문화행정이 학문적 관심분야로 크게 주목받을 때도 있었다.

다른 지방의 문화행정은 광주의 양상과는 다른 방향이다. 광주는 문화유산과 DNA가 다른 지역과 달라서 축제형은 약하다. 비엔날레, 디자인, 영화 등 현대적인 관점이 크다. 우리 지역은 축적된 문화를 향유할 수 있도록 지자체 행정조직이 행정환경을 만드는 일이 중요하다. 교육계 역시 마찬가지다. 대학을 중심으로 연구영역도 중요하지만 보통교육을 담당하고 있는 학교교육 과정과 연계시키는 것도 중요하다. 지자체 행정, 보통교육의 재능계발, 대학의 연구활동이 3박자를 맞추려고 노력해야 한다.

특히 어릴 때부터 문화 활동이 생활 속에 쌓여갈 때 자기 계발을 위한 연찬으로 활용될 수 있다. 그것이 어른으로 성장하면서 원숙한 세련미를 담는 경지에 이를 수 있다. 따라서 평생 학습으로 이어질 수 있도록 초등 및 중등교육의 단계에서는 문화예술에 관한 기본적인 소양을 접할 수 있도록 환경을 조성하고 자신의 잠재력을 끌어내는 일은 중요하다. 고등교육에서는 예술가를 양성할 수 있는 교육과정을 운영하고 산업과 연계될 수 있도록 문화정책을 만들어가는 일과 밀접한 연관성을 갖는다.

일상에서 문화예술은 사람들에게 정서적인 만족감과 행복감을 느끼게 한다. 그리고 그 지역에서 계속 살게 만드는 촉진제 역할을 한다. 생활 속에서 시민들이 문화를 향유할 수 있도록 환경을 갖추게 되면 시민들은 행복한 충전 생활로 이어갈 수 있다. 미래는 문화행정에 의해 문화정책을 담을 때다. 미래형에는 문화행정이 단순한 효율성만 견지해서는 안 된다. 시민 스스로 주체적인 관심과 참여를 통해 문화 활동을 이끌도록 하고 다양한 교류를 통해 문화가 발전할 수 있도록 시민이 전면에 나서게 하는 것이 중요하다. 그리고 행정이 이를 보완하는 원리가 적용될 수 있을 때 시민을 모시는 행정이 된다.

우리나라의 문화정책은 중앙정부에 집중되어있는 것이 사실이다. 2000년대 초반에는 중앙집권화를 통해 문화발전이 이루어졌다면 문화정책의 분권화는 문화적 민주주의를 실현하고 문화 활동이 생활양식의 변화에 부응할 수 있도록 해야 한다는 주장도 있었다. 지역 환경에 맞게 정책의 최종 목표나 중간 목표, 정책수단이 지역적 차원에서 논의되거나 고안되도록 해야 한다는 점에서 그랬다. 그러다 보니 중앙정부의 규모가 현실을 민감하게 만들지 못하고 정치적 변화 요구에 손발을 맞추지 못할 때가 많았다. 다행인 것은 당시 문화정책의 분권화 방향이 시대적 흐름으로 기본적인 방향이 되었다.

필자는 『문화정책과 문화행정』(2018)을 통해 '문화정책과 행정의 발전방향'의 장에서 중앙정부와 지방자치단체 정부가 맡아야 할 역할을 분류했었다. 자치단체의 문화정책은 첫째, 지역문화의 자립화, 둘째, 지역문화의 개성화와 특성화, 셋째, 지역문화의 다양화와 다원화의 방향으로 지향해 나가야 할 것이다. 따라서 자치단체의 문화행정은 지역실정과 특성에 맞는 주민 문화 형성의 기반조성과 조건 정비를 목적으로 행정이 지원되어야 한다.

남도의 문화예술 역량의 사회적 기반은 어느 지역보다 풍부하다. 그 중심지 노릇을 하는 광주는 전통적으로 구축된 인프라 위에 지자체의 행정력을 통해 문화정책 방향을 자연스럽게 풀어갈 수 있을 것이다. 특히 교육계와 지자체의 행정력이 결합되면 협력적인 상승효과를 만들 수 있다. 교육계는 문화 인력의 양성과 재생산 활동을 이끌고 자치단체의 행정은 지역에 맞는 정책을 개발하고 기획할 수 있도록 안내한다. 또 중앙행정은 그 방향과 내용을 조정하고 권고와 감독을 동시에 지역에 맞도록 보완·조정하면서 더 크게 시너지효과를 낼 수 있도록 역할하는 것이다.

자치단체와 교육청의 연계에서 창조자와 매개자를 육성할 때 교육계의 역할은 더욱 빛날 수 있다. 한국문예진흥원(문진원)이 이미 선도적인 역할을 하지만 행정조직의 지원과 협력이 가미되면 효과가 분명할 것이다. 지금껏 문진원은 양질의 지원시스템으로 학교 현장을 돕고 있다. '아르떼365'를 통해 학교문화예술교육 프로그램을 지원하고 지역 활동가를 양성하고 지역에 어울리는 프로그램을 운영할 수 있도록 유도하고 있다. 중앙의 문화예술 지원은 지역으로 촉진시키는 매개 역할을 적극적으로 수행하고 있는 셈이다.

예컨대 학교와 교도소의 공간이 같다고 지적하는 사람들이 있다. 틀린 말은 아니다. 교육을 통제하는 일이라고 생각하는 순간 교도소에 들어있는 범죄자를 통제해서 억압적 교도과정으로 이끄려는 것과 통하는 것이다. 아르떼의 장점은 삶의 모든 요소를 예술적 대상으로 삼으면서 삶의 공간을 변화시키려고 노력하고 있다. 유휴공간을 리모델링하여 문화예술 공간을 만든 사례가 그것이다. 문화예술은 방치되거나 버려진 공간을 통해 여유를 찾게 해준다. 학교 역시 마찬가지다. 통제 중심의 문화를 허물어야 개성을 발휘할 수 있는 학교 공간으로 거듭난다. 에너지 분산을 통해 학교 내 갈등을 해소하기 위해 스포츠를 강화하는 것처럼 예술적인 감성을 끌어낼 수 있도록 공간 환경을 만들어나가는 것이다. 이런 변화는 학교 내외에서 일어나고 있는 학교폭력이나 갈등을 완화시키고 예방할 수 있다. 교육 현장에서 문화예술이 더욱 강화되어야 할 이유다.

문화예술은 시민들의 생활 영역에서 많은 감성적인 영향력을 제공한다. 심리적인 안정감은 둘째치고 인간관계의 신뢰감을 만드는 일과 깊이 연관된다. 문화예술이 변화하는 세상에 적응하기 위해 정규 교육을 떠난 뒤 평생 동안 지원되어야 할 평생학습이라는 큰 테두리 안에 포함된다고 볼 때 평생학습 교육과 문화정책은 더 긴밀하게 밀착되어야 할 것이다.

  광주에 건립된 아시아문화전당은 그래서 중요하다. 시민들의 인성과 감성을 키우는 텃밭일 뿐만 아니라 삶을 디자인할 수 있는 제도적 플랫폼이다. 이 플랫폼을 활용할 수 있는 인프라는 여전히 턱없이 부족하다. 교육계가 먼저 움직여 장기적으로 인재가 양성되어야 할 이유이기도 하다. 창조자와 매개자를 양성하고, 지역의 자치단체는 경제활동과 연계될 수 있도록 정책을 개발하여 인력풀을 만들어 갈 때 교육이 살고 아시아 문화전당을 비롯한 광주의 문화산업이 숨쉴 수 있을 것이다.

국가교육위원회는 지역의 새로운 코어인가

많은 우려 속에 지난 21년 7월 1일 '국가교육위원회 설치 및 운영에 관한 법률안'이 국회 본회의를 통과하였다. 국가교육위원회는 교육계의 오랜 염원이다. 국가교육은 늘 정권이 바뀔 때마다 교육정책을 손바닥 뒤집듯 바꾸는 것으로 시달려 왔다. 이에 초정권적이고 초당파적인 기구를 지향한 결과로서 '백년대계'인 중장기적 교육정책을 만드는 것을 목적으로 한 것이 국가교육위원회다. 이는 문재인 대통령의 대표적인 교육 공약이었다. 임기 초반부터 출범 논의를 이어왔지만 많은 반발과 우려를 안은 채 국회 문턱을 넘었다. 이제 국가교육위원회법 시행은 법 공포 1년 후 22년 7월로 위원회 구성과 출범이 다음 정권으로 넘어가게 됐다.

남은 1년 동안 우리 사회는 기존에 없던 국가교육위원회란 조직을 새로이 만들어 가야 한다. 과연 목적을 달성할 수 있을지, 기대와 우려가 엇갈리지만 진정한 '백년대계'를 이뤄내기 위해 국가교육위원회 출범 이전까지 보완책을 찾는 일도 중요한 과제다.

정치적 중립을 유지할 수 있을까? 국가교육위원회는 '대통령 직속 합의제 행정기구'로, 교육과 관련된 각 이해집단을 대표하는 위원으로 구성된다. 국가교육위원회 위원은 국회 추천 9명(비교섭단체 1명 포함), 대통령 지명 5명, 교육부 차관, 교육감 협의체의 대표자, 교원단체 추천 2명, 한국대학교육협의회 추천 1명, 한국전문대학교육협의회 추천 1명, 시·도지사 협의체 추천 1명 등 총 21명이다. 상임위원은 국회 추천 몫에서 2명, 대통령 지명자 중 1명으로 정하며 위원장은 상임위원 중 대통령이 임명한다. 임기는 3년이며 한차례 연임할 수 있다. 위원회의 회의는 재적위원 과반수 출석으로 개의해 재적위원 과반수 찬성으로 의결한다.

위원 중 대통령과 국회의 몫이 14명으로 전체의 3분의 2에 달하는 구조다. 정치색을 띨 수밖에 없다. 사실 현실이 정치적이라면 넓게 보면 시도교육감 협의체도, 교원단체도 모두 정치 성향을 가질 수밖에 없다. 예컨대 대학 입시나 특목고 폐지 등 첨예한 쟁점에서 진보와 보수가 '합의'로서 공통된 정책을 도출하기 힘들다는 점도 우려되긴 하다. 이런 점이야말로 '초당파', '초정권'적인 합의를 이끌어내기 어려운 게 사실이다.

또 다른 문제는 국가교육위원회가 국가교육의 '백년대계'를 만들어 낼 수 있을까? 법에 따르면 국가교육위원회는 국가교육발전계획을 10년마다 수립한다고 정했다. 10년은 정권의 임기에 구애받지 않고 장기간 안목으로 정책을 마련하자는 취지다. 국가교육발전계획에는 학제, 교원정책, 대학입학정책 등 중장기

정책이 포함되어 있다. 교육부나 청와대가 아닌 국가교육위원회가 교육정책의 큰 골조를 정하게 되는 것이다. 대통령 중심제인 우리 한국 정치 체제와 현재 지방자치제도에서 지방정부의 권한이 미약한 상태에서 대통령이 공약과 국정과제로 추진하지 않을 경우 정책이 소외된다는 딜레마를 낳는다.

이뿐만 아니라 예산 편성에 관한 책임 문제가 뒷받침되지 않으면 정책만 화려한 채 국가권력과 겉돌 수 있다. 국가교육위원회가 마련한 정책에 대해 교육부나 시도교육청은 매년 시행계획과 전년도 실적을 제출하고 반영한다면 여전히 교육정책의 시행 결과가 지방의 자치권 중심으로 재구성되는 것이 아니라 중앙정부로 집중하게 된다. 그렇다면 국가의 요구만 관리되고 국민들의 희망은 소홀히 할 수 있다.

중앙정부와 지방정부 간의 교육적 갈등을 어떻게 해결할까? 국가교육위원회는 기존의 교육부와 시도교육청의 역할 사이에서 갈등을 빚을 수 있다. 국가교육위원회 설립을 둘러싼 여러 방안 중 교육부가 기존과 같은 규모로 남게 되면서 우려는 더 깊어졌다. 소위 '옥상옥'이다. 법적으로는 국가교육위원회는 교육정책의 심의·의결하고, 교육부는 집행을 맡는다. 이원화된다는 뜻이다. 하지만 교육부가 해오던 국가교육과정의 논의와 수립 역할이 국가교육위원회로 넘어오지만 "초·중등 교육분야는 본격적으로 시도교육청으로 이양하고, 교육부는 교육복지, 교육격차, 학생 안전·건강, 예산·법률 등 국가적 책무성이 요구되는 부분에 집중하겠다"고 밝히더라도 업무의 경계선을 명확하게 구분하기 힘들다.

　국가교육위원회, 교육청, 교육부의 업무 간 중복지점이 커서 이 문제를 국가교육위원회가 교육청, 일선 학교, 풀뿌리 교육자치와 어떤 식으로 문제의식을 공유하고 소통 구조를 강화할 것인가에 대해 고민해야 한다. 그렇지 않으면 학교운영위원회처럼 그저 회의하는 위원회에 불과하게 될 것이다. 물론 국가교육위원회가 '권고'에 그치고 이행을 강제하지 못하는 국가인권위원회와는 달리 법적 구속력을 확보했다. 국가교육위원회법 제13조는 위원회가 특정 교육정책에 대해 심의·의결할 수 있고, 처리결과를 통보받은 관계기관의 장은 위원회의 심의·의결 결과를 특별한 사정이 없는 한 "따라야 한다"고 규정한다.

　국가교육위원회가 지지부진했던 여러 위원회와는 다른 길을 걸을 수 있을지 초미의 관심사다. 그래서 사회적 기대에 부합하는 역할을 어떻게 해낼지는 출범까지 남은 시간인 1년의 준비기간에 달려 있다. 시행령과 하부 직제를 어떻게 정하고 운영할 것인가부터 청년, 학부모 등의 목소리를 어떻게 반영할 것인지 위원들의 대표성 확보까지 과제가 많다.

　국가교육위원회 도입의 초심은 국가가 교육을 강제하고 통제하던 권위주의적인 시대를 소멸시키고 자율의 시대를 여는 데 있다. 미래 사회는 좋은 대학에 보내려는 부모들의 희망을 채우려는 시대가 아니다. 국민을 교육정책 과정에 참여시켜 교육내용을 지역 차원에서 미래를 현실화시키고 효율성을 높일 수 있도록, 교육을 다시 공동체의 과제로 환원시켜야 한다. 따라서 지방정부가 교육의 역할을 수행할 수 있도록 환경을 만드는 것이 국가교육위원회가 짊어진 가장 큰 과제다.

지역 소멸 위기, 지역의 인재육성이 필요하다

늘어나는 지방 폐교

균형발전에 관심을 가지면서 지역이 소멸될 위기에 놓였다는 염려는 오래된 나의 주장이다. 특히 지방대학이 직면한 위기는 학술적으로 다룰 때보다 현실은 훨씬 더 심각하다. 다양한 경로를 통해 그 위기를 진단할 수 있다. 수도권 중심의 정치경제사회 문화에 걸친 집중은 교육을 통해 위기의 기반을 더욱 두텁게 만들고 있다. 따라서 교육의 균형발전을 찾는 일이 지역의 소멸 위기를 찾는 열쇠가 될 수 있다. 먼저 초중고 폐교된 학교를 통해 위기를 진단해 보자.

연구에 따르면 1982년부터 지난 39년간 폐교된 학교가 3,834개교에 달하는 것으로 나타났다. 전국 초중고 학교 수 1만1,710개교의 32.7%에 달하는 규모다. 지역별로는 전남의 폐교 학교수가 828개교로 가장 많다. 이어서 경북 729개교, 경남 582개교, 강원 460개교, 전북 325개교 순이었다. 특히 경상도와 전라도의 폐교된 학교수를 합치면 총 2464개교로 전국 폐

17개 시도교육청별 폐교학교 현황

시도	폐교 학교 수
전남	828
경북	729
경남	582
강원	460
전북	325
충남	264
충북	253
경기	169
인천	57
부산	44
대구	36
제주	32
울산	27
광주	15
대전	8
서울	3
세종	2
계	3834

* 2020년 3월 기준 폐교 학교 많은 지역 순
** 출처: 종로학원 '폐교 학교 수/학생 수 분석'

의 64%를 차지, 지방 소재 학교 존립에 대한 우려가 커지고 있다. 서울 소재 폐교 학교 수는 단 3개교에 불과했다.*

지방학교 존립에 대한 우려는 초중고뿐만 아니라 대학에서도 갈수록 심화되고 있다. 가장 최근인 2020년 21년 대입에서 상당수 지방대가 경쟁률 미달로 정원 모집에 실패했다. 정원 모집에 실패해 추가모집을 진행한 4년제 대학 92개교 중 경쟁률 미달인 대학은 77개교였다고 밝히고 있다. 이중 지방대 66개교에서 미달했다.

이는 수도권 집중화와 학령인구의 감소로 지방소재 대학들의

---

* 교육전문신문 〈베리타스 알파〉, 2021.4.6.

대학진학 대상(18세) 인구

연도	인원	학령인구 대비 비율	전체 인구 대비 비율
2017	61만	7.29%	0.12%
2020	51만	6.61%	1.02%
2025	45만	6.63%	0.90%
2030	46만	0.77%	11.99%
2035	37만	6.90%	0.75%
2040	28만	5.51%	0.58%

* 단위: 명, 내국인 기준
** 출처: '2019년 장래인구특별추계를 반영한 내/외국인 인구 전망'

신입생 유치가 갈수록 어려워질 것이라는 전망이다. 특히 폐교가 늘고 있는 전남의 추세는 학령인구의 감소를 방증하면서 지역 대학의 정원을 채우지 못하게 만드는 일로 이어질 것이다.

이미 앞에서 언급했던 것처럼 지방소재 대학들은 통폐합, 특화 프로그램 운영 등을 통해 학교 경쟁력 자체를 높여 수도권으로의 인재 유출을 막아야 한다는 설명이다. 즉 지자체 안에서 초중고와 대학 간의 연계, 향후 추진될 고교학점제까지 연계된 협력적 방안 모색은 그런 맥락에서 중요한 지점이다. 단순히 인재 유출의 문제가 아니라, 지역대학의 소멸 위기가 아니라, 지역사회의 몰락으로 이어진다는 점에서 커다란 문제의식을 가져야 한다.

앞으로 메타버스 시대 및 지역과 국제사회가 가졌던 경계의 붕괴 앞에 전개될 변화의 물결은 예상보다 거셀 전망이다. 미래를 생각하면 중앙의 교육과 관련된 권한과 자원의 독점이 크더라도 중앙정부에만 의존할 수 없다. 그래서 한편으로는 균형발전을 강조하면서 한편으로는 자생적 역량을 키워야 한다는 주장이 설득력이 있는 것이다.

결코 교육만 독립적으로 감당할 수 있는 흐름이 아니다. 인구학적인 접근이 새롭게 필요하다. 지방자치제를 도입한 것도 그 이유일 것이다. 이제 지역의 인재는 지역에서 키우고 지역사회의 발전을 위해 쓰일 수 있도록 대비해야 한다.

지역 균형을 고려한 인재육성이 필요하다

우리 사회의 지역 간 불균형은 오래된 화두다. 지역과 지역 간의 차이도 문제지만 특히 수도권과 지방의 정치, 경제, 사회, 문화 심지어 교육분야까지 심각한 불균형 상태다. 지방의 교육은 대부분 서울로 인재를 유출하는 '인 서울'이다. 실력을 따지는 잣대마저 수도권으로 몇 명을 보냈느냐로 비교한다. 이제 불균형은 국민의 삶의 격차를 만들고 급기야 사회적 갈등으로까지 확대 심화시키고 있다.

이제 수도권과 지역 간의 격차는 또 다른 형태다. 갑을관계다. 수도권은 모든 인재와 자원을 블랙홀처럼 빨아들이는 갑이고, 지역은 수도권에 모든 것을 내줄 수밖에 없는 을이다. 인재가 지역에서 교육을 받고 지역에서 일자리를 갖고 정착하면서 살 수 있는 선순환구조를 만들어야 한다. 이것이 지역 간 경제적 격차를 넘어서야 하는 또 다른 복지 민주화이다.

  수도권과 지역의 격차를 줄이는 일은 모든 국민이 균형있는 삶의 혜택을 받도록 노력하면서 사회적인 차별을 극복하자는 일이다. 지역의 인재가 지역에서 성장하고 정주할 수 있도록 육성되어야 하고, 그 인재들이 지역을 중심으로 문화예술을 누릴 수 있도록 환경을 뒷받침해줘야 한다. 그 제도적 노력이 필자가 발의한 지역균형인재육성법이다. 이 법은 지방대학육성법과 병합되어 지방대학 및 지역균형인재육성법으로 제정되었다. 발의 내용은 지역의 공공기관 등은 지역균형 발전을 위해서 그 지역 출신 인재를 일정비율 이상 충원하도록 규정하고 있다. 예컨대 나주 혁신도시에 이전해 온 한전 등의 공공기관은 35% 이상을 광주전남 인재로 충원하도록 의무화된 법이다. 아울러 법학전문대학원이나 의학전문대학원, 치의학전문대학원 입시에도 지역균형 인재 전형을 도입하게 되는 계기가 되었다. 필자의 관심은 항상 지역이 인재를 키우고 그 지역에서 일자리를 얻어 지역에 거주하게 하는 지역 선순환구조를 만드는 데 있다. 지역균형인재육성법에 의해 한전의 경우 연간 1천 명을 충원한다면 350명을 이 지역 대학 출신자로 채용할 수 있다는 산술적 계산이 나온다. 지역의 대학을 살리는 일은 어떤 분야의 어떤 인재를 어떻게 키워내고 어떻게 지역의 일자리를 만들어낼 것인지에 깊이 연결되어 있다. 이에 대한 끊임없는 고민과 시도를 바탕으로 그것을 담아내는 제도적인 접근법까지 검토되어야 오롯이 입법활동의 실질이 되는 것이다.

　이러한 인재육성은 바로 인재육성-고용-지역발전의 선순환 고리를 창출하는 기반을 만들 때 가능하다. 필자가 지역균형인재육성을 위한 입법에는 지역균형인재육성 기본계획 및 시행계획 수립, 국가 및 지방자치단체, 지방대학의 책무 등에 관한 내용과 함께 공무원시험에서 지방대학생의 채용목표 비율을 일정 수준으로 설정하도록 하는 것을 포함하는 이유이다. 아울러 정부정책을 수립시행할 때 지역인재의 고용 등에 미치는 영향을 분석 평가하는 지역균형인재영향분석평가제 도입을 포함하였다.

　대한민국의 가장 큰 폐단은 수도권 인구 및 산업시설의 과밀화다.

　서울을 비롯한 수도권의 집값은 나날이 고공행진을 이어가면서 정치권에 대한 국민들의 불만은 집값보다 더 높아졌다. 그와는 반대로 지방 도시는 인구가 감소하고 농산어촌은 공동화가 갈수록 심해지고 있다. 지방은 소멸 위기에 놓이고, 수도권은 과밀화되면서 점점 양극화가 극단적으로 치닫고 있다. 수도권에 자리를 잡고 싶은 사람이 집값에 좌절하며 삶의 존엄성조차 유지할 수 없을 만큼 피폐해질 때, 지방에서 사는 사람들은 일자리가 불안해 살 수가 없게 되고 궁핍하기 짝이 없는 상황에 빠진 것이다. 이런 악순환은 그들이 더 이상 지역을 지킬 수 없게 된다.

민주주의 사회에서 차이로부터 발생하는 사회적 갈등을 해소하기 위한 제도적 노력은 중요하다. 차이를 줄이려는 노력 중에 가장 으뜸은 형평성 유지다. 최근 교류와 협력을 차단하는 코로나19로 지역은 수도권과 달리 더 큰 악화로 이어지고 있다. 코로나19 감염을 차단하는 최대의 방법은 집중보다 분산의 요구다. 여기에 디지털 기술과 가상세계의 확장으로 지역의 의미가 더욱 새롭게 접근되고 있다. 위기 상황의 돌파 방법은 지역을 살리는 것을 중심으로 추진하는 국가균형발전이다.

국가균형발전의 실현 원리는 크게 네 가지 키워드로 정리할 수 있다. 다기능, 다핵화. 저밀화, 교육중심이다. 여러 기능들이 통합되어 삶에 불편함이 없어야 하며, 다핵화로 집중된 발전으로 빚어질 수 있는 공백을 줄이고, 과밀화로 인해 낮아진 삶의 질을 저밀화로 제고하며, 교육을 중심으로 지역의 연속성을 높이는 것이 이상적인 국가균형발전이다. 이러한 원리들의 구현 방안들은 현실적인 조건들과의 조정을 통해 구체적인 정책의 형태로 나타날 수 있어야 한다.

특히 '교육'은 국가균형발전의 장기적인 실현을 이루어낼 수 있는 가장 효과적인 바탕이다. 교육은 백년대계라는 말이 있을 정도로, 한 개인의 삶을 넘어 사회의 존속과도 깊은 관련이 있다. 국가균형발전의 가치를 학생들이 이해하고 실천에 대한 의식을 다질 때, 개개인들의 실천이 모여 보다 균형 잡힌 변화의 미래로 나아갈 수 있게 된다.

또 코로나19 이후 달라진 우리 사회의 수도권 중심의 폐단에 대해 교육과 국가균형발전의 관점에서 새롭게 논의를 풀어가야 한다. 코로나19로 인해 격일 등교와 원격수업이 일상화가 된 이 시점에서, 학생 지도가 저밀도로 가능한 소규모 학교에 주목하고, 원격교육을 통한 교육 소외의 극복 가능성을 이야기할 수 있기 때문이다. 소규모 학교가 살아나는 것은 농산어촌의 명맥이 살아나면서 지역의 지속가능성이 더욱 높아지는 것이다. 그리고 원격교육이 확대되면서 지리적 한계로 인해 교육 접근성이 떨어졌던 지역들도 양질의 교육 콘텐츠에 접근이 용이해질 것이다.

수도권과 지방을 나누는 일은 지위나 성공의 수단이 되는 블록이 되어서는 안 된다. 아울러 차별의 도구가 되어서도 안 된다. 어느 국토라도 그 지역의 지역성에 맞는 특성으로 인식해야 하고, 평가를 통한 서열화의 대상이 되어서는 더더욱 안 된다. 수도권에 살던 지방에서 살던 새로 터전을 잡게 된다고 할 때, 그것이 마치 성공과 실패의 기준처럼 생각해서는 안 되며, 각자 자신의 고유한 삶을 위한 새로운 세계를 꾸려갈 수 있도록 존중되어야 한다.

국가균형발전을 향한 노력은 쉽지 않다. 사회직으로 얽혀있는 이해관계가 너무 복잡하다. 한정된 재원의 분배, 그리고 얽혀 있는 집단적 이해관계에 대한 사회적 갈등도 고려되어야 한다. 하지만 그 시작은 문제의 인식이다. 그런 다음에 의식 있는 실천들이 이어질 수 있다. 이러한 과정을 만들어 낼 수 있는 것이 교육이며, 집을 짓기 위해 하나하나의 벽돌이 모여야 하는 것과 같다. 국가균형발전과 교육의 역할은 새롭게 대두되는 요청이다.

국회에서 지역교육의 가능성을 보다

　국회는 정치 전선이다. 여당과 야당이 그때그때마다 국가 현안의 입장 차이로 격돌한다. 분명한 생각 차이가 숨어있을 때도 있지만 정략적으로 대립할 때가 더 많다. 같은 당 소속 의원들이라고 해도 각자의 지역구와 의원 개개인의 사정에 따라 또 다른 차이가 생긴다. 그 차이를 모아서 하나의 당론을 만드는 일은 쉽지 않다. 그래서 어떤 의원들은 정쟁터를 전쟁터라고 한다. 일촉즉발로 사안이 등장할 때가 많기 때문에 그에 맞서는 순발력이 첫 번째다. 아무리 개인적인 순발력이 뛰어나도 동료의원들의 공감을 만들지 못하거나 국민들과 호흡을 하지 못하면 일시에 경직된다.

　어떤 수식을 해도 국회는 입법기관이다. 국회는 법을 만들고 법을 고치는 곳이다. 한해 수많은 법안이 발의되지만 본회의를 통과해야 최종적으로 생명력을 얻는다. 국회에서 그렇게 많은 법안이 다뤄지는데도 아는 국민들은 많지 않다. 의원 한 명당 서너 개씩 만들어도 천여 건이 훌쩍 넘는데도 그 생각을 못 한다. 언론에 비친 의원들의 모습은 고성을 지르고, 몸싸움하거나 연장을 동원해 살벌하게 부딪치는 광경을 본 것이 전부여서일까, 그들의 모습을 싸움꾼으로 착각하게 만든 이미지 때문일 것이다. 하지만 국회의 고유기능은 법을 다루는 최고의 입법권을 행사하는 대의 기관이다.

 의원 한 사람 한 사람이 입법기관이라고는 하지만 법이 만들어지는 과정은 간단하지 않다. 법률은 모든 국가작용의 근거가 되므로 법률의 제정·개정 및 폐지는 국회의 가장 중요하고 본질적인 권한이다. 그 과정은 개별 의원이 발의하더라도 10인 이상의 찬성이 필요하다. 그런 다음 국회의장은 법률안이 발의되거나 제출되면 이를 인쇄하여 의원에게 배부하고 소관 상임위원회에 회부한다. 물론 법안을 국회의원만 제안할 수 있는 것은 아니다. 정부에서도 제출할 수 있다. 국무회의 심의를 거쳐 대통령이 서명하고 국무총리 또는 관계 국무위원이 부서하여 제출한다. 여기서 여야의 차이가 생기면 일어나지 못하고 오랫동안 잠들게 된다. 물론 상임위원회를 통과하면 법률적 조건을 검토하는 법사위에 이관된다. 거기를 통과하지 못하면 본회의에는 얼씬도 못하고 폐기되거나 영구 수면 상태에 빠지게 된다. 다행히 본회의에 최종 상정되고 통과되면 세상 밖으로 나와 고시되는 것이다.

 의원 시절 교육위원회에서 4년을 보냈다. 전반기 후반기로 나누어 상임위를 이동할 수 있지만 전문성을 지키기 위해 그대로 머물렀다. 그 이유는 오랫동안 학계에 종사해온 탓도 있었지만 지역 교육 발전을 위해 역할하겠다는 것이 출발의 동기였다.

우리나라 교육은 국가주의적 관점이 강하다. 교육기본법 2조에 있는 교육이념을 보면 그렇다. "교육은 홍익인간의 이념 아래 모든 국민으로 하여금 인격을 도야하고 자주적 생활능력과 민주시민으로서 필요한 자질을 갖추게 함으로써 인간다운 삶을 영위하게 하고 민주국가의 발전과 인류공영의 이상을 실현하는 데에 이바지하게 함을 목적으로 한다."

그런 관점을 갖게 된 이유는 다양할 것이다. 첫 번째는 역사적 배경이 크다. 두 번째는 자유민주주의 이념이다. 세 번째는 지리적인 환경으로부터 비롯되었다. 일본의 식민지 강점과 장기간 유지되었던 독재집단의 권위주의가 교육내용을 통제하면서 정치적 이해관계의 영향을 받아온 것이다. 물론 양심있는 교사들이 목숨을 걸고 교육 내용에 포함되어 있던 권위주의 요소를 제거해냈다. 정권의 이해관계를 반영한 국정교과서를 다양한 검인정교과서로 변화시키고, 지방의 특성을 반영하는 교육과정을 도입하였다.

권위주의 정부의 입맛대로 채워졌던 교과서 내용도 다양한 자유주의 정신을 반영하여 바꾸어 나갔다. 가장 이상적인 교육내용은 교육수요자와 공급자가 필요로 하는 지점에서 투명하게 만났을 때 효율성이 높아진다. 그런데도 교육은 정치적으로 영향을 받으면 안 된다고 하면서 늘 정치적인 영향권 아래에서 지배당해 왔다. 어처구니없이 통치권자의 자식을 위해 국가의 입시제도가 바뀐 적도 있었으니 가장 크게 논란을 불러일으킨 분야가 대학입시제도다.

대한민국 교육은 시대적인 요구와 어울리는가? 늘 묻는다. 필자 스스로에게도 묻고 사회적으로도 던져야 하는 질문이다. 교육은 시대에 필요한 지식을 배우도록 노력해 왔다. 수요자인 국민과 공급자인 국가가 서로의 필요충분조건을 채우기 위해 노력하는가가 문제다. 전통적으로 국민은 국가의 요구에 맞게 적응하면서 사는 것이지 상호작용하면서 노력하는 문제는 아니라고 생각해 왔다. 교육이 한참 잘못된 방향이거나 내용이어도 수용할 수밖에 없었다. 그러나 코로나를 만나면서 지금까지 있었던 대한민국 교육이 달라져야 할 시점에 왔다. 이는 결코 엉뚱한 문제의식이 아니다.

우리는 오랫동안 국가주의적 사고방식이 개인주의의 사고방식을 크게 침해해 왔음에도 문제를 제기하지 않았다. 중앙집중형 대통령제라서 그렇기도 했지만 분단이 만들어준 통제 중심의 사회시스템이 사고방식을 강화시켜 온 것이다. 하지만 국가와 개인의 균형이 조정되어야 할 시대가 된 것이다. 지방자치제도를 시행하면서 개인주의와 지역주의적 사고가 더 확장되어야 한다. 그리고 디지털 세계가 확장되면서 지방과 중앙의 관계가 과거와는 다르게 취급되어야 한다. 교육 역시 마찬가지다. 지역의 필요와 지역의 수요에 맞는 교육시스템으로 변화되어야 한다. 지역에 맞는 교육내용은 당연하다. 교육구조도 마찬가지다. 지방이 세계화의 단위가 되어야 한다거나 지방이 살아야 국가가 윤택해질 수 있다고 생각하는 기류가 강해졌기 때문이다. 국가와 지방은 분리되면서도 서로 유기적으로 연결되는 사이가 되어야 한다는 것이 대세이다.

여전히 역사 왜곡에 갇힌 5·18 광주민주화운동

광주는 아직도 아프다. 40년 넘게 광주가 안고 있는 5월의 아픔은 지속적인 치유가 필요하다. 1980년 5월 27일 새벽, 시민들의 기억은 지울 수 없다. 콩 볶듯 들려오던 총소리다. 전쟁터에서 써야 할 총이 맨손을 든 시민들의 시위 현장 건너편에 무장한 군인들 손에 쥐어진 것이다. 그리고 시민들을 향해 방아쇠가 당겨진 것이다. 한두 번의 총소리가 아니었다. 그리고 낭자하게 금남로를 채운 핏빛 오월은 광주의 통한이다. 그 기억을 놓을 수 없다. 총을 쐈다는 소문은 광주시민들의 마음을 통째로 찢어 놓았다.

폭력은 더 큰 폭력을 불러온다. 권력은 달콤하기에 무지한 실력자들은 폭력을 쉽게 선택한다. 그리고 일부 지지자들을 보호한다는 이름으로 과포장한다. 군인은 총으로 말한다. 총은 사람을 죽이는 무기다. 이 무기가 시민들이 민주주의를 외치는 광장에 등장한 것 자체가 문제다. 그들은 자위권 발동이라고 포장했지만 무장하지 않은 시민에게 먼저 발포한 것은 군인들이었다. 광주시민이 총을 든 이유는 나 자신을 지키기 위한 자발적 자위권이었다. 광주가 계속 아픈 것은 책임자를 밝혀내지 못하고 있고, 진상이 명쾌하게 밝혀지지 않았기 때문이다. 5월은 군인들이 총검으로 무장한 최악의 폭력 상황이었다.

광주는 아직도 진실이 왜곡되고 있다. 가장 큰 왜곡은 북한개입설이다. 군사평론가 지만원 씨를 비롯해 극우 보수 인사들이 시민군을 특수부대원으로 지칭하면서 붙인 명칭이다. 5·18 북한개입설은 1980년 6월 국가보위비상대책위원장인 전두환 씨가 최초 주장했으며, 그는 2017년 『전두환 회고록』에도 같은 주장을 담았다. 5월 광주는 진실게임의 대상이 아닌데도 게임처럼 취급되고 있다. 발포명령자, 암매장, 국가권력의 남용 등 진실규명은 아직도 광주가 가야 할 길이다.

2019년 2월 당시 자유한국당(현 국민의 힘) 일부 의원들은 "5·18진상규명 공청회"를 국회에서 개최하면서 '북한 침투설'을 사실인냥 호도한 적이 있다. 보수 유튜버들 역시 북한침투설을 주장하면서 그들과 공범을 저지르면서 여과장치없이 호도하고 있다. 지난 2013년 5월로 거슬러 올라가면 채널A의 보도다. 〈김광현의 탕탕평평〉에서 자신을 '광주투입 북한군'이라고 밝힌 김명국(가명)은 "자신이 1980년 광주에 있었고, 그해 5월 27일 오전 9시 철수명령을 받았으며 철수 도중 국군과 교전했다"고 주장했다.*

---

* 2019년 2월 〈미디어오늘〉, "1980년 광주 갔다는 북한군 김명국 씨, 빨

다행인 것은 과거증언을 정면으로 뒤집고 나섰다. JTBC 〈뉴스룸〉 인터뷰에서 북한군의 광주침투는 자신이 지어냈고, 정작 본인은 198년 광주에 가 본 적도 없으며, 지씨와는 일면식도 없는 사이라고 밝혔다. 가공할만한 거짓말을 지씨와 같은 사람들이 김씨의 증언을 활용하여 주장을 펼쳐나가는 데 결정적인 자료가 되었다.

천인공노할 거짓말이다. 지씨는 물론 고 조비오 신부 명예훼손 혐의로 항소심을 진행 중인 전두환을 비롯해 '북한군 침투설'을 주장하고 관여했던 모든 공범들은 사죄를 해야 할 일이다. 사죄야말로 왜곡된 5월의 역사를 바로잡는 시작이다. 5월을 둘러싼 광주의 역사는 광주만의 지키고 보존해야 할 역사가 아니다. 대한민국이 지키고 대한민국의 자긍심으로 살려내야 할 역사다.

역사는 그 사회의 정체성을 담는 기록이다. 정치 세력에 의해 과거의 역사적 사실을 두고 현재의 자신과 어떻게 연결하느냐는 그들의 정체성을 좌우하는 중요한 문제다. 특히 일제 치하를 두고 역사적 사실을 어떻게 취급하느냐는 역사를 보는 시각에 따라 달라질 수 있다. 대한민국의 건국을 어느 시기로 보느냐에 따라 자신들의 과오를 정당화하는 근거를 만들 수 있느냐 없느냐를 좌우한다.

리 연락주세요"

국정교과서는 21세기형 내선일체다

　역사교과서 파동은 컸다. 교학사 교과서를 옹호하기 위해 보수단체들 '바른 역사국민연합' 창립하여 다른 교과서도 모두 오류가 있다면서 피장파장론으로 역공을 제기했다. 권희영은 '한국사는 공산주의를 따라 인민공화국을 세우자는 세력과 상해임시정부를 중심으로 대한민국을 건설하자는 세력 간의 긴 투쟁역사'라고 규정했다. 나아가 '좌편향교과서는 대한민국 건설을 위한 역사의 정통성이 인민공화국에 있는 것처럼 서술'하고 있다고 극단적인 비판을 가하면서 공세를 펼쳤다.

　국정화 발표 직후, 서울대학교 역사학 관련 5개학과 교수 36명이 국정 교과서 집필 불참을 선언하며 반대를 표명하였다. 국정화 발표 직후, 서울대 총학생회 또한 국정교과서 반대를 선언하였다. 또한 고려대 교수 160명이 기자회견 통해 국정화 반대 의지를 표명하였다. 이는 서울대, 고려대 외 전국 70개 대학 역사학과 교수들의 국정 교과서 반대 및 집필 거부 선언으로 확산되었다. 광주, 전남 등의 시민단체, 교육계는 국정화에 대해 더욱 거세게 반발하였고 479개의 시민단체 등에서 국정화를 반대하였다.

　미국 시카고대 브루스 기밍스(Bruce Cumings) 석좌교수가 역사 교과서 국정화에 대해 "바보 같은 계획, 아베(安倍 晋三), 푸틴(VLADIMIR PUTIN)과 다름이 없다"라고 하는가 하면 미국 뉴욕타임스는 사설을 통해 "박근혜 전 대통령이 민주주의적 자유를 퇴행시켜려고 하는 것처럼 보여 우려스럽다. 역사 교과서 국정화가 박정희 전 대통령에 대한 이미지를 복원시키기 위한 것으로 보인다"라는 의견 등을 내었다.

교사들은 불복종 선언문에서 "정부가 국정교과서 현장 검토본을 발표하면서 스스로 '올바른 교과서'라고 지칭했지만, 역사학계와 역사교육계가 이 책을 분석한 결과 빗나간 역사관으로 꿰어졌고 왜곡과 오류가 극심한 것으로 드러났다."라며 "비정상 권력집단의 내부에서나 교양서로 읽힐 '위험한 책'을 교과서로 제시하여 모든 학생에게 배우라고 강요하는 것은 부당하다."라고 주장했다. 이들은 이어 "국정화는 역사에 대한 다양한 해석이나 논쟁을 원천봉쇄하고 주입식 역사교육을 지향하므로 민주적이지 않고 교육적이지도 않다"고 하면서 "정부는 국정화 추진을 즉각 중단하라"라고 촉구했다.

교사들은 또 교육부가 국정교과서 현장 검토본을 회수하고 이달 중으로 각 학교가 기존 검인정 역사 교과서를 선정해 주문할 수 있도록 고시변경 등 행정조처를 해야 한다고 요구했다.

역사 교사들은 국정교과서가 철회되지 않으면 국정교과서 사용 거부 등 불복종 운동을 이어간다는 계획을 발표하기도 했다. 이들은 "국정화가 이대로 강행된다면 학교교육과정 운영지침과 교육관계법에 따라 국정교과서의 구매와 사용에 대한 반대 의견을 소속 학교의 학교운영위원회에 제출하고 의견이 관철되도록 노력하겠다"라며 "교사에게 부여된 교육과정과 교재 운영상의 권리에 따라 국정교과서 대신 적절한 수업자료를 구성해 정상적인 역사교육을 진행하겠다"고까지 말했다.

 필자도 국회를 뛰쳐나와 서울시청 앞에서 천막농성에 들어갔다. 천막농성 초기엔 저녁이면 차소리 등 각종 소음 때문에 잠을 잘 수 없었지만 사흘정도 지나니 그것도 익숙해졌다. 시청 앞 지하도 화장실을 이용하고 저녁이면 천막에서 잠을 잤다. 유일한 여성 최고위원의 역할은 막중했다. 천막을 지키는 일은 민주당을 지키는 일이었다. 그 고단한 와중에도 새삼 사람은 어떤 생활에도 적응할 수 있다는 생각이 들었다. 100여 일의 천막생활을 끝내고 국정교과서를 막아내기 위한 농성을 국회의원회관으로 옮겨와서 국정교과서 투쟁은 계속되었다. 그 과정에서 현재 대구교육감인 강은희 의원과는 방송을 통해 국정교과서에 대한 논쟁을 이어가면서도 무언가 기울어진 힘이 작용하는 듯한 느낌을 떨치기 어려웠다.

 여전히 정권을 쥔 이명박 정부와 박근혜 정부는 역사 교과서를 정치적으로 왜곡하여 이용하려 했지만 이에 대한 비판과 저지 운동도 지속적으로 진행되었다.

미래 사회를 위해 다시 민주주의를 생각한다

 5·18은 광주의 정체성을 담는 화두다. 우리나라 민주주의를 이끄는 전위대였다. 광주의 5월은 극심한 아픔을 겪으면서 인고

의 시간을 지켜내면서 대한민국의 민주주의로 거듭났다. 광주는 대한민국의 현대사의 중심에 우뚝 섰다. 하지만 아직 광주의 역사도 대한민국의 민주주의 역사도 미완성이다. 가해자와 피해자는 갈린 채 민주주의 앞에서 불완전체로 멈췄다. 이는 지역 안에서도 5월은 민주주의를 이끄는 주춧돌이 되었지만 또 이해관계에 얽혀 걸림돌이 되면서 아픈 생채기를 내기도 했다. 5월 영령의 숭고한 뜻을 잘 살려내면 민주주의의 화신으로 꽃이 되지만 가짜들의 포장으로 휘둘리면 더 나은 민주주의를 가로막는 악마의 5월로 오해를 불러왔다. 광주는 디딤돌과 걸림돌의 두 딜레마에 빠질 때가 많았다. 정치의 최전선인 국회의사당에서 가장 크게 느꼈던 딜레마다.

광주의 역사를 모르는 사람들은 엉뚱하게 남파설, 무장폭동설을 주장했다. 그 주장은 진실을 왜곡시킬 뿐만 아니라 순수하게 무기를 든 사실을 밝히기는커녕 민주화의 요구를 싹부터 자른 것이다. 광주의 저항은 생명을 담보로 지킨 자유민주주의의 자유와 정의 가치였다. 5월 광주를 고스란히 목격한 사람들은 흑색선전장이 된 오해의 현실을 오히려 벗어나려고 했다. 위정자들이 얼마나 왜곡을 일삼았던가. 역사적 굴곡이 있을 때마다 목숨까지 희생하면서 지켜온 대한민국의 정의가 숨쉬는 땅이 광주다.

안타깝게도 진실규명을 위한 저항의 터널을 통과해 오면서 긴장과 긴박 속에 내부의 질서와 책임은 방치되고 말았다. 그것은 민주 인사들의 고단한 민주주의로 둔갑되었다. 민족을 구원하느라 가정 밖으로 도는 독립지사들이 그렇듯이 민주 인사들 역시 가정 안에서 감당해야 할 도덕성을 챙기지 못할 수밖에 없었다. 그 진실과 싸운 40년의 세월은 진실을 밝혀내느라 에너지를 소진하면서 엄격한 도덕성을 챙길 여유가 없어졌다. 밖에서는 정의로운 실천력이 넘치는 광주로 평가받았지만 가장 강한 독선적인 땅이 되고 말았다. 어쩌면 광주를 지키고 대한민국의 정의를 지킨 민초들의 순결한 사회적 가치가 정면으로 훼손된 것이다.

민주주의는 무엇인가? 민주주의는 누구도 차별 없이 존중받으면서 사는 세상이다. 민주주의는 한 사람 한 사람에게 보장되어야 할 자유와 평등의 가치를 담으면서 존중과 배려가 넘치는 대동세상을 만드려는 사회. 민주주의에 대한 이같은 교과서적인 질문을 넘는 요구가 현실에서 다양하게 제기된다. 광주가 만든 5·18은 이제 광주에서 살고 우리가 채워야 숙제인 셈이다. 민주주의를 둘러싼 광주의 이중성, 그 야누스적인 질문을 정면에서 껴안아야 한다.

광주의 변화는 여기서부터 시작해야 한다. 우리 지역 동네 민주주의를 어떻게 담을 것인가를 묻고, 가정 안에서는 어떻게 채워져야 힐 민주적인 생활 태도인지를 확인하고, 자기 자신 안에서 어떻게 민주적인 사고와 실천력을 끌어낼 것인지를 묻는 것이 출발선이다. 민주주의가 위태로워진 우리 현실 앞에 다시 작은 민주주의부터 생각하자는 것이다. 민주주의의 시작은 내 안과 밖에서 동시에 만들어질 때부터다.

가장 밑바탕이 되어야 할 것은 첫 번째 단추를 교육에서 찾아야 한다. 늘 교육 현장이 중요하다는 것을 놓친 적이 없다. 학교를 떠나서 국가기관에서 일할 때도 치열하게 매달렸다. 수구초심의 마음을 가진 것이다. 교육 현장은 일터의 고향인 셈이다. 이번에 지역의 초중등교육계로 돌아갈 생각을 한 것은 늦지 않은 최상의 선택이라고 믿는다. 한국교육학술정보원에서 겪은 광주교육의 실태를 목격한 이상 외면할 수 없었기 때문이다. 교육 현장은 민주주의를 얼마나 실현하고 있는지 읽을 수 있는 바로미터다. 그래서 이제 광주의 정신을 바탕으로 제대로 된 민주주의를 체계적이며 조직적으로 현실에 정착시키는 역할이 필요하다. 행정 권력을 중심으로 한 일방주의식 사고와 방법이 아니라 협력적 문화로 변화를 만들어나가야 한다. 그동안 각자도생하게 만든 광주교육, 학생 앞에서 멈추고 현실의 교사들 앞에서 멈춘 것이다. 지금 필요한 것은 고립이 아니라 지역의 연대가 절실하게 필요하다. 사회적 대타협이 요청된 것이다. 그 핵심은 지역사회 전체를 통찰하는 힘을 통해 아울러야 한다. 첫 단추를 찾기 위해 몇 가지 민주주의적인 요소를 찾아내야 할 것이다.

우선 교육은 그 사회가 필요한 한 사람의 능력을 만드는 과정이다. 그 능력의 기본에는 실력과 인성이 핵심이다. 하지만 아무리 두 가지를 갖췄다고 하더라도 그것을 발휘할 줄 모르면 교육무용론에 도달한다. 능력을 발휘하도록 이끄는 것은 학생들의 삶 속에 민주주의를 담는 일이다. 민주주의는 정치적인 표현에 멈추는 것이 아니라 일상의 삶을 담는 실천 방식을 가르칠 때 실질적인 교육이 되는 것이다.

5월의 실질화는 5월 정신을 담고 있는 민주주의 정신뿐만 아니라 가치가 녹아날 수 있도록 실천을 담아야 한다. 교육 현장에서 꽃필 때다. 그것이 오월 영령들 앞에 바로 서는 길이다.

미래의 주인은 진로교육을 통해 만들어진다

 자기 삶의 윤곽을 그려가는 일은 성장기 학생들에게 중요한 과정이다. 특히 미래 사회는 개인의 맞춤형과 변화무쌍한 현실 세계를 능동적으로 적응할 수 있는 힘을 요구한다. 이를 체계적으로 대응할 수 있는 교사들이 진로교사들이다. 최근 진로분야 전문성을 갖춘 교사들이 체계적으로 배치되면서 학생들의 성장을 돕기 위해 헌신적인 분위기가 조성되고 있다.

 교육부는 지난 2015년 9월 입법 예고되면서 진로교육 활성화를 위해 필요한 사항을 규정하고 있다. 즉 진로교육법 하위법령이 제정되면서 국정과제의 하나인 '학생의 꿈과 끼를 길러주는 개인 맞춤형 진로설계 지원'이 실현될 수 있는 법적 기반이 완성된 것이다. 그 「진로교육법」의 주요 내용은 공공기관·대학·민간기업 등 교육기부 직업체험기관 인증제, 진로교육 집중학년·학기제 운영, 지역진로교육센터 지정·운영 등이 포함되어 있다.

 진로전담교사의 제도적 지원은 초·중등학교의 진로전담교사 배치 기준을 규정하고, 진로전담교사 지원 전문 인력의 자격 및 운영 방안을 구체화하였다. 교육부장관과 교육감은 재정여건과 진로전담교사의 양성현황 등을 고려하여 그 실정에 맞게 단계적으로 배치하도록 했다. 특히 진로전담교사 지원 전문 인력은 전문성 제고를 위해 교육부장관이 정한 일정시간(40시간) 이상의 직무연수를 이수받아야 한다.

다음으로 진로체험 교육과정의 편성·운영이다. 교육부장관은 진로체험의 목표, 영역, 내용 등 진로체험 교육과정에 관한 사항을 정할 수 있고, 시도 교육감은 교육부장관이 정한 진로체험 교육과정의 범위에서 지역실정에 맞는 기준과 내용을 정할 수 있다. 초·중등학교장은 진로체험을 포함한 교육과정을 편성·운영하고, 진로체험의 수업인정 기준 및 세부사항은 학칙이 정하는 범위 안에서 학교장이 정할 수 있다.

이를 위해 진로교육 집중학년·학기제를 운영하는 학교장은 진로체험 중심의 학교교육과정 운영과 과정 중심의 평가를 실시할 수 있다. 학교장은 진로체험 교육과정을 선택·운영할 수 있으며, 교육감은 학교의 장과 협의하여 자유학기제를 진로교육 집중학년·학기제와 연계하여 운영하거나 동시에 운영할 수 있다.

이같은 진로교육법과 하위법령 제정으로 우리나라 진로교육이 한 걸음 더 도약할 수 있는 기회가 되었다. 특히, 자유학기제를 통해 형성되는 학생들의 꿈과 끼가 진로교육을 통해 더 구체화될 수 있는 기틀이 만들어진 것이다. 비로소 학교교육이 현장에서부터 학생들의 꿈과 끼를 살려주는 방향으로 나아갈 수 있는 계기가 마련될 것이다.

　가장 큰 애로사항은 입시위주의 학교교육 체제에서 과연 진로교육 목표와 성취기준이 적용 가능할 것이냐다. 그러기 위해서 학교는 학교교육 계획을 수립하거나 학교교육 과정을 편성·운영할 때 진로교육 목표와 성취기준을 반영해야 한다.
　이에 따라 교육부는 학교 현장에서 이를 제대로 수행할 수 있도록 다양한 진로교육 중심 교육과정 운영 매뉴얼을 개발·보급하고, 교과연계 진로교육,「진로와 직업」선택과, 창의적 체험 활동의 진로탐색 활동 등을 적극적으로 지원한다.
　일선학교 현장의 상황 및 초등과 중등의 특성을 감안하여 진로전담교사를 단계적으로 운용·배치할 예정이다. 우선, 중등학교는 현재 부전공연수를 통해 양성·배치 중이며, 앞으로는 교육대학원에서 현직 교원 대상 재교육과정을 통해 진로전담교사를 양성·배치할 것이다.

　초등학교는 현재 진로전담교사가 없기 때문에「초중등교육법」제19조 제3항*에 의한 보직교사 중 교육부장관 또는 교육감이 정하는 진로관련 일정연수를 이수한 자를 진로전담교사로 활용할 계획이다.
　학교에는 원활한 학교 운영을 위하여 교사 중 교무(校務)를 분담하는 보직교사를 둘 수 있다. 아울러, 중·장기적으로는 초등학교 특성에 적합한 진로전담교사 제도를 심도 있게 연구할 계획이다.

　진로전담교사 지원 전문 인력의 배치는 학교당 한 명의 진로전담교사가 전 학년을 담당하기에는 무리가 있으므로 지원 전문인력을 활용할 수 있는 법적 근거를 마련하였다. 진로전담교사 지원 전문 인력은 '진로와 직업' 교과수업, 창의적 체험활동 중 진로활동, 진로상담 및 검사, 진로체험 지원, 사회적 배려 대상자 등 진로전담교사의 업무를 보조·지원하는 역할을 수행할 것이다.

　현재 일부 학교에서 계약직이나 일용직(커리어코치, 학부모 진로코치, 취업지원관 등)으로 진로교육 보조인력이 활동하는 경우가 있으나, 예산·인력 문제로 인해 활용이 저조하고 지원 범위도 진로체험에 한정되어 있다는 점은 보완되어야 할 내용이다.

　이를 위해 교육부 장관과 교육감은 각급 학교의 장이 진로전담교사 지원이 원활하게 운용·배치되도록 최대한 지원하고 있다. 특히, 각급 학교의 장이 학부모 자원봉사나 전문가의 재능기부, 학교 교직원, 외부 기관의 상담 전문인력과의 협력 등 다양한 방안을 통해서 지원인력을 활용할 수 있도록 할 계획이다.

　이를 통해 진로교육 목표 및 성취기준의 개발, 진로정보망 운영, 진로상담 지원, 프로그램 및 콘텐츠 개발, 신로전담교사 교육, 현황 조사 및 평가, 국제 교류·협력 등의 업무 수행 등의 국가 진로교육 정책이 체계적이고 지속적으로 수행될 것으로 기대된다.

진로교육 집중학년·학기제와 자유학기제의 차이는 운영 대상(초·중·고) 및 운영 범위(창체를 활용, 교과는 기존과 동일) 등에 있다.

진로교육 집중학년·학기제는 초·중·고등학교에서 주로 창의적 체험활동을 통해서 진로체험과 진로교육을 집중적으로 실시하는 제도로 단위학교에서 자율적으로 선택·운영한다.

자유학기제는 중학교 과정 중 한 학기동안 ▪학생 참여형 수업, ▪과정 중심의 평가, ▪다양한 체험 활동(주제선택, 예술체육, 동아리, 진로탐색 활동 등)이 가능하도록 교육과정을 자율적으로 운영하는 제도로 2016년부터 모든 중학교에서 시행하고 있다. 따라서, 학교 현장에서는 양자를 연계해서 운영할 수도 있고, 자유학기제 참여를 통해 만들어지기 시작한 학생들의 꿈과 끼를 진로교육 집중학년·학기제로 보다 더 구체화할 수 있을 것이다.

진로체험기관 정보제공 시스템의 구축·운영방안은 정부부처, 공공 및 민간단위의 기관·시설·단체와 학교를 연계하는 진로체험기관에 대한 종합 정보망을 국가진로교육센터에 위탁하여 온-오프 통합으로 구축한다. 한편, 진로체험기관 정보 통합·관리 시스템 효율적 운영 지원을 위해 기존의 '꿈길'* 등의 진로체

---

* '꿈꾸는 아이들의 길라잡이'를 줄여서 '꿈길'이라고 부른다. 꿈길은 학생들의 다양한 진로체험을 지원하기 위해 교육부가 운영하는 대국민 서비스 플랫폼으로, 지역사회의 다양한 진로체험처와 프로그램을 관리하고 학교의 진로체험 운영을 지원하고 있다.

험기관 정보 시스템과 지역 진로교육 기관·학교와의 연계 지원하는 등 학생과 학부모 입장에서 효율성과 편리성을 도모할 계획이다.

진로체험의 영리화를 방지하고 내실있는 진로체험을 위하여 교육기부(무료)로 진로체험을 제공하는 기관에 대해 평가를 통해 교육기부 진로체험기관을 인증한다.

이를 위해 교육부 장관 또는 교육감에게 교육기부 진로체험 인증 희망기관이 인증에 필요한 구비서류를 제출하면 전문가 의견 등을 수렴하여 진로체험에 관한 수행역량, 프로그램 운영, 지속발전 가능성에 대해 공정한 심사를 거쳐 교육기부 진로체험기관 인증서를 발급한다.

세월호의 아픔은 안전 사회로 이어질 노둣돌

　세월호 사건(2014.4.6)은 초선인 필자에게 국회의 정치력이 얼마나 중요한지 그 실상을 목격하는 큰 계기가 되었다. 당대표를 맡고 있던 박영선 비대위원장은 퇴진까지 언급되면서 당내는 혼란의 도가니 속에서 시달렸다. 그 싸움의 축은 입법기관인 국회가 안전한 대한민국을 만들기 위해 어떤 역할을 해야 하는지의 문제와 정치적인 이해관계가 어떻게 움직이는지 그리고 정치적 이해 당사자들이 입법 활동을 어떻게 가로막는지 생생하게 목격했다. 이는 당 안에서도 세월호 특별법을 만들기 위해 심야까지 의총을 열면서도 갈피를 잡지 못하고 격론에 빠져들었다.
　첫째, 민주당의 목표가 유족과 함께하는 것인지, 아니면 수사권과 기소권을 가진 진상규명인지가 명확하지 않았다. 둘째는 대응 방법은 투쟁인지, 유족 설득이나 사과인지가 명확하지 않은 실정이었다. 그리고 셋째는 그 책임 소재를 지도부에 둘 것인지 아니면 여당이나 집권 여당에 둘 것인지가 불명확한 채 결국 우왕좌왕하게 된 것이다.
　초선은 많은 상황을 고려하게 만든다. 총론적으로는 가급적 배우는 자세로 가야 한다는 생각이었지만 최고위원을 지냈기 때문에 신중해야 할 필요성을 여러 번 경험했다. 의총에 임해도 발언하지 않고 경청하는 편이었다. 소통의 기본은 듣는 것이고 정치는 말하지 않는 다수의 목소리에도 귀를 기울이고 들을 수 있어야 한다고 믿었다. 우리 당 의원들은 듣기보다 자기가 말하는 데 더 집중했다. 당의 전체적인 사안을 위해 논의를 하면서도 자기 입장과 자기 정치만을 하고 있는 경우를 자주 목격했다. 그동안 수차례 펼쳐진 성명서전을 보면서 서로 가까운 사람끼리만 의견을 나누고 성명에 동의하고 이름을 올리면서 영향력을 키워가는 방식이었다. 어쩌면 계파정치의 연장인 셈이다.

이렇게 수권정당으로 거듭나지 못하는 내부 모습은 도처에서 목격되었다. 여론은 정확했다. 당이 오합지졸처럼 보이면서 대응하지 못하면 허약하게 평가받을 수밖에 없다. 국민의 마음을 읽고 민심을 얻는 정치를 해야하는데 말이다. 정권을 찾아오기 위해서 더 큰 그림을 그려야 한다. 그렇지 않으면 수권은 포기하고 사회적 약자를 대변하는 일에 더 치중하는 정당으로 남을 건지를 먼저 판단할 필요가 있다는 생각이 머리를 떠나지 않았다. 사회적 약자를 대변하는 것이 수권정당으로 가는 길일 수도 있지만 반대로 수권정당이 되면 더 많은 사회적 약자를 보듬을 수 있기 때문이다. 그래서 현안을 둘러싼 문제는 민심을 사는 일이다. 민심을 얻는 모습을 보이면 수권정당에 더 치중할 수 있다는 뜻이다. 그래서 국민 다수의 뜻을 따라야 한다는 생각은 중요하다. 그것이 정치적 상식이고 상식의 정치를 펴는 것이다.

상식적인 정치는 멀리 있는 것이 아니다. 국회는 입법 활동으로 말한다. 입법권은 국회의 모든 것을 대변한다. 그 국회의 권한을 포기하는 것은 어떤 이유로도 안 될 것이다. 우리 당 안을 명료하게 내서 단계 단계 협상을 통해 상임위 통과를 전략적으로 진행하는 방안도 갖출 필요가 있는데 도통 지도부가 오락가락이다. 다수를 생각한다면 세월호가 블랙홀이 되어서는 안 된다. 하지만, 세월호법은 전략적으로 중요한 사안이다. 대표도 우리의 선택으로 뽑은 것이다. 정치력이 절실하게 필요하다. 매번 사안별로 마음에 안 든다고 흔들어대면 우리 당만 소모될 뿐이다.

　당시 국회는 세월호가 최대 의제였다. 국회는 많은 사안으로 부딪히는 전선이다. 최근 국정원 댓글, NNL, 세월호 등으로 매번 의제가 바뀌어 왔다. 그 전선의 강약을 따지고 협상의 무게중심을 어떻게 배치할 것인가가 전략이 되어야 한다. 단지 새로운 사안만 등장하면 쫓아가는 식은 아니다. 문제해결 능력은 갖추지 못한 채 상품만 진열해 놓고 판매가 안 되는 전시 정치만 하는 꼴이 될 때 수권정당으로 평가받는 일은 요원하다.

　결국 8월 26일 등장한 언론보도는 국정감사 무산으로 국회가 멈추자 정치 무용론을 제기하였다. 박영선 대표는 실수했다. 1, 2차 세월호 협상은 추인하지 못하고 실패하고 말았기 때문이다. 당내 의견수렴이나 협상의 목표치도 없이 협상하고 말아 2회 모두 실패하고 만 것이다. 거기에다가 이상돈, 안경환 비대위원장 실패, 탈당 의사까지 4번의 연이은 실수로 정국 마비를 초래하고 당의 위기를 불러왔다.

  나 자신은 국민의 마음을 얻기 위해 적장에게 목이라도 내놓을 수 있어야 한다는 입장이었지만 일부 의원들의 결사반대는 완강하였다. 당시 박근혜 대통령은 세월호의 수사권 기소권은 사법체계의 근간을 흔들기 때문에 할 수 없다고 말한 이상 더 이상의 협상은 불가한 실정이 되었다. 결국 유족들은 유폐되는 상황으로 갈 것이고 우리 당도 국회 등원할 수 있는 명분 찾기도 어려워졌다.

  세월호 입법은 유가족의 피해를 위로하고 국민의 안전을 위해 중요한 정점임에도 여당은 요지부동이었다. 국민의 안전을 지키는 것이 아니라 정권과 자기 세력을 지키기 위해 몸부림치는 현장만 두 눈을 뜨고 똑똑히 지켜보았다. 우리는 국민이 안전한 생활을 할 수 있도록 보호해야 할 의무가 있다.

  헌법 제10조는 '국민은 인간으로서의 존엄과 가치를 가진다'라고 규정하고 있고, 헌법 제34조와 10조에는 '국가는 재해를 예방하고 그 위험으로부터 국민을 보호 한다'고 명시돼 있다. 국민은 인간으로서의 존엄과 가치를 가진다. 그 존엄의 요구가 세월호 특별법 제정이다. 세월호 특별법 제정은 헌법정신의 구체적 실천이다.

  이후 세월호 참사 발생 205일 만인 2014년 11월 7일 세월호 특별법, 정부조직법, 유병언법(범죄수익은닉 규제 및 처벌법) 등 이른바 '세월호 3법'이 국회 본회의를 통과했다. 이로써 세월호 참사의 진상 규명과 보상·배상, 국민 안전을 위한 정부 개편, 범죄자의 재산 환수를 통한 피해자 지원 등의 기본적인 기틀을 마련하게 됐다. 존엄성을 지키기 위한 의원들의 처절한 몸부림의 결과다.

청소년과 노인문제의 사각지대를 찾아라

   노인 문제는 새로운 사회문제 중의 하나다. 청소년 문제와는 다르게 초고령사회로 옮겨가면서 우리 사회가 안고 가야 할 중요한 문제다. 그중 한국 사회의 양극화 전선에서 노인들의 가난은 생의 박탈감과 허탈감 이상으로 깊어질 수 있다. 소득 40~70%에 속한 노인들의 기초연금이 25만원에서 30만원으로 오르긴 했지만 아직 든든한 지원이라고 볼 수 없다. 중간층에 속하는 노인의 가처분소득은 증가하였지만, 빈곤 노인의 절대적인 소득은 제자리를 벗어나지 못하고 있다.

   2026년을 기점으로 한국 사회의 초고령화 사회가 껴안아야 할 노인빈곤율을 감안하면 기초연금 인상은 무척 중요한 일이다. 하지만 이른바 "줬다 뺏는 기초연금" 문제는 그대로라는 지적을 벗어날 수 없다. 기초생활수급 노인 50만 명은 기초연금으로 30만원 받지만 다시 생계급여에서 같은 금액을 삭감당한다. 그래서 줬다 빼앗아가기 때문에 사실상 기초연금의 혜택을 받지 못한다. 기초연금이 절박한 노인들의 현실을 살펴야 한다.

　기초연금이 오르는 것이 문제가 아니다. 가장 가난한 노인들은 그 혜택을 받기 어렵다는 게 전문가들의 의견이다. 생계급여 기준 소득인정액은 중위소득의 30%다. 기초연금이 소득인정액으로 포함되는 까닭에 기초수급 노인들은 그만큼 생계급여를 삭감당하거나 아예 못 받을 수도 있다는 것이다. 더 심각한 것은 빈곤 노인의 소득인정액이 중위소득의 40%를 넘으면 의료급여도 탈락될 수 있다. 그래서 미리 포기하는 사람이 늘고 있다. 2020년 국정감사 자료에 따르면 기초생활수급 노인 49만 명 중 기초연금 포기자가 12.3%에 이르렀다.

　여기서 가장 심각한 문제는 노후 소득보장의 형평성이 무너진다는 점이다. 중간계층 노인에게 기초연금은 추가적인 소득으로 작용한다. 하지만, 실제로 기초연금이 절실한 빈곤 노인은 기초연금을 받아볼 수조차 없게 된다는 점이다. 사각지대가 생긴다는 뜻이다. 노인 소득보장에 대한 유연한 복지 원칙을 유지하지 못하고 경직되어 기계적으로 기능하는 것이다.

　우리는 왜 노인복지에 대한 생각을 적극적으로 해야 할까?
　노인들에게 지급되는 최저 생계비로 최소한의 인간 존엄을 유지할 수 있는가? 기초수급 노인들도 기초연금법에 따라 기초연금 권리를 가지고 있음에도, '기초연금을 줬다 빼앗아서' 빈곤 노인의 삶을 공공부조의 최저선에 묶어두는 것이 온당하지 않다는 뜻이다. 이는 교육적으로도 건강하지 않는 모습이다.

현대판 고려장이 재현되지 않아야 한다. 국가의 복지정책이 책임져야 할 일이며, 사실 복지보다 교육계가 껴안아야 할 문제이다. 학업을 중단하면 학생의 문제에서 청소년으로 넘겨버리는 것은 비교육적 태도가 아닌가 싶다. 누구나 교육받을 수 있는 권리를 인정하는 것이 먼저이기 때문이다. 노인 계층에 대한 존대와 배려를 책임지는 모습은 성장기 청소년들에게도 중요한 교육적 태도다.

3부 미래 교육을 위한 준비

10년 후 20년 후 대학은 어떤 모습일까?

학교 담장이 허물어지고 있다

인구감소와 학교 내 비정규직 문제

교육격차를 해소할 수 있을까?

싸우면서 크지 않은 요즘 아이들

기초학력도 인권이다

더 소소한 교육인권을 위하여

메타버스와 미래 교육

고교학점제와 학교재정의 공공성

진짜, 국가 학업성취도 평가의 의미는?

의무교육과 교육개혁

증거기반 교육정책이 합리적일까?

10년 후 20년 후 대학은 어떤 모습일까?

 2020년 호리즌 리포트*는 고등교육의 새로운 트렌드로 학생인구의 변화와 대안적 학위 취득방식의 등장, 온라인 교육의 부상 세 가지를 들고 있다.

 첫째, 출산율 감소에 따라 잠재적인 학생 수가 줄어듦에 따라 대학 재정위기가 가중된다. 최근 지역 대학에서 공통적으로 등장하는 모습이 있다. 다른 나라 학생들의 재학이 늘고 있다. 즉 연령이나 민족성 등 학생의 특성이 다양해지고 있다. 따라서 교육방식과 목표, 학습성과에 대한 재검토가 필요하다.

 둘째, 학위취득 방식의 변화다. 출석수업은 고전적 방식이다. 나노/마이크로 디그리나 역량 기반 프로그램, 온라인 교육, 휴대폰 및 표준기반 자격증명, 다른 기관과의 협업 및 파트너쉽 강화 등이 대안으로 등장하고 있다.

 셋째, 온라인교육이 다양한 방식으로 등장하고 있다. 온라인/

---

* 호리즌 리포트(Horizon Report): 미국 고등교육연구소 EDUCAUSE에서 발간되는 리포트 시리즈로 고등교육의 교수·학습의 미래 트랜드를 전망하고 기술 사례를 소개한다.

오프라인 수업이 결합된 블렌디드나 하이브리드 교육모델이 발전하고 있다.

이 세 가지 추세는 우리나라에서도 그대로 나타나고 있다. 우리나라 학령인구의 감소는 흔히 '벚꽃 피는 순서대로 대학이 문을 닫는다'고 말할 만큼 대학의 위기를 심화시키고 있다. 올해 대학에 입학하는 2002년 이후 출생자가 40만 명 아래로 떨어졌다. 이미 18년 전부터 예견되었음에도 뚜렷한 대책없이 지낸 탓에 학령인구 감소위기는 올들어 많은 지방 대학들이 수백 명씩 정원을 채우지 못하는 사태로 번졌다.

대학의 위축과 몰락은 지역경제와 소비의 중요한 축이 되고 있었던 현실 속에서 지방의 몰락으로 이어질 수밖에 없을 것이다. 더구나 2020년 출생자는 27만 5,815명으로 급속히 줄어들고 있기 때문에 이들이 대학에 진학하는 2040년이 되면 많은 지방대학이 문을 닫게 될 것이다.

단지 학령인구의 감소만이 문제가 아니다. 대학을 꼭 가야한다고 여기는 학생과 학부모 수가 줄어들고 있다. 최근 코로나19로 굳이 대학을 가지 않고도 필요한 것을 온라인 학습을 체험하면서 진학의사 자체가 크게 위축될 것으로 보인다.

이런 추세에 따르면 10년 후 지방에는 거점 대학만 남게 될지 모른다. 더 나아가 50년 후 미래에는 대학은 수도권에만 존재하는 특별한 수도권 명물이 될 지도 모른다. 대학교육의 존폐는 그 안에서 있던 시설, 공간, 인력 등 지역 사회 안에서 새로운 사

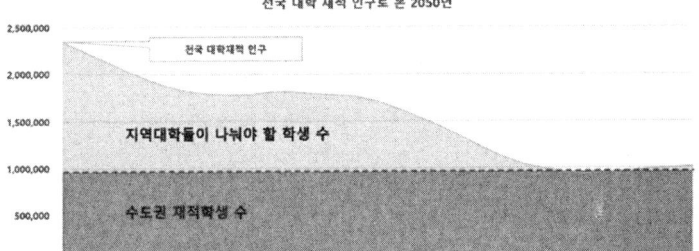

출처 : 조영태(2021), 거점국립대의 생존전략: 인구학적 관점에서, 2021년도 제1차 고등교육 정책포럼.

지난 8월 개최된 '2021년도 제1차 고등교육 정책포럼'에서 발표된 '거점국립대의 생존전략: 인구학의 관점에서' 자료 중 '전국 대학 재적인구로 본 2050년' 통계 그래프. [사진=과학썰戰 유튜브 갈무리]

회적 갈등으로 등장할 수밖에 없다.

 서울에서 멀리 떨어진 지방대학은 잘하면 평생교육기관으로 변신하거나 연구시설로 전환될 수 있을지 모른다. 지금도 전문대학들은 직업교육 시설로의 전환을 모색하고 있는 점을 가만하면 충분히 예상된다. 이러한 전환이 여의치 않을 경우 대학캠퍼스에는 고층아파트가 들어서거나 공원이나 농장, 혹은 요양시설로 변신해야 할 것이다. 이 상태가 계속된다면 이미 '2021년 고등교육 성책포럼'의 인구학의 관점에서 '전국 대학 재적 인구로 본 2050년' 통계 그래프처럼 지방대학의 흔적은 사라질 것이다.

순천향대 메타버스 입학식

다음은 온라인 교육이 다양하게 등장하면서 수업형태가 바뀔 것이다. 대학이 살아남았다고 하더라도 교실이나 캠퍼스활동은 줄어들고 가상공간의 수업으로 바뀔 것이다. 지금과 같은 온라인 수업에 멈추지 않고 비대면이면서도 대면의 효과를 극대화하기 위한 다양한 에듀테크가 도입될 것이다.

최근 메타버스*에 대한 사회적 관심이 커지면서 다양한 영역으로 확장되고 있다. 대학 역시 머지않아 기존의 오프라인대학, 사이버대학이 진화해서 메타버스대학까지 등장할 전망이다.

메타버스는 한마디로 말하면 가상세계다. VR과 AR의 기술진화로 가상과 현실은 상호작용하며 공진화하고 그 속에서 사회·경제·문화·예술활동이 이루어지면서 가치를 창출하는 세상이

---

* 메타버스(Metaverse)는 '초월과 그 이상'을 뜻하는 그리스어 메타(Meta)와 '세상 또는 우주'를 뜻하는 유니버스(Universe)의 합성어다.

될 것이다. 메타버스는 신 개척영역으로 갈수록 뜨거워지고 있다. 온라인 혁명을 주도했던 인터넷 시대를 넘어 가상과 현실이 융합된 새로운 패러다임으로 주목받고 있다. 얼마 전 VR 다큐멘터리 "너를 만났다"에서 사별한 딸과 엄마가 만나 함께 생일 파티를 하는 가상융합 스토리가 방영되어 관심을 받은 바 있다.

이러한 메타버스 기술을 활용하여 교육의 생산성을 높이면서 모든 대학생활이 상당부분 메타버스에서 이루어질 수 있다. 대부분 메타버스를 통해 시공간을 초월하면서도 대면수준의 상호작용과 개인별 맞춤학습은 보조적인 활동으로 이루어질 수 있다. 대학의 동아리나 체험활동 등이 메타버스에서 비대면으로 진행되고 현실세계에서 심층적인 교류와 협력이 결합되면서, 직접 만들고 체험하거나 훈련이 필요한 실습도 메타버스를 통해 더 다양하게 촉진될 수 있다.

이러한 흐름은 대학의 학위과정에서도 크게 나타날 전망이다. 과거의 상상력이 아니다. 2020년에 입학한 2년제 전문학위과정의 학생들은 코로나19로 집중적인 대면 수업을 못해 본 채 졸업할 예정이다. 이들에게 안겨진 학위란 어떤 의미인가. 취업시장의 좁은 문 앞에서 학위가 얼마나 위력을 발휘할 수 있을까? 이들이 부담한 비용만큼의 가치를 인정받을 수 있을 것이냐는 말이다.

세상의 지식은 빠르게 변하고 있다. 대면하지 못한 채 진행된 지식은 인터넷을 통해 얼마든지 얻을 수 있다. 앞으로는 전통적 학위 대신 기술자격증, 뱃지, 마이크로 크리덴셜을 취득하는 것으로 바뀔 것이다. 한국교육학술정보원에서는 최근 국립거점대학들의 학점교류 프로그램을 시작하였지만 최근 논의 중인 지역을 넘는 공유대학이 도입되면 권역별 공동학위과정도 등장할 것이다.

원격수업을 진행하면서 한국교육학술정보원의 공개수업 자료를 모아놓은 KOCW*와 OCW**에 대한 관심도와 활용성도 높아졌다. 이처럼 케리스는 기본적으로 모든 자료와 강의는 개방과 공유의 시대를 맞아 그에 맞도록 시스템을 강화하고 있다. 미국의 MIT에 입학하지 않고도 MIT의 컴퓨터과학 4년 과정을 1년 만에 독파한 스콧 영의 '울트라러닝'이 개방과 공유의 결정체가 된 것처럼 말이다. 기존의 학년별 교과과정의 학습경로를 따라가는 학위과정을 무력화시킨 사례라 할 것이다.

국내에서도 충북대학에서는 나노학위과정을 개설하였고 평생교육진흥원에서는 K-MOOC를 통해 강의를 누구에게나 개방하고 있다. 이러한 변화는 시작에 불과하다. 자신이 처한 상황에 따라 필요한 강의만을 골라 듣거나 학습하게 되는 '한 입 크기의 학습방식(bite learning)'이 확산될 것이다. AI를 통해 학습경로가 학습자 수만큼이나 다양해지는 개인별 맞춤형 학습이 가능해지면 학위 대신 마이크로 크리덴셜 방식으로 전환될 것이다.

---

* Korea OpenCourseWare, 고등교육 교수학습자료 공동활용 체제.

** OpenCourseWare, 공개적으로 제공되는 무료 교수/학습자료.

학교 담장이 허물어지고 있다

초중고 학생들의 모든 학교생활은 교육행정정보시스템(NEIS 이하 나이스라고 부름)에 기록된다. 교무, 학사, 입학, 보건 등 관련 업무는 말할 것도 없고 학교급별 교육과정 편성, 출결, 성적 처리, 학생생활 및 건강관리, 학교생활기록부 기록 및 보존, 학교 장학을 위한 경영정보관리 등과 이를 기반으로 하는 체육, 급식, 초등돌봄교실, 방과 후 학교 등 교육을 지원하는 학교 행정영역까지 포함하고 있다. 이 밖에도 행정안전부의 주소정보, 봉사활동 실적, 고용노동부의 NCS 자격정보, 질병관리청의 예방접종 정보 등 8개 부처/기관과 행정정보를 연계 처리하여 각종 증빙서류 발급과 제출 절차를 간소화하였다.

나이스는 2002년 개통된 이후 정보화의 진전에 따라 정보화 대상 업무가 확대되면서 대국민서비스 등을 포함하기까지 진화해왔다. 현재는 나이스의 도입으로 인해 학교 행정업무의 97%가 온라인에서 전자적으로 처리되고 있다. 대학입시에서 대입전형자료 온라인 제공서비스로 인해 직접 학교생활기록부를 발급해서 제출하는 불편함이 사라졌다. 전자시스템 기술로 자료를 이관함으로써 그로 인해 줄어든 비용부담이 매년 천억대에 이르는 것으로 추정된다.

그러나 이러한 교무행정시스템이 도입됨에 따라 교직원들의 행정적 부담도 커졌다. 이와 관련해서는 나이스 도입 당시에도 치열한 논쟁이 있었는데, 도입 반대 입장에서는 교사의 자율성을 침해하고 정보화로 인해 업무처리의 부담이 가중될 것이라는 것이었다. 찬성 입장에서는 학교 행정이 정보화되면 행정의 투명성을 높이고 교직원의 편리성을 높일 것이라면서 서로 다른 주장이 제기되었다. 그동안 크고 작은 사건들이 발생하긴 했지만 보완 과정을 거치면서 지금은 나이스 사용이 당연시되고 여러 가지 수상도 하면서 교육 정보화의 상징이 되고 있다. 실제 여러 나라에서도 나이스와 같은 시스템을 부러워한다.

그러나 나이스에서 다루는 항목이 265개나 되어서 선생님들은 교무행정 업무에 많은 시간을 매달려야 하는 것도 사실이다. 일단 나이스를 만들어 놓고 보니 편리함 때문에 새로운 항목들이 추가되어 시스템 자체가 비대화되고 있는 문제점도 있다. 정보의 집적 규모는 놀랄만하다. 그만큼 선생님들의 수고가 많았다는 뜻이다. 향후 지능형 나이스가 구축될 때 적극적인 슬림화를 통해 항목 수를 대폭 축소해 교직원들의 부담을 줄이는 것이 첫 번째 과제다.

나이스 시스템이 현장에 적용된 지 10년을 넘어섰다. 이에 따라 인프라의 노후화도 문제지만 교육정책과 환경의 변화에 맞는 지능형 나이스 운영이 꾸준히 제기되면서 개발되고 있다. 고교학점제 등 새로운 교육정책을 실행하고 원격교육 서비스 이용을 연계하기 위한 표준 개발이 더욱 필요하게 된 것이다. 뿐만 아니라 그동안 끊임없이 제기된 유아교육 행정영역의 추가 반영도 개발을 자극한 것이다. 학교 운영이나 학생들의 성장과 관련된 빅데이터 수집 및 분석을 위한 기반구축을 포함하고 있다. 또 교육공무원의 인사·급여 프로그램 개발과 블록체인 기반의 전자근로계약서 도입 등 신기술 도입의 필요성이 대두됨에 따라 4세대 지능형 나이스를 개발하는 것으로 결정되었다.

지능형 나이스는 3천억에 달하는 대형 교육 정보화사업이라 관련 업계의 많은 관심을 받고 있어서 조달청을 통한 업체 선정과 개발과정의 진행 자체가 쉽지 않았다. 교육분야의 국가 기간산업으로서의 민감성과 중대성을 감안하여 대기업 참여가 필요하다는 의견도 제시되었지만 무산되면서 개발과정이 지연되어 2023년 3월 개통을 목표로 진행되고 있다.

이러한 나이스의 가장 큰 문제점은 법적으로 나이스 데이터의 소유권이 학교에 있다는 점이다. 나이스 데이터를 활용하여 학생들의 연도별 성적 변화추세나 지역별 격차, 도농 간 격차, 성별 격차, 그리고 학업 영향요인이나 다양한 변수 사이의 상관관계 등을 분석하고 싶지만, 모든 학교의 데이터 사용을 위임받기는 불가능하다. 급식을 둘러싸고 학생들의 건강이나 비만에 미치는 영향 등을 분석한다면 상당히 유의미한 식단관리방법 등을 제안할 수 있겠지만 현실적으로 데이터 활용이 제약되어 있다. 향후 지능형 나이스의 경우 데이터 활용을 염두에 두고 구축되어야 하며, 데이터 분석을 할 수 있도록 법령상의 기관 위임이 필요하다.

데이터를 관리하는 기술력은 날로 높아지고 있지만 윤리적인 면은 한참 뒤떨어져 있다. 정보통신 윤리는 여전히 논란을 남기고 있다. 정보유출, 정보가공, 정보독점 등 다양한 형태로 쌓아 놓은 정보를 관리하는 주체 및 관리 범위와 그에 따른 책임 문제는 계속된 쟁점이다. 일선 선생님들의 업무를 경감해야 수업에 대한 질이 높아진다. 업무를 줄이겠다는 문제의식은 가지고 있지만 얼마나 줄일 수 있는 것인지 가늠이 안 된다.

학교를 통해 국민건강을 지키는 최전선 방역시스템

코로나가 확산되면서 학생들의 등교 여부는 사회적으로 첨예한 관심사가 되었다. 600만 명이 넘는 초중고학생과 교직원들의 기본적인 건강진단에 따라 등교여부를 결정하자는 의견이 제시되었고 케리스는 곧바로 학생생활기록부를 담당하는 교육행재정본부 산하에 TF팀을 꾸려 검토하기 시작했다. 나이스에는 초중고학생들의 모든 기록이 저장되어 있기 때문에 나이스시스템을 이용해 학생건강을 확인할 수 있는 기본적인 자가진단 설문을 작성해서 응답하게 하고 그 결과에 따라 등교여부를 판단하도록 했다. 설문은 최대한 간단하게 작성했고 의심증상이 있을 경우 등교하지 않아도 결석으로 잡지 않도록 구성했다. 5월부터 대부분의 초중고가 등교했음에도 불구하고 다행히 학교 내에서 코로나는 크게 확산되지 않았다.

그러나 나이스에 연동해서 사용하는 학생건강 자가진단 방식은 나이스에 부하가 걸릴 우려가 있었다. 매일같이 컴퓨터에 접속해야 하는 불편함 때문에 2학기를 대비해서 급하게 모바일에서 접속할 수 있는 앱 개발에 나섰다. 2020년 9월 7일 서비스를 개편해 모바일용 학생건강 자가진단 시스템을 개발해서 개통했다. 초중고등학생과 유치원, 교직원은 의무사용을 요구했고 대학은 사용을 권고하였다. 1학기에는 나이스에 연동해서 컴퓨터로 접속해서 체온과 본인을 비롯한 가족의 해외여행 등을 중심으로 한 설문에 응답하는 방식이었지만 2학기부터는 본인이나 부모의 휴대폰에 접속해서 등교여부를 확인하게 되어 한층 편리해졌다. 교사들도 푸시기능을 통해 한 번의 클릭으로 학생들의 자가진단 응답여부를 확인하고 안내할 수 있게 되었다.

이렇게 해서 코로나시대 학생들은 사전에 스스로의 건강을 확인하고 등교여부를 결정함으로써 코로나의 확산을 막을 수 있도록 환경을 구축하게 되었다. 겉으로 보기에 간단해 보이지만 그 밑단에서 클라우드시스템에 저장하고 8시면 수백만 명이 동시에 접속하게 되는 시스템을 차질 없이 운영하는 것은 결코 쉬운 일은 아니다. 케리스는 디지털 시스템을 통해 학생들의 건강 지원 역할까지 수행하게 되었다.

케리스의 학생건강 자가진단 시스템 개발은 보건교사들의 업무를 대대적으로 줄여주었다. 전쟁은 나쁘지만 인류를 위한 과학기술을 발전시키는 계기를 만들어 준 것이다. 우리 교육은 코로나19와 싸우면서 새로운 교육시스템 구축과 교육 관련 기술을 현장에 접목시켰다. 항상 절박한 상황일수록 꽉 막힌 환경 앞에 서면 해결의 실마리가 있는 법이다. 다행인 것은 20년전 김대중 대통령의 선견지명으로 우리에게 초고속 인터넷망이 확보된 IT환경이 강력하게 구축되어 있었다는 것이다.

끊임없이 제기되는 한 방향으로 이뤄지는 통제적 관리방식, 중앙 집중형 사회시스템, 구성원들의 자발성 미확보 등은 우리가 안고 있는 IT분야의 과제다. 더더욱 온라인상에서 제기되는 도덕적 책임과 한계 등은 방역과 고립이라는 이름 아래 인권이 침해될 수 있다. 공동체적 공존을 위해 개인의 협력은 절실하지만 지나친 개별적 존중으로 위해 사회적 갈등이 등장할 수 있다. 이 문제를 해소하는 것은 방역 못지않게 중요하다.

일선 학교의 방역시스템은 보건교사 중심으로 업무가 폭증되어 있는 것은 사실이다. 학교의 규모와 상관없이 한 학교당 한 명의 보건교사가 방역을 감당하고 있다. 아침 등교시 다른 교사들이 협력해 발열측정을 협조한다고 하지만 실제로 환자가 발생했을 때 대응은 고스란히 보건교사 혼자 도맡아야 한다. 그와는 별도로 쏟아지는 각종 공문과 새로운 방역지침을 알리고 집계하는 일까지 적지 않은 업무량이다. 그 고통스런 상황을 아는 사람은 많지 않다. 일선 병원에서 간호사와 의사들의 업무과중을 호소하는 것 이상으로 책임져야 할 일이 많다. 방역시스템에 대한 근본 대책이 필요하다.

인구감소와 학교 내 비정규직 문제

학교 내 비정규직이 갈수록 늘고 있다. 신자유주의 고용유연화정책 이후 쉽게 고용하고 쉽게 해고할 수 있는 사회 분위기의 연장 선상에서 학교 내 비정규직은 양산되었다.

왜 학교에 비정규직 갈등이 커지고 있는 것일까?

학교 비정규직이 양산된 또 다른 이유는 교육활동에 전념할 수 있도록 교사들의 잡무를 줄인다는 업무경감을 이유로 실무사제도를 도입했다. 학교 내에는 실무적인 명분이 필요한 분야인 교무실, 과학실, 도움실, 상담실, 도서실 등에서 충원되었다. 실무사 선생님들의 업무가 분명하게 제시되지 않은 상태에서 학교 내에서 필요한 인력을 계획없이 끌어다 쓴 셈이다. 그것은 민선교육감들의 곶감(?) 같은 영역이었다. 제한적인 인사권 범위 내에서 고용을 약속하면서 선발한 뒤 예산 부족과 제도변경으로 고용을 더욱 불안정하게 만들었다. 일부 갈등은 비정규직의 신분문제는 변경되지 않은 가운데 일부만 무기계약직으로 봉합했다.

여기에 큰 함정은 국가적으로 확보되지 못한 예산이 안정적인 고용으로 연결되지 못하게 만드는 출발이었다. 이제 비정규직문제를 옥상옥으로 해결할 문제가 아니다. 학교 안에서 그들의 위상과 역할을 위해 제도를 바꾸어나가면서 재구성할 때 해법이 가능할 것이다. 미래지향적인 학교교육을 염두에 두고 비정규직 문제도 살피자는 것이다. 즉, 오로지 교육활동 중심이었던 과거의 학교 기능에서 방과후의 돌봄까지 종합적으로 학교의 기능을 바꾸자는 것이다. 가르치는 기능과 행정을 지원하는 사람들로 역할을 나누는 것이다.

코로나 이후 학교의 역할은 돌봄까지 포함된 역할을 주문하고 있다. 꾸준히 증가하는 맞벌이 부모들은 학교가 어떤 역할을 해줄 것인지 분명하게 요구하고 있다. 이제 인구학적인 미래 예측은 교육환경의 변화가 상식이 되고 있다. 그저 학령인구의 감소 타령만 할 수 없다. 개인의 문제가 아니라 사회적인 문제이고 사회구성원 모두가 미래세대를 책임져야 한다는 사실은 분명한 명제가 되었다. 단순히 교육의 문제가 아니라 미래세대를 온 마을이 한 아이를 키워 세대를 계승할 수 있도록 교육 현장을 바꿔나가야 한다는 뜻이다.

그냥 비정규직 문제로 제한해 보지 말자는 뜻이다. 2020년 기준, 실세 출산율을 보면 0.84명인 심각한 저출산 현상을 겪고 있다. 두 사람이 결혼해 1명도 낳지 않는 사회가 되었다는 뜻이다. 이렇게 인구문제와 교육 현장에서 일어나는 갈등을 연결시켜 보면 흥미로운 문제가 발견된다. 학령인구의 감소로 학교

시설의 무용화, 비정규직의 정규직화의 위기를 염려하지 않아도 될 수 있다.

통계청에서 발표한 장래인구추계 조사를 활용하여 2067년 우리나라의 인구감소율은 24%(약 1,200만 명)로 예상된다. 이는 전세계 235개국 중 17위에 해당하는 감소율이다. 그렇다면 5,000만 명 시대의 시설과 사회적 네트워크가 4,000만 명 시대로 조정되어야 한다는 것이다. 학교 인프라가 대규모로 시설 유휴화가 된다는 뜻이다. 그래서 인구감소는 단순하게 학교 문제가 아니다. 인구감소로 인한 노동공급이 줄어드는 상황에서 여성의 경제활동 참가율과 고용률은 OECD 국가 평균에 못 미치고 있다. 더 많은 여성의 사회 참여를 유도하고 안정적으로 교육활동이 이뤄질 수 있도록 하는 일은 학교의 기능을 전환하는 것에서부터 시작한다. 정부의 발표 자료에 따르면 2019년 여성 고용율은 OECD 국가 평균은 61.3%인데 반해 우리나라는 57.7%였다. 선진국에 합류한 대한민국이 나아가야 할 미래다.

우리는 개발도상국의 멍에를 스스로 내려놓았다. 국제사회에서 대한민국은 선진국이라는 뜻이다. 구호로서의 선진국이 아니라 국민 모두가 행복한 환경이 될 수 있도록 바꾸어 나가야 한다. 그 연장선상에서 학교환경도 바뀌어야 한다. 과거 방식이 아니라 한국형의 미래 학교를 새롭게 만드는 일이다. 가르치는 교육과 업무 지원 행정을 분명하게 나누는 것이다. 그래서 교과군별로 실무사들이 배치되어 성적처리와 학업활동의 보조 역할을 할 수 있도록 하는 것이다. 시켜서 잡일을 하는 사람이 아니라 그들도 가르치는 일을 한다는 보람을 느끼게 한다는 것이다. 말하자면 교육의 성과를 높일 수 있도록 협력환경을 높이자는 것이다. 협력환경이란 가르침과 협력적 지원을 구분하여 실무적인 영역을 정리하고 그 내용을 존중하는 것이다. 협력적 교육활동은 이미 선진국에서 시행하고 있다. 지식활동과 생활지도를 구분하여 교사들의 업무에서 분리하는 것이다. 그리고 실무교사들의 업무 범위로 고유화시키는 것이다. 지금 보건지킴이 선생님들이 학생들을 안내하여 건강생활을 안전하게 할 수 있도록 지도하는 것이 그 사례로 꼽을 수 있다.

이제 우리는 교사들의 전문성은 살리고 수업의 질을 높이기 위해 행정잡무로부터 해방시켜 주어야 한다. 가르치는 일과 지원하는 일은 분명히 다르다. 영역 다툼인 것처럼 지협적인 갈등으로 소모적이어서는 안 된다. 미래로 향하는 활은 시위를 떠났다. 미래라는 과녁을 제대로 맞추도록 행정시스템의 강화로 변화의 바람을 일으키는 노력이 필요하다. 우리 모두 공생의 노력을 다하면 해결할 수 있는 길이 열릴 것이다.

국민 여러분!

전국의 10만 학교비정규직 노동자들이 오는 10월 20일 다시 일손을 놓으려 합니다.

급식실로 돌봄교실로 신나게 달려오는 아이들이 눈에 밟혀 우리 노동자들도 파업에 나서는 게 무척이나 망설여집니다.

특히 코로나 이후 이번 정부는 국민들이 자기 권리를 위해 목소리를 내는 집회 현장에 대해서만 불평등한 방역지침을 들이대고 있습니다. 신규 입점 백화점에 수천 명이 몰리고, 민주당 대선후보 경선장에 수백 명이 몰리고 있는데도 말입니다. 이런 상황에서 전국적 총파업 결정은 쉬운 결정이 아니었습니다.

하지만, 문재인 정부 4년 내내 외쳐왔던 학교비정규직 차별해소와 교육공무직 법제화 요구에 대한 대답은 돌아오지 않고 있습니다. 정규직대비 80%의 공정임금을 약속했던 정부이건만 여전히 우리는 공무원 최하위 직급대비 60% 수준의 임금으로, 방학기간에는 방중비근무자로 생계를 걱정합니다. 공무원조리사, 영양교사와 똑같이 일하는데 갈수록 임금격차는 벌어집니다.

10만 국민동의 청원으로 교육공무직법제화 법안이 국회에 상정된 지 1년이 다 되어 가는데 국회의원 누구도 관심을 기울지 않습니다.

학교급식도 교육이라고 하면서 골병과 폐암, 직업성 암으로 죽음의 급식실이 되어가는데도 급식노동자의 안전과 건강에 대한 교육당국의 대책은 하나도 없습니다. 교육부가 초등돌봄교실 운영 개선안을 발표한 지 몇 달이 지났지만, 교육감들은 교육자치라는 미명하에 돌봄전담사의 요구를 묵살하고 있습니다. 코로나 이후 돌봄의 중요성이 더욱 강조됨에도 학부모와 아이들이 안정적인 돌봄서비스 받을 권리를 교육감들이 막아나서는 꼴입니다. 도대체 누구를 위한 교육자치란 말입니까?

교육불평등, 교육격차 말만 무성한 가운데, 교육복지우선 지원사업 편성 예산은 전체 지방교재정 74조의 0.2%에 불과합니다. 취약계층 아이들과 그 가정을 최전선에서 직접 지원하는 교육 복지사들이 있는 학교는 13%에 불과합니다. 나머지 아이들이 학교에 나오지 않고 집에서 밥을 굶는지, 학대를 당하는지 학교는 들여다볼 수도 없는 구조인 것입니다.

국민 여러분!

말 그대로 슈퍼 예산이라는 내년 교육예산을 학교비정규직 불평등 해소와 교육복지 확대에 전향적으로 편성할 생각은 없는 것인지 우리는 묻고 있습니다. 집단교섭과 공무직위원회 협의로는 더 이상 말이 안 통해 노동자의 헌법상 권리인 단체행동권을 발동하려 합니다.

오늘 밝힌 대로 2021년 10월 20일 학교비정규직 총파업은 최근 가장 큰 규모의 전국적 파업이었던 2019년 7월 공공부문비정규직 총파업을 뛰어넘는 수준입니다. 코로나 분위기를 감안하면 노동조합 집행부에서도 놀라는 파업 참가 열기입니다.

국민여러분!
코로나 이후 학교는 교수학습을 넘어 급식, 돌봄, 교육복지 등으로 그 기능이 확대되고 있습니다. 그 기능을 묵묵히 수행하는 학교비정규직이 교육불평등 해소 요구를 걸고 하루 파업에 나섭니다.

우리 아이들을 위한 학교로 다시 거듭나기 위한 학교비정규직의 이번 총파업에 한 번 더 '불편해도 괜찮다'는 이해와 응원을 부탁드립니다.

그리고, 철학 없는 교육관료 뒤에 숨어 급식대란, 돌봄 대란, 교육복지 대란을 앞두고도 수수방관 손 놓고 있는 교육당국과 교육감들에게 항의 목소리를 전달해주십시오.

마지막으로 국민여러분께 당부드립니다.
이번 민주노총 파업은 학교비정규직을 비롯한 공공부문비정규직이, 돌봄 노동자들이, 마트 노동자들이, 플랫폼 배달 노동자들이 앞장서고 있습니다. 비정규직노동자들이 앞장서서 소득격차 해결을 통해 사회양극화 해소에 앞장서는 파업입니다.

일부 보수 언론의 민주노총에 대한 악의적 보도와 전체 노동자와 민주노총을 분리하려는 마타도어 보도에는 밝은 눈으로 판단해주시길 간곡히 요청 드립니다.

감사합니다.

2021. 10. 18

-전국학교비정규직노동조합 박미향 위원장-

교육격차를 해소할 수 있을까?

교육 해체* 그 이후는?

야마구치 슈는 그의 저서 『철학은 어떻게 삶의 무기가 되는가』에서 혁신은 새로운 시도가 아닌 익숙한 과거와의 작별에서 시작된다고 설파했다. 최근 우리 사회는 코로나19 이후 극심한 변화를 겪고 있다. 그중에서도 교육의 변화는 가장 가시적으로 드러나고 있다. 그런 만큼 혼란에 대한 우려도 가장 크다. 유럽에서 상대적으로 보수적 입장을 견지해왔던 프랑스가 종이책 대신 개인용 패드를 보급하기 시작했다. 일본은 2025년까지 종이 교과서를 대신해서 디지털교과서를 보급하겠다고 선언했다. 우리도 작년부터 온라인 원격수업을 시작했고 올해는 양방향 화상수업 환경을 강화하고 있다.

일각에서는 원격수업이나 디지털교육이 일방적으로 콘텐츠를 보여주는 것으로 인식한다. 하지만 그것은 갑작스럽게 시작한

---

* 〈한국일보〉 2021. 10. 4.

초기 단계의 한계였을 뿐이다. 1년이 지난 지금 화상수업은 이미 교실과 비슷한 화면구성 속에 서로 둘러보면서 소통하며 질문하고 피드백하고 있다. 학생들의 학습과정이 데이터로 축적될 뿐만 아니라 학생 개개인의 학습과정과 학습성취도를 분석해서 개인별로 맞춤형 학습이 가능하도록 변하고 있다. 개인별 맞춤형 학습은 2019년 브루킹스연구소가 예측한 대로 개인별 최적 학습경로를 찾아가게 될 것이다. 정책결정 과정에서도 데이터는 증거기반 정책으로 이행해나갈 것이다. 국민들의 관심이 가장 높은 입시정책이나 교육정책의 결정이 빅데이터 분석에 의해 과학화될 가능성을 미리 예고한 것이다.

우리 앞에 성큼 다가온 미래 교육은 탈중앙화와 자발적 배움에 기반한다. 교육이 '누군가를 가르치고 감독하도록 하는 활동'이라면 이제 이런 교육과는 작별을 고해야 할 시간이 왔다. "가르치는 것은 줄이고 배움은 늘린다(Less teaching, More learning)"로 상징되는 것처럼 학생은 스스로의 선택에 의해 자기주도적으로 배움의 길을 걸어가야 한다. 미래형 교사는 지식의 전달이 아니라 학생이 꿈을 실현하기 위해 스스로 배움의 길을 걸어갈 수 있도록 안내해야 한다. 결국 교사는 격려해주는 인생의 멘토가 되거나 학습에 필요한 길잡이 역할을 할 것이다. 한 걸음 더 나가 자발적인 배움의 길은 학제와 나이에 얽매이지 않고 필요한 만큼 배우되 평생을 통해 축적해가는 과정이 될 것이다.

우리는 코로나 탓이 아니라 코로나 덕에 낡은 교육과 작별할 수 있게 되었다. 인공지능 시대를 살아가야 할 우리 학생들에게 여전히 맨손으로 물고기 잡는 법만을 고수하며 잡은 물고기 수대로 줄세우기 하면서 다수의 학생들을 좌절로 몰아넣는 교육은 비로소 그만두어야 할 시기가 온 것이다. 배움에 임하는 학생들은 언제든지, 어디서든지, 자발적인 배움을 위해 도구를 사용하고 함께 협력하면 더 많은 물고기를 잡을 수 있는 시대를 만날 것이다.

우리나라 교육이 어떻게 미래로 나아가야 할지 그 방향은 정해졌다. '누군가를 가르치고 감독하도록 하는 활동'에서 '가르치는 것은 줄이고 배움은 늘린다'는 방향이다. 가르치는 일이 과거에 멈추지 않고 미래를 향해 준비되도록 구체적으로 이야기해야 한다. 미래로 향한다는 말은 학생들이 주인이 되어 어떻게 배움을 만드는가이다. 그것은 학생들의 자율권, 학생들의 선택권과 결정권을 어떻게 보장하고 제도적으로 실현할 수 있게 만드느냐의 문제다.

첫 번째, 학생들 스스로 문제를 해결할 수 있는 사고력을 키워주는 일이다. 어쩌면 경제적인 능력보다 앞서 갖추어야 할 내용이다. 여기서 사고력이란 인문학적 상상력에 바탕을 둔 사고력이다. 자신 앞에 주어진 상황을 정리하고 분석하는 힘, 해결책을 찾아나가면서 대안을 끌어내는 힘, 그 힘은 인문학적 능력이다. 그 능력을 갖추게 한다면 교육 해체를 막을 수 있다. 비판적 사고력은 광주 정신의 근간이다. 문제의식을 창의성으로 성숙시키는 교육을 광주에서 새롭게 시작할 수 있다. 미래를 준비하는 발상의 전환이다. 그래서 광주는 인문교육으로 두 마리 토끼를 다 잡을 수 있다. 인성과 실력이다. 실력은 과거에 말했던 수능을 잘 보는 기계적인 실력이 아니다. 살아가면서 자신이 중심이 되어 자신에게 맞는 상황을 정리하게 만드는 교육을 말하는 것이다.

두 번째는 협력하는 지역적인 시스템을 구축하는 일이다. 교육청은 안으로 힘을 몰아가는 것이 아니라 안과 밖이 함께 나누면서 모으는 방향에서 협력 시스템을 만들어가야 한다. 과거 교육은 학교를 중심으로 교육계만 감당하는 방식이었다. 이미 마을이 한 아이를 키워야 한다는 목소리가 현실에 파고든지 오래다. 마을교육 공동체다. 아직도 학교는 교육적으로 필요한 부분만 마을과 협력하면서 상징적으로 결합되고 있다. 이제 학교는 안이고 마을은 밖이라는 경계적 구분이 아니라 학교와 마을은 하나로 이어지는 연결축이 제도적으로 정착되어야 한다.

교육잇자플랫폼*을 만들어서 교육자원을 유기적으로 활용할 수 있도록 시스템을 만드는 것이다. 이 잇자플랫폼 문제는 뒷부분에서 따로 분리하여 상세하게 정리할 것이다.

세 번째, 국가교육위원회의 지역 대응팀을 만들어야 한다. 지역으로 이관되어 온 권한과 내용을 구체적으로 집행할 수 있는 실행과정의 준비가 필요하다. 여기에는 원격수업이나 디지털교

---

* 광주교육의 미래 장에서 구체적으로 다룬다.

육의 새로운 영역까지 포함되어야 할 내용이다.

　학교해체는 파괴가 아니다. 학교해체는 발전을 위한 해체일 뿐이다. 미래를 준비하는 실력교육에 대한 새로운 방향을 주문하는 시대적 명령인 셈이다. 해체만 분리해 걱정하고 불안해하면서 탓만 할 일이 아니다. 우리가 먼저 예상하고 준비하면서 능력을 발휘할 수 있는 터전을 닦는 일이 먼저다. 과거처럼 특정 세력이 폐쇄적으로 좌지우지하는 시대는 끝났다. 미래세대를 위한다면 누구를 탓하고 누구를 추궁할 시대가 아니다. 거시적인 안목과 문제의식으로 시대적 과제를 풀어야 할 몫이다.

싸우면서 크지 않는 요즘 아이들

폭력은 어떤 이유로도 정당화될 수 없다. 학교폭력이든 가정폭력이든 사회적 폭력이든 누구나 존엄한 인간으로 취급되어야 한다면 가장 먼저 사라져야 할 문제가 폭력이다. 특히 행정기관에 의해서 기관의 안위에 머문 가운데 폭력이 방치된다면 위임된 권한을 제대로 집행하지 못하면서 행정력까지 신뢰를 얻지 못하는 심각한 결과를 만든다.

교육활동은 참여하는 학생들의 잠재력을 끌어내는 도전이다. 교육은 다양한 가능성을 열고 성장기의 아이에게 맞는 능력과 끼를 꺼내줄 수 있는 활동이다. 학생들의 잠재능력을 찾아내는 일은 쉽지 않다. 발휘할 수 있는 환경을 만나지 못하면 잠재력은 깨어나지 못하고 영원히 잠잔다. 따라서 교육적으로 깊이 숙고하지 않은 성급한 단정은 가장 나쁜 문화다. 학생뿐만 아니라 교사들도 여유를 만들어주지 못하고 책임을 추궁하면 오히려 교사들에게 갑질 문화를 부채질하게 되거나 교육 현장에서 교사들은 교육적인 책임은 뒷전에 두고 자기에게 유리한 쪽으로만 상황을 몰 것이다.

성장기의 아이들에게 싸우지 않도록 안내하는 일은 쉽지 않다. 감정이 꼬이고 상황에 대한 자기식의 접근을 한다면 상황은 금세 험악해질 수 있다. 그것이 폭력적 상황으로 발전하는 것이다. 조금이라도 자신의 주장을 상대와 소통할 수 있으면 큰 싸움으로 번지지 않을 것이다. 요즘은 소통할 수 있는 장치가 많은 시대다. 그런데도 활용하지 않으면 갈등을 키우게 된다.

학교폭력은 교육 현장에서 있을 수 있는 상황이다. 일어나지 않으면 가장 좋지만 일어날 수밖에 없는 경우가 많다. 과거처럼 "아이들은 싸우면서 큰다"고 얼버무릴 수 없다. 싸움은 얼마든지 교육적으로 해결책을 찾을 수 있다. 폭력을 두고 교육 현장은 예방과 수습을 나누어서 생각할 필요가 있다. 나누지 않고 뭉뚱그리면 결과를 중심으로 당사자 귀책사유로 내몰면서 결과에 대해서만 비난하면 끝이다.

학교폭력을 교정하기 위해 행동한 결과를 기록하는 문제는 낙인효과와 연결된다. 폭력적인 행동이 나쁘다고 하더라도 교육적인 노력이 우선되어야 한다. 당사자가 자신이 일으킨 행동의 결과에 대해 부담감을 짊어지게 함으로써 교정효과를 얻겠다것은 게으른 방식이다. 이는 사형제를 통해 범죄를 예방하겠다는 논리와 비슷한 방식이다. 인권의 방향이 피해자의 인권보호는 당연하지만 가해자의 인권도 존중해야 한다는 쪽으로 확장되고 있는 추세와 어긋나는 현상이다.

사회적으로 계속된 학교폭력 문제는 국회에서도 큰 부담이었다. 교육과학부와 국회상임위에서 집중적으로 거론되었다.

학교폭력을 줄이기 위해 2012년 교육과학기술부에서 훈령으로 학생부에 기재할 것을 지시했다. 그러나 인권위에서 먼저 반대하였다. 일부 진보교육감 측에서도 반대하면서 기록으로 남기는 문제는 약화될 수밖에 없었다. 당시 의원이던 시절, 경기, 강원, 전북의 682개 고교 중 학교폭력이 있었던 고교 153개 중 43개 고교에서 학생부 미기재 상황까지 발생한 것이다.

대학교육협의회가 입장을 밝히면서 상황은 복잡하게 얽혔들었다. 대교협은 학교폭력 사실을 대입전형에 반영하겠다는 의사표명과 함께 그러한 사실을 누락한 경우 합격하더라도 향후 3년간 입시에서 배제하겠다는 강력한 입장을 밝혔다.

일선 시도교육청도 물러서지 않았다. 그중 경기교육청에서는 학생부 기재보류에 대한 교과부의 직권취소에 대해 대법원에 취소청구소송과 효력정지가처분 신청을 제기하였다.
일선 시도 교육청과 함께 학교폭력보다 심각한 범죄에 대해서도 입시불이익이 없는 상황에서 학교폭력 기재는 이중처벌이라는 입장을 민주화를 위한 전국교수협의회와 전국교수노조 쪽에서 밝혔다. 학교폭력 가해 사실 기재는 헌법에서 금지하는 이중처벌이고 과잉처벌이라는 입장이 그것이었다.

학교폭력이 심각한 사회문제로 등장하더라도 인권을 둘러싼 문제를 꼼꼼하게 따지기보다 분위기로 휩쓸려간다는 느낌이 강했다. 교육문제는 사법적인 논란에 앞서 도덕적 논란 쪽에서 다루어져야 교육적 관점을 유지할 수 있음에도 불구하고 정치권은 자신들의 정치적 입장을 위해 전선을 형성하는 것이었다.

기초학력도 인권이다

'미래가 도착했다. 하지만 그것은 균등하게 분배되지 않는다'는 미래 교육학자 윌리엄 깁슨(William Ford Gibson)이 한 말이다. 최근 미래 교육에 대한 논의가 한창이지만 미래 교육이 교육격차를 해소하기보다 키울 수 있다는 우려도 제기된다. 미래 교육의 중요한 과제다. 보다 치밀하게 교육격차 문제를 대비하지 않는다면 또 다른 사회문제를 낳을 수 있다. 그 징후는 여러 자료를 통해 확인된다.

교육격차는 교육불평등과 다른 문제다. 학력 격차 여부를 판단하기 위해서는 학생들의 학업에 따른 성취도 상의 차이를 봐야 한다. 그런데, 현재 학생들의 학업성취도를 살필 때 두 가지 진단방식으로 접근한다. 하나는 국가수준의 학업성취도 평가이고 다른 하나는 기초학력 진단평가다. 전자는 표집학생을 대상으로 실시되기 때문에 전체적인 학업성취 수준을 보여주는 지표가 될 수 있다. 하지만 개별적인 진단이나 평가가 이루어지지 못한다는 점에서 한계가 있다. 후자인 기초학력 진단평가는 학교에 따라 선택적으로 진단검사와 향상도 검사로 진행되기 때문에 구체적으로 기초학력 미달자의 범위와 내용을 파악하기가 어렵다. 또 미달 문제를 분류하는 기준과 범위도 약간 다르다. 기초학력 진단평가 플랫폼은 케리스에서 운영한다. 하지만 평가 내용은 충남대학에서 운영하고 있다. 국가수준의 학업성취도 평가에 따르면 기초학력 미달 비율은 대략 2~10% 내외다. 케리스의 기초학력 진단검사에서는 10% 내로 한다.

그뿐이 아니다. 더 중요한 차이는 교육격차에 대한 인식의 문제이다. 코로나19로 원격수업을 시행한 이후 교사와 학부모, 학생들의 79%가 교육격차가 이전보다 더 확대되었다고 인식하고 있다. 이러한 수치는 원격교육을 미래 교육의 한 형태로 볼 경우 치밀한 준비없이 이루어진 원격교육의 문제점을 보여준다.

최근 언론에서 '기초학력도 인권이다'는 슬로건을 보고 고개를 끄덕였다.* 공교육의 중요한 목표 중의 하나는 민주시민을 양성하는 것이다. 그리고 민주시민으로서 역할하자면 읽기, 쓰기, 셈하기와 같은 기초적인 학습역량을 갖추어야 한다. 소위 기초학력을 갖추지 못할 경우 제4차 산업혁명시대라고 일컬어지는 변화의 흐름 속에서 정상적인 사회생활을 유지하기는 점점 어려워진다. 더구나 기초학력 미달이 사회경제적 취약계층에 집중된다는 점에서 사회적 불평등으로 이어질 수 있기 때문에 미래 교육과 함께 교육격차 문제를 심각하게 고민해야 하는 이유

---

* 〈경향신문〉 2021년 4월 14일.

다.

　미래 교육을 통한 교육격차 해소를 위해서는 투입과 과정요건을 일정수준 보장함으로써 결과적으로 학습격차를 줄이는 데 지원이 모아져야 할 것이다. 첫째로 학습을 위한 투입요건으로서 동등한 접근성이 보장되어야 한다. 원격수업을 하면서 가장 문제가 되었던 것은 모든 학생에게 원격수업을 위한 기기와 인프라가 보급되어 있지 않다는 것이었다. 초기에는 취약계층의 경우 수업을 위한 컴퓨터나 패드가 보급되어 있지 않았고 학교의 통신망이나 인프라도 깔려있지 않았다. 일부 통신망이 설치된 학교에서는 학생들이 자유롭게 와이파이를 사용할 수 있도록 개방시켜놓은 것이 아니라 정보접근을 둘러싼 갈등을 차단하기 위해 비밀번호로 걸어두는 사례가 있었다. 학교 현장의 고민은 또 다른 곳에 있다는 뜻이다. 미국에서 로스앤젤리스의 대릴 애덤스교육감은 2014년 미국 전역에서 가장 빈곤한 지역인 코첼라밸리 학교 개혁을 위해 맨 먼저 한 일이 핫스팟을 장착한 스쿨버스를 지역 곳곳에 세워두고 와이파이 서비스를 제공함으로써 디지털교육시대 교육접근성을 보장하고자 했다.

　오바마 대통령도 2013년 대규모 신규 교육 프로그램인 커넥티드 프로그램을 도입해서 교사에게는 최고의 기술과 훈련을, 학생에게는 개인맞춤 디지털 콘텐츠를 제공했다. 아이패드나 아이맥, 애플 TV 등 기기제공뿐만 아니라 지속적인 교사훈련과 교육을 통해 전문인력 개발과 지원을 병행했다. 이러한 사례들은 일차적으로 미래 교육을 위한 환경과 장비를 모든 학생들에게 접근가능 하도록 교육평등선을 맞추는 것이다.

둘째로 미래 교육을 위해서는 과정상의 요건으로서 수업에 관련한 질의와 답변 등을 주고받을 수 있는 상호작용이 보장되어야 한다. 학습자들이 잘 설계된 상호작용형 온라인 수업을 받을 수 있으려면 교사들의 기기활용 능력이 갖추어져야 하며, 좋은 콘텐츠와 에듀테크 등이 뒷받침되어야 한다. 지금 우리나라에서도 학교의 인프라 환경을 개선하고 개인용 기기보급을 확대하고 있지만 그것이 전부는 아니다. 이러한 장비를 잘 쓸 수 있도록 교사에게 연수기회를 부여하고 출결석을 포함한 학급관리와 학생들의 학습이력과 평정방식 등에 대한 지원이 필요하다.

코로나 기간 동안 학부모들의 원격수업에 대한 불만은 학생과의 개별적 접촉 내지 피드백에 대한 요구로 나타났다. 원격수업 2년차에 접어들어 화상수업이 도입되면서 이러한 문제는 상당부분 해소되었지만 학업 미달학생에게 더 많은 피드백이나 개별지도가 필요하다는 지적은 여전히 유효하다.

셋째로 미래 교육이 성과를 거두기 위해서는 투입이나 과정상의 요건 이외에 학습자가 갖추어야 할 기본적인 태도와 같은 요건이 필요하다. 온라인 수업이나 원격수업이 제대로 이루어지기 위해서는 학생들의 자기주도성을 고양할 필요가 있다. 케리스의 연구에 의하면 교사들의 65%는 교육격차가 학생들의 자기주도적 학습능력의 차이에서 비롯된다고 인식하고 있다. 자기주도성이 있는 경우 온라인 수업은 대면 수업과 비교해 볼 때, 필요에 따라 반복학습을 하거나 속도조절을 통해 학습효과를 높일 수 있는 장점도 있다. 이러한 자기주도성을 높이기 위해서는 기본적으로 학습습관을 키우는 것이 중요하다. 스스로 학습습관을 형성하고 있는 경우 온라인 수업의 장점을 십분 활용할 수 있다. 개별학생에 대한 교사의 피드백이나 학습하는 방법을 배우도록 하는 메타인지는 자기주도적 학습습관을 키우는 데 도움이 된다. 개별학생의 학습에 대해 교사가 관심을 갖고 피드백을 주고 메타인지하는 것은 학생의 학습의욕이나 성취동기를 불러일으킬 수 있지만 그만큼 교사의 많은 시간과 노력이 요구된다.

최근 메이커교육*이 관심을 끄는 것은 '우리가 배워야 할 것을 직접 해보면서 배운다'는 토머스 제퍼슨(Thomas Jefferson)의 이념을 가장 잘 구현하고 있기 때문이다. 디지털 네이티브에게는 무언가 말해주거나 가르치는 것으로 충분치 않고 실제로 해보게 해야 한다. 이것은 학습자를 수동적인 수용자에서 벗어나 능동적이고 자발적이 되도록 학습 동기를 불러일으킴으로써 자기주도성을 높여주기 때문이다.

---

* 메이커 교육은 창의적인 아이디어를 내는 데서 그치는 것이 아니라 실제로 무언가를 만드는 과정을 통해 과학(science)·기술(technology)·공학(engineering)·예술(arts)·수학(mathematics)의 제반 이론을 통합적으로 학습하는 것(STEAM)을 목표로 한다. 애플과 구글 등 미국 실리콘밸리의 첨단기업들을 세운 창업자들 상당수가 차고의 '메이커'였다.

지금까지 우리 교육은 학생을 수동적인 위치에 놓고 공급자 중심으로 지식을 주입해 왔다. 교사의 일방적인 주입식 강의 중심의 교육에 학생들이 집중하지 못한다고 해서 학생들의 탓으로만 돌릴 수 없는 시대가 됐다. 지식은 이미 어디서든지 다양하게 검색되는 세상이 되었고 교사에게 기대되는 역할과 역량도 혁명적으로 달라지고 있다. 학생들이 자기주도적인 학습역량을 가질 수 있도록 지원하는 조력자 역할, 나아가 학생의 학습 뿐 아니라 삶의 태도나 과정까지 코칭해 줄 수 있는 멘토링 역할이 필요하다. 온라인 수업이 시행되면서 교수학습 방법부터 달라지고 있고 이에 따라 교사 스스로 디지털 역량은 물론이고 새로운 방식의 수업 설계역량과 소통역량을 갖추어야 하며 '만들어가는 교과서' 정책의 도입에 따라 콘텐츠나 프로그램 개발역량도 갖추어야 한다. 온라인 수업을 하면서 교사의 수업은 학생의 범주를 넘어서 학부모까지 포함하여 공개되고 있는 셈이다. 따라서 교사의 수업방식을 포함한 일거수일투족이 평가와 논란의 대상이 될 수밖에 없게 되었다.

급변하는 사회의 변화에 따른 교원의 직무역량에 대한 요구가 달라지는 만큼 효과적인 학교시스템과 교원양성 방안, 직무연수 등에 이르기까지 교육의 대전환이 필요하다.

더 소소한 교육 인권을 위하여*

　조금씩 조금씩 세상을 바꾼 시민들이 있다는 사실에 눈길을 둔 사람들은 많지 않다. 한 초등학생 덕분에 '살색' 크레파스라는 인종차별적 명칭이 없어졌고, 초등학교 출석부 번호를 남학생부터 부여해온 관행을 없어지게 만든 사람도 한 평범한 가정주부였다. 소소하게 살아온 우리 이웃들이 해낸 일로, 국가인권위원회 진정을 통해 바로잡은 사례들이다.

　지난 12월 10일은 세계인권선언 기념일이었다. 1948년 12월 10일 세계인권선언이 채택된 지 올해로 73주년을 맞았다. 매년 인권은 강조되지만 인권이 걸어가야 할 여정은 아직도 멀다. 일부 학교이긴 하지만 출석부나 자리에서 남녀가 구분되고, 화장실의 휴지를 제공하지 않고, 장애 학생이 차별되고, 규칙을 위반한 문제 학생을 범법자 취급하는 인식 등 인권 문제는 비일비재하다. 현실 속의 크고 작은 인권 문제들이 우리들의 손길을 기

---

* 〈광주일보〉 2021년 12월 23일.

다리고 있다.

교육부나 교육청의 노력이 없는 것은 아니다. 단위 학교의 학생 생활 규정에서 성소수자나 사회적 약자에 대한 차별, 혐오 발언이나 행위를 금지하는 항목이 개선되고 있는지 묻고 있다. 복장이나 외모, 전자기기 소지 등을 교육하는 과정에서 학생들의 인권을 충분히 보호하고 있는지 살필 것을 권고하고 있다. 그럼에도 현장에서는 반인권적 갈등이 여전하다. 주목해야 할 대목은 이를 교육 활동의 위축으로 보는 관점이다. 학생들의 권리가 보장되자 교권이 축소되었다는 지적과 함께 인권과 교권의 경계선에서 움츠렸던 교육적 고민이 충돌하는 모습으로 등장했다.

교육 현장의 '교육적 조치'는 모호할 때가 많았다. 소통은 막히고, 학생은 상상할 수 없는 행동으로 교육적 상황을 흔들 때 등장한 교사의 행위를 정당방위라고 할 수 있을까? 관행으로 정당화된 현장 실습, 엘리트 스포츠를 위한 합숙 훈련, 다문화 갈등 등 그동안 교육이라는 이름으로 자행됐던 체벌과 권리 침해가 점차 사라지고 있기는 하다. 하지만 정상과 비정상이라는 차별적 의식으로부터 생기는 근본 문제는 더 노력해야 할 과제다.

인권 조례가 만들어지자 일부 학생들에 의해 역기능을 부르는 사례도 있었다. 학생들이 교사들을 엮는 선제적 방어 행동은 교묘하게 악감정까지 깔고 진행되었다. 그렇더라도 교육 행정은 피해자 우선 논리 이외에는 그 어떤 방책도 제시하지 못하는 무기력함을 드러냈다. 물론 모두 과도기에 나타날 수 있는 현상들일 것이다. 노파심이 드는 것은 교사들의 활동이 아동 학대의 경계를 맴돌 수 있다는 점이다. 민감한 판단력보다 먼저 상황을 처리해야 할 때 자칫 말 한마디가 폭력이 될 수 있다. 교사들은 무지한 게 아니라 민원의 늪에 빠져 사건에 휘말리면서 뒤늦게 상황의 심각성을 인지하게 된다. 학생들이 자기 권리를 인지하지 못한 것만큼 교사들 역시 자기 권리를 충분히 인식하지 못해서 그렇다. 이 또한 인권 의식의 한계 때문이다.

민원의 형태로 등장한 사안에 대한 행정기관의 대처 역시 마찬가지다. 교사와 학생을 갑을관계라는 기본 프레임으로 설정한 탓에 일 처리를 기울어지게 할 수도 있다. 그렇게 징계라는 컨베이어벨트에 올려놓으면 돌이킬 수 없는 상황으로 움직이게 되고 자신들은 자신들대로 업무 과신과 조직 보위에 갇히게 된다. 이것도 모두 균형을 잃은 행정력과 인권 의식의 한계에서 비롯된다.

여기서 학생 인권 조례의 제정 취지인 "학생의 존엄과 가치가 학교교육 과정에서 보장되고 실현되도록 하자"는 초심을 확인할 필요가 있다. 즉 '학생의 존엄과 가치'를 둘러싸고 학생들은 스스로 어떤 인권 의식을 정립하게 되었는지, 그리고 학교 제도의 핵심 뼈대인 학교교육 과정에는 얼마나 반영되었고, 교사들의 교육 활동은 얼마나 보장되었는지 고쳐 물어야 한다.

인권선언일을 계기로 교육 현장에서 생기고 있는 오류에 대해 거듭 섬세하게 되묻자. 학생 인권 조례는 상징적 최소 장치일 뿐 교육 현장을 구체적으로 이끌 수 없다. 구체적인 내용을 채우는 일은 구성원들의 몫이다.

학생들이 학교 안에서 고쳐져야 할 반인권적 사례를 개선하고 교사들이 편의성에 끌리지 않는 가운데 자발적 인권 운동으로 정착되면 최상이다. 인권이 생활 속에서 꽃피우기 위해 학생들과 교사들의 인권 의식의 확장을 넘어 실천력 있게 뿌리내리길 희망한다. 그러기 위해 권력을 가진 행정의 균형은 그 어느 때보다 절실하다. 조례 수준에 못 미치는 인권 의식을 확장시키고, 인권 수혜자들의 자기 목소리가 담길 수 있는 환경을 제도화하여 인권이 생활 속에서 꽃필 수 있도록 하자. 그렇지 못하면 인권은 여전히 교문 앞에서 멈추고, 허울 좋은 구호로만 남고 말 것이다.

메타버스와 미래 교육

　메타버스는 새로운 가상세계를 설명하는 말이다. 현실세계와 같은 사회·경제·문화 활동이 이뤄지는 3차원 가상세계를 일컫는 말이다.

　메타버스는 1992년 미국 SF작가 닐 스티븐슨(Neal Stephenson)이 소설 『스노 크래시(*Snow Crash*)』에 언급하면서 처음 등장한 개념이다. 이 소설에서 메타버스는 아바타를 통해서만 들어갈 수 있는 가상의 세계를 가리킨다. 그러다 2003년 린든 랩(Linden Lab)이 출시한 3차원 가상현실 기반의 '세컨드 라이프(Second Life)' 게임이 인기를 끌면서 메타버스가 널리 알려지게 되었다.

　특히 메타버스는 초고속·초연결·초저지연의 5G 상용화와 2020년 전 세계를 강타한 코로나19 팬데믹 상황에서 확산되기 시작했다. 즉, 5G 상용화와 함께 가상현실(VR)·증강현실(AR)·혼합현실(MR) 등을 구현할 수 있는 기술이 발전했고, 코로나19 사태로 비대면·온라인 추세가 확산되면서 메타버스가 주목받고 있는 것이다.

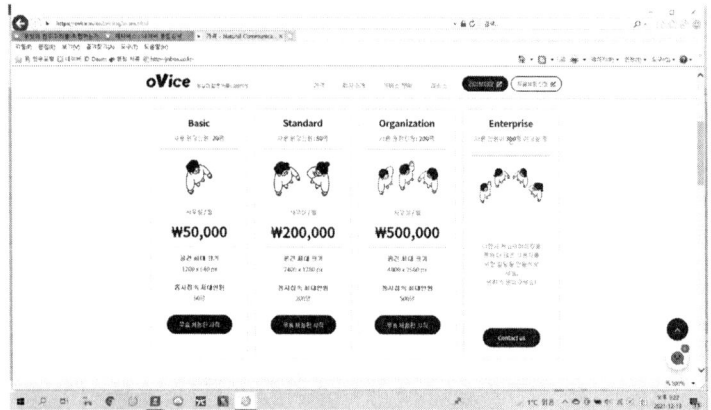

* 메타버스 플랫폼, 오비스: 재택근무, 온라인 이벤트 그리고 커뮤니티 활동을 위한 새로운 커뮤니케이션 협업툴

　지금 우리가 만나고 있는 메타버스는 가상현실(VR, 컴퓨터로 만들어 놓은 가상의 세계에서 사람이 실제와 같은 체험을 할 수 있도록 하는 최첨단 기술)보다 한 단계 더 진화한 개념이다. 초기에 만난 메타버스는 아바타를 활용해 단지 게임이나 가상현실을 즐기는 데 그쳤던 것에 비해 4차 산업혁명시대에는 실제 현실과 같은 사회·문화적 활동을 할 수 있다는 것이다.

　문제는 사회 문화적 활동을 넘어 교육과 메타버스가 결합되고 있다는 점이다. 올해 2021년 8월에는 서울대, 고려대, 연세대, 성균관대, 서강대, 한양대 등 6개 대학 연합으로 메타버스를 활용한 온라인 취업박람회를 열었다. 또한, 연세대학교 글로벌인재대학에서는 게더타운 플랫폼을 활용해 올해 11월에 4시간 동안 학생 100여 명이 참석한 가운데 메타버스 MT를 개최하기도 했다. 이번 MT 개최를 주최한 대학 측은 이번 MT뿐만 아니라 포스트 코로나 시대가 와도 전공설명회, 취업특강, 교수 및 학생 교류를 메타버스를 통해 계속 이어갈 것이라고 밝혔다.

메타버스 플랫폼 중에 가장 많이 사용하는 것은 제페토(zepeto), 이프랜드(ifland), 게더타운(gathertown) 등 3가지다. 이들은 실제 교육 현실과 연결할 수 있는 메타버스 플랫폼이다.

제페토(Zepeto)는 아바타를 화려하게 꾸밀 수 있고, 메타버스 플랫폼이지만 SNS에서 사용할 수 있는 여러 기능이 많이 담긴 플랫폼이다. 이프랜드(ifland)는 회의나 공연 등 좀 더 많은 사람들과 동영상이나 문서 등을 공유하며 자유롭게 소통할 수 있는 플랫폼이다. 가상세계에는 가상세계를 나타내는 맵과 아바타가 있지만, 게더타운(gather.town)은 3D가 아닌 2D 형식의 픽셀 형태라는 점이 가장 큰 특징인 플랫폼이다.

이 가운데 게더타운은 무엇보다 직접 맵을 구성할 수 있다는 점이 교사의 입장에서 보면 교육적인 활동을 구상할 때 의미를 두고 진행할 수 있다는 점이 장점이다. 학생들이 교사의 안내에 따라 장소를 찾아가고 그곳에 있는 메시지나 문서, 영상 등을 통해 정보를 얻을 수 있기 때문이다.

우리가 의식하지 못한 사이에 메타버스 교육은 매우 가까이 와 있다. 메타버스교육을 원격교육 정도로 생각하면 안 된다. 시간과 공간의 한계를 넘어선 가상세계에서의 교육활동은 6G가

곧 출시되면 더욱 활발하게 이루어질 것으로 보인다. 비록 아직은 메타버스의 활용이 많지는 않지만, 1,2년 안에 가치 있는 교육활동이 이루어질 것이다.

코로나 초기에 있었던 원격교육과는 차원이 다르다. 브르킹 연구소는 메타버스를 도입하면 첫째, 흥미와 재미를 통한 '상상할 수 없는 몰입교육'의 시대를 열어줄 것이라고 하였다. 똑같은 책상과 의자에 그리고 똑같은 교복을 입고 획일화된 수업이 진행되는 게 아니라 각자가 원하는 아바타를 정할 수 있어서 일단 흥미를 불러일으킨다. 게다가 마치 게임을 하는 것처럼 자신의 아바타를 조정하면서 활동에 참여하기 때문에 능동적인 자세로 교육활동에 임할 수 있다.

둘째, 자율성이 높아진다. 가상세계라는 공간에서는 무엇이든지 할 수 있을 것같은 자신감이 생긴다. 지금의 교육 현장에서는 제한된 공간에서 교육이 진행되어 제약받는 경우가 많았다. 예를 들어, 단순히 문자와 영상으로 교육하는 게 아니라 가상세계라 할지라도 실제와 같이 구현된 장소에 찾아가서 보고, 듣고, 배우는 시간을 보낼 수도 있기 때문이다.

마지막으로, 가능성과 창조성이다. 메타버스와 관련한 분야 확장은 지금 급속도로 이뤄지고 있다. 현실 세계와 가상세계가 똑같이 연결되어 미래에서는 가상세계에서의 또 다른 자아 형성과 가치를 채워갈 수 있다. 또한 현실에서는 구현할 수 없는 새로운 세상을 만들 수도 있다. 무한함이라는 가치는 끝이 없기에 미래 교육에 줄 영향도 어마어마할 것이다.

고교학점제와 학교재정의 공공성

고교학점제에 대한 2021년 교육부 고시에 따르면 "학생이 기초 소양과 기본 학력을 바탕으로 진로·적성에 따라 과목을 선택하고, 이수기준에 도달한 과목에 대해 학점을 취득·누적하여 졸업하는 제도"라고 밝히고 있다. 고교학점제를 안내하는 구호 여기저기서 희망을 담고 있다는 것을 느낀다. "학생 맞춤형 교육을 통해 잠자는 교실을 깨울 수 있습니다."

그동안의 교육을 한마디로 정리하고 있다. 획일적인 교육을 통해서는 학생의 학습 동기와 흥미를 유발하기 어렵다는 것이다. 현 학교 현실을 진단하는 문제의식에는 동의한다. 하지만 고교학점제를 통해 학생의 과목 선택권을 보장하는 것이 진정한 학생 맞춤형 교육을 실현할 수 있을지는 미지수다. 학생의 학습 동기와 흥미를 불러일으키는 힘은 자신의 필요와 목표가 분명하게 세워질 때 가능하다.

지금 학교가 갖는 문제는 권한이 학생에게 있지 않고 교사들에게 있다는 것이고 그 권한을 학생들의 선택권 중심으로 재편성하자는 취지다. 대전환인 셈이다. 하지만 학생들의 자치능력, 자발적 주도권이 보장될 수 있는가? 자율능력을 통해 현실을 주도할 수 있는 제도적 권한을 보장받고 있느냐는 것이다. 고교학점제가 성공하려면 학생들의 자율적 자치능력과 자기주도를 위한 책무성이 탄탄하게 형성되어야 한다.

학교문화는 여전히 강제적 통제가 선택적 자율보다 크게 작용한다. 아직은 교사들도 고교학점제가 준비되지 않았고 사회적으로도 전혀 준비되어 있지 않은 것이 현실이다. 따라서 고교학점제를 통해 사회적 갈등이 빚어진다면 책임의 경계를 두고 사회적인 논란이 상상 이상으로 복잡하게 등장할 것이다.

고교학점제가 "미래 사회에 필요한 역량을 기르기" 위해 필요하다는 주장은 맞다. 하지만 미래를 위해 자기 설계와 자기 준비가 부족한 상태에서 역량이 키워질까 싶다. 고교학점제를 완성하려면 초등과 중등에서 자신이 무엇을 할 것인지, 어떤 능력과 끼를 가지고 살 수 있는지 확인 과정과 준비과정이 전제되어야 한다. 그 전제는 마땅히 자신의 신념으로 자리잡혀야 될 것이다.

직업 세계가 급변하는 미래 사회에서는 자신의 진로를 스스로 개척하고 자기주도적으로 학습하는 역량은 백번 필요하다. 고교학점제는 학생들이 스스로 자신에게 필요한 배움이 무엇인지를 찾게 함으로써 진로 개척 역량과 자기주도적 학습습관을 길러줄 수 있기 때문이다.

교육과정을 편성하는 일도 학교에서 우선 학습자의 과목 선택권이 보장되는 학점 기반의 교육과정을 편성한다. 그에 따른 수강신청도 학생의 학업 설계 결과와 수요 조사를 반영하여 개설이 가능한 과목을 확정하고, 학생은 개설된 과목 중 원하는 과목을 선택하여 개인 시간표를 작성하게 한다.

현재 대학입시제도를 두고 석차를 제외하고 성취기준으로 판단한다면 대학은 볼맨 소리를 할 것이다. 교사는 석차보다는 학생이 성취 기준에 어느 정도 도달했는가를 평가함으로써 학생의 과목 이수 여부를 결정한다. 이런 흐름에서 대학의 딜레마는 클 수밖에 없다. 절대적인 입시제도로 신입생을 선발해왔던 방식을 넘어 자율적인 방식을 얼마나 결합할 것인지 결정해야 한다. 학생들의 수업선택권만큼 대학의 선발권 역시 자율성이 보장되어야 할 것이다.

학교재정의 공공성

나이스와 함께 지방교육재정을 관리하는 에듀파인시스템도 시도교육청에서 운영되고 있다. 에듀파인은 지방교육재정 운영 관리체계로 복식부기나 사업별 예산세도를 기반으로 하는 예산, 지출, 결산을 원스톱으로 처리하고 맞춤형 재정분석이 가능한 통합시스템으로 교육기관의 전자결재시스템과 연계되어 운영되고 있다. 에듀파인을 통해 지방교육재정을 공시하고 유아학비

지원 등의 업무가 편리하게 처리됨으로써 많은 행정편익을 얻고 있다. 한국교육학술정보원의 추계에 의하면 유아학비지원시스템 만으로도 매년 1,000억 원 이상의 순편익이 발생하고 있다.

그러나 기존의 에듀파인은 학교용 재정회계시스템으로 개발된 지 10년을 넘었고 시스템 노후화 등으로 인프라 상으로도 여러 가지 불편함이 있었다. 특히 유치원의 공공성 강화가 사회적 의제로 대두되면서 박용진 의원이 제안한 유치원 3법이 통과되면서 유치원도 회계의 투명성을 높일 필요가 제기되었다. 이에 따라 K 에듀파인은 초중고뿐 아니라 사립유치원까지 적용하는 시스템으로 확대 개발되었다.

사립유치원 원장들은 유치원이 사유재산이라는 인식이 강해서 회계를 공개하는 것에 대한 반발이 워낙 커서 K 에듀파인 도입을 두고 논란과 갈등이 심화되었지만 공공성 강화라고 하는 여론의 압박에 밀려서 어쩔 수 없이 수용하게 되었다. 처음 가보는 길이니 시스템 사용을 어려워하는 것도 당연했고 소규모 유치원의 경우 회계를 담당한 인력이 없어서 애로를 겪었다. 그만큼 유치원의 경우 K 에듀파인 도입을 위해서는 유치원 원장들이나 교직원들을 대상으로 회계에 대한 기본 지식과 시스템 사용법을 교육할 필요가 있었고 코로나 와중에 시도교육청과 케리스 직원들도 고군분투하였다.

이제 현장에서도 K 에듀파인은 비교적 안정세를 찾았다. 마지막 단계로 전자카드 결재 시스템을 개통한 이후 일부 학교에서 오류가 있기는 했지만 적절히 대응할 수 있는 수준이었다. 다만 새로운 시스템 개통에 따라 사용법을 두고 질문이 폭주해서 이에 응대해야 하는 콜센터의 응답율이 낮아서 걱정이었으나 코로나 사태로 콜센터 직원들을 더 많이 늘릴 수도 없었다. 구로 콜센터의 코로나 확진자 발생 이후 콜센터의 업무공간에 대한 문제 제기가 있어서 차제에 콜센터는 일부 재택근무를 도입하고 공간 간격을 넓히고 반드시 마스크를 착용하도록 하였다. 코로나가 우리 사회에 여러 가지 변화를 가져오지만 그중에 재택근무방식과 노동의 유연성을 촉진할 것이다. 교육에 있어서도 온라인 학습방식의 도입을 가져오고 비대면 서비스의 활성화 등 장기적으로 4차 산업혁명을 가속화시킬 것이다.

얼마 전 대구에서 한 초등학교를 방문한 적이 있는데 그곳의 교감 선생님께서 멀쩡한 에듀파인을 왜 바꾸었느냐고 물어서 곤혹스러웠던 적이 있다. 사실 회계시스템은 국제기준에 따라야 해서 국제 품질인증을 받아야 한다. K 에듀파인도 S/W 개발 및 유지보수를 위한 조직의 IT 프로세스 및 관리능력에 대한 성숙도를 평가하는 국제인증 CMMI(Capability Maturity Model Integration) Level 3을 받았다. 코로나로 인한 아동돌봄에 따른 경제적 부담을 경감하고 경제 활성화를 도모한다는 취지로 학생 1인당 20만 원씩 지급하게 된 초등돌봄 재난지원금도 K 에듀파인을 통해 직접 학부모계좌로 신속하게 처리할 수 있게 되었다.

특히 2019년 우리 사회에서 가장 뜨거웠던 쟁점 중의 하나가 사립유치원 회계의 투명성을 높여서 유아교육의 공공성을 어떻게 확보할 것인가의 문제였다. 결국 국회에서 유치원 3법이 입법화되면서 2020년부터는 모든 사립유치원도 학교와 마찬가지로 에듀파인의 차세대 버전이라할 수 있는 K 에듀파인을 사용하게 되었다. 학교회계와 유치원회계가 다소 차이가 있고 사립유치원의 경우 회계시스템을 운용할 수 있는 인력부족으로 어려움을 겪기도 한다.

그러나 유치원의 여러 가지 어려움에도 불구하고 디지털사회로의 전환이라는 시대적 흐름 속에서 보면 학교와 마찬가지로 유치원 행재정의 정보화 도입도 거스르기 어렵다. 공정성과 투명성이라는 사회적 가치는 우리 사회 모든 분야를 관통하고 있는 시대적 요구이다. 유치원에 대한 주요정보를 공개하는 정보공시시스템인 '유치원 알리미'나 유치원 입학관리시스템이라 할 '처음학교로'와 같은 정보화 방식도 이러한 공정성과 투명성에 대한 시대적 요구를 반영한 것이다. 유아교육에 대한 일반적 인식이 단순한 돌봄차원에서 보다 전문성이 요구되는 교육차원으로 승격되면서 공공성에 대한 국민적 기대수준도 높아지고 있음을 이해할 필요가 있다. 이러한 노력들이 국민의 유아교육에 대한 신뢰도를 높이는 계기가 되어줄 것으로 기대한다.

이러한 교육정보화 추세가 일반화되면서 교육기관의 정보시스템을 대상으로 한 사이버 위협과 개인정보 유출의 우려도 높아지고 있다. 이에 대응해서 사이버 위협 보안관제와 개인정보 보호강화 활동 등 안전한 교육정보 보호체계 구현이 요구된다.

정보화가 편리하지만 그 이면에 이를 침해하거나 민감한 개인정보를 유출하려는 해킹 등이 초래할 사회적 위협도 커지기 마련이다. 한국교육학술정보원은 교육부의 사이버안전센터와 행정전자서명인증센터의 역할을 수행하고 있다.

진짜, 국가 학업성취도 평가의 의미는?

　학업성취도 평가는 국가에서 정한 교육과정에 근거하여 학생들의 교육목표 달성 정도를 평가하여 도달 수준을 가늠하자는 의도에서 시행된 제도다. 매년 실시함으로써 학생들의 학업성취도 현황 및 변화 추이를 파악하고 학교교육의 질을 체계적으로 관리하자는 긍정적인 평가제도이다.

　이런 취지의 전제를 따지지 않고 말 그대로 긍정적으로 받아들이면 누구나 당연한 제도로 받아들인다. 하지만 약간 관점을 달리하면 해결해야 할 과제가 많다. 우리 사회가 지향하고 있는 지방자치제도와 호흡이 맞는 것인지, 더욱이 개인의 삶이 국가적인 공동체보다 강조되는 시대가 최근에 나타나는 사회적 흐름에 맞는 것인지 살펴야 한다. 그리고 이에 어울리는 미래형 제도인지 질문을 던질 때 '국가수준'이라는 전제가 지자체제도와 다른 맥락의 국가주의 방식에 갇힌 것은 아닌지 확인이 필요하다. 이렇게 새로운 문제의식을 가지면 또 다른 질문이 쏟아질 수 있다.

　미래형 교육은 개인이 재택생활을 하면서 네트워크를 통해 메타버스의 세계에서 진행된다고 가정할 때 국가수준을 요구하는 것이 미래형에도 어울리는 것인지 아니면 의미가 사라지는 것은 아닌지 다양하게 살필 필요가 있다. 즉 전제주의적 사고는 아닌지, 나아가 국가가 개인의 자유를 얼마만큼 보장하면서 학업 능력을 향상시키기 위해 어디까지 개입할 수 있는 것인지 판단해야 한다. 노파심이지만 통일된 학업성취도를 달성하려고 하는 과정에서 획일적 통제 목표를 위해 강요하는 내용이 될 수 있는 점을 고려해야 한다는 의미다.

지방화시대에서 지역사회의 필요와 지역사회의 교육수준을 책임짓기 위해 국가수준이 아니라 지역 수준에 맞는 학업성취도가 더 필요할 수도 있다. 그것이 국가교육위원회가 지향하고 있는 목표다. 지금까지 국가수준의 통제를 해체하고 지역으로 이관하는 과정에서 학력수준의 관리 책임을 어디에 둘 것이냐에 해당될 것이다.

국가의 일사분란한 통제가 아니라 지역이 지역조건에 맞는 목표와 방안을 찾고 지방정부에 맡기면서 국가는 지역의 차이를 존중하면서 지역이 공통으로 도달해야 할 목표를 제시하고 실현할 수 있도록 권고하는 것이다.

매년 중앙정부에서 평가에 따른 일정을 세우면, 지역은 그 기간에 맞춰서 실무적인 계획을 세우는 것이다. 지역의 업무를 돕기 위해 기존의 한국교육과정평가원이 공통 문항을 출제하고, 지역의 필요와 이해에 따른 문제를 추가하여 결합시키고, 채점 및 종합 결과 분석을 대행하는 것이다. 지금은 각 교육청에서 서답형(제시된 물음에 따라 답안을 작성하는 형식으로 단답형·완결형·논문형 등) 문항을 채점하는 방식으로 역할을 나누어 평가하고 있지만 지역의 특성을 반영하고 있지는 않다. 당연히 국가수준에 맞춰야 하기 때문이다.

교육자치로 교육감은 유권자인 시민들에 의해 뽑힌 이상 책임경영제를 강화할 필요가 있다. 교육과정도, 교육평가도, 지역의 수혜자들인 학생 학부모가 행정에 참여하고 변화할 수 있도록 그 결과를 지켜볼 수 있어야 한다. 학생들의 입장에서 보면 현행 학업성취도 평가는 수동적이다. 자신의 학습목표와 결합되어 평가에 참여하기보다는 수동적인 태도로 참여하기 때문에 성의가 실리지 않은 경우가 많다. 즉 국가가 판단하는 것이지 참여하는 학생의 판단에 도움이 되도록 실시되지 않은 상태라는 것이다.

물론 현재 시행되고 있는 국가수준 학업성취도 평가는 교육과정의 도달 정도를 평가하는 준거참조평가(criterion-referenced assessment)이다. 평가하는 교과에 대한 성취결과는 교육과정 도달 정도에 따라서 개별 학생들에게 성취도를 4단계 수준인 우수학력, 보통학력, 기초학력, 기초학력 미달로 통지하고 있다. 학교에서는 학교 알리미 사이트 및 각 학교별 홈페이지에 성취 결과를 공시하여 공개한다. 국가는 시·도교육청 단위의 성취수준 비율과 향상도 등을 분석하여 발표한다. 이런 과정 속에 숨어있는 한계가 있다는 뜻이다.

국가 주도의 성취도 평가가 학생들의 요구에 맞추는 시행으로 효용성의 의미가 있느냐는 점과 현재 시행되고 있는 과목으로 학업성취도가 충분하게 측정될 수 있느냐는 점이다.

지금까지 추진해온 학업성취도 평가와 더불어 설문조사는 학업성취도에 영향을 주는 학생과 가정, 그리고 학교 특성 변화 원인을 파악하고 향후 교육활동을 개선하기 위한 시사점을 얻기 위해서 실시한다. 설문조사는 학업성취도 평가에 참여하는 모든 학생 및 학교를 대상으로 한다. 학생 및 학교 대상 설문의 구성 영역은 개인 및 가정환경, 학교생활, 방과후 생활, 학습방법, 학교장 특성, 학생 구성과 교원 특성, 교육과정 및 학교 풍토 등으로 구성되어 있다.

평가범위를 통해 유의미 여부를 살펴보자. 중학교 3학년의 경우, 평가 교과는 국어, 수학, 영어, 사회, 과학이다. 시험범위와 시간은 중학교 1~2학년 전 과정과 3학년 1학기 과정을 교과별로 60분씩 시험을 보고, 고등학교는 1학년 전 과정을 범위로 하여 교과별로 60분씩 보게 된다.

교과별 평가영역에서 국어는 듣기, 읽기, 쓰기, 문법, 문학의 5개 영역, 수학은 수와 연산, 문자와 식, 기하, 함수, 확률과 통계의 5개 영역, 영어는 듣기, 말하기, 읽기, 쓰기의 4개 영역을 평가한다. 평가문항 수는 교과에 따라 다소 차이가 있지만 약 30~40개의 문항으로 구성된다. 평가문항은 선다형 문항과 서답형 문항으로 구성되며, 서답형 문항은 전체 문항의 20~30% 정도를 유지한다.

지금까지 강조했지만 학업성취도 평가는 국가 차원에서 보는 시험이다. 그 배경에는 시도교육청의 교육격차를 구분하고 그에 따른 후속대책을 세우기 위해서다. 무엇 때문에 무엇을 위해 격차를 고려해야 하는가? 그렇다고 그 후속조치가 성취도에 도달하지 못한 학생들을 해소하기 위해 국가가 지원한 것은 프로그램 운영비 정도다. 과연 그 지원으로 근본문제가 해결되는가? 국가가 책임지려는 자세는 옳으나 우리 사회 안에 흐르는 강한 국가주의 원칙을 허물 수 있는가? 지역이 살아야 국가가 산다는 입장은 지방자치제도의 핵심 정신이다. 국제적으로 대표적인 나라는 독일이다. 우리는 국가주의가 정치 경제분야에서도 사회교육분야에서도 너무 크게 영향력을 발휘하고 있다. 지역을 활성화시키고 중소기업을 활성화시킬 수 있는 배경에는 교육에 대한 자치를 더 강화해야 한다는 요구가 있다. 대한민국의 새로운 미래상을 찾을 수 있는 단서다.

의무교육과 교육개혁

의무교육이 반드시 무상교육과 일치하는 것은 아니다. 그런데 착각하는 사람들이 많다. 무상교육은 공립학교에서 실시된다고 해도 무리가 아니다. 왜냐하면 사립학교에서는 의무교육인데도 유상교육으로 운영하는 곳이 꽤 있다. 또 하나의 이유는 우리 헌법에 의무교육의 무상을 명시하고 있다. 여기서 말하는 무상이란 수업료를 내지 않는다는 뜻에 한정되어 있다. 실제로는 입학금과 수업료의 면제뿐만 아니라, 교과서 및 학교급식, 육성회비 등도 국고에서 지원되고 있다.

전국적으로 초등학교 무상 의무교육은 1959년부터 실시되었다. 그후 1985년부터는 도서·벽지 지역의 중학교 무상 의무교육이 시행되었고, 이어 1994년부터는 읍·면 지역까지 확대되었다. 세기가 바뀐 뒤 2002년부터는 이를 전국적으로 확대해 신입생부터 3년에 걸쳐 단계적으로 실시하였으며 2005년에는 3학년까지 전면 실시되었다. 이후 2019년 2학기부터는 고등학교 3학년을 대상으로 고등학교 무상교육이 시작되었으며, 2021년 고등학교 전 학년 무상교육이 시행되었다.

무상교육과 의무교육을 둘러싼 교육환경은 달라졌지만 2008년부터 민선 교육자치가 실시되면서 일부 후보들이 무상교육을 정치적 슬로건으로 내걸었다. 시류를 탄 후보들은 사회적으로 요청된 무상바람을 자신들의 정책적 아이디어인 것처럼 포장하기도 했다. 기존의 교육 체제를 개혁시키려는 노력만큼 교육 수요자들의 요구 수준은 높아져 갔던 흐름에서 호소력은 높았다. 어떤 방식으로든 교육혁신은 교육 이해 당사자들의 의식·태도·행동에 변화를 자극하기 마련이다. 초기 교육개혁은 이해당사자들이 교육개혁의 취지와 목표를 잘 이해하고 교육개혁 방안을 실천하려는 의지가 강할 때 순조롭게 진행될 수 있었다.

교육혁신은 현재의 교육제도와 운영방식에 대대적인 변화를 가져오기 위한 의도적인 노력인 것은 분명하다. 따라서 교육혁신의 목표와 과제 속에는 교육에 대한 이상(理想)을 담게 된다. 그때 주의해야 할 것은 교육혁신을 실현하기 위해 설정한 '혁신 목표'는 현실과 동떨어져서 저 높은 곳에 머무르는 것이 아니라, 교육현상 속에 파고들어 힘을 발휘할 수 있어야 한다. 교육은 국가 백년대계라고 하는 말은 올바른 교육이 국가발전을 위한 기초가 된다는 뜻이기 때문이다.

문제는 교육개혁의 기본방향을 21세기를 주도할 창의적이고 도덕적인 한국인상(象)을 창조하고, 개인의 타고난 발전 잠재력을 최대한 계발시키며, 교육의 선진화를 뒷받침할 수 있도록 재원확보 등 제반교육 여건 조성에 두었다고 하더라도 코로나19

같은 새로운 상황이 인류 전체를 뒤흔들게 되면 심각하게 흔들린다. 그럼에도 국가발전의 장기 전망과 그것이 교육에 주는 시사점을 분석해야 한다. 예컨대 '바람직한 한국인상'으로 자주적 인간을 기르고, 창조적 인간을 육성하며, 도덕적 인간을 양성하기 위해 세부적인 목표를 만들어야 한다.

5·31 교육개혁을 넘어 미래로

대한민국 교육은 쉽지 않다. 역대 정권이 들어설 때마다 국가적으로 많은 도전을 시도했다. 변화, 개혁, 혁신을 화두로 기존의 교육체제를 의도적으로 바꾸려는 노력이었다. 이 과정에서 어떤 방식으로든 교육 이해 당사자들의 의식·태도·행동에 변화를 요구하게 된다. 교육을 둘러싼 이해관계는 너무 복잡하다. 교육을 바라보는 관점에서부터 경제적 이해관계, 지역색, 교육행정을 둘러싼 정치적 태도까지 많은 차이를 드러낸다. 따라서 교육을 둘러싸고 있는 이해 당사자들이 교육개혁의 취지와 목표를 잘 이해하고 교육개혁 방안을 실천하려는 의지가 강할 때 개혁은 순조롭게 추진될 수 있다. 그래서 교육의 주체인 교사와 학부모의 인식과 태도는 교육개혁의 성패에 큰 영향을 미친다.

흔히 교육은 국가 백년대계라고 한다. 이는 교육이 사회발전을 위한 중요한 기초가 된다는 뜻이다. 지금까지 역대 대통령마다 백년대계를 위한 교육의 변화를 도모하기 위해 커다란 관심을 표시하였다. 제4공화국에서는 '장기통합 교육계획', 1980년의 '7·30 교육개혁', 제5공화국에서는 '교육개혁심의회', 제6공화국에서는 '교육정책자문회의'를 구성하였다. 1993년에 문민정부가 수립되면서 김영삼 대통령은 자신의 선거공약을 실행하기 위하여 1994년 2월 '교육개혁위원회'를 구성하였다.

이 가운데 대한민국의 교육의 변곡점이라고 할 수 있는 것은 1995년 김영삼 정부가 발표한 5·31 교육개혁안이다. 당시 최대의 주제는 다가오는 21세기의 첨단과학기술시대, 세계화·정보화 시대에 대비하는 가장 확실한 투자가 교육이라는 인식이 컸다. 정부에서는 교육발전을 위해 국력을 집중하고 있으며, 경쟁적으로 교육개혁을 추진한다고 밝혔다. '세계화·정보화' 시대에는 천연자원이나 자본보다는 국민이 보유한 지식과 정보, 즉 지적 자산의 양과 질이 개인과 사회발전의 원동력이 되었다. 그러한 지적자산을 늘려나가는 것이 바로 교육의 핵심적 역할이기 때문에 우리나라도 이러한 세계적인 추세에서 발맞추려고 했던 것이다.

이 5·31 교육개혁안은 한국 사회의 교육문제를 공론화해 학습자 중심, 자율성과 책무성 확대 등 예측 가능한 교육정책 수립의 출발점을 만들었다는 측면에서는 긍정적인 평가를 받았다. 그럼에도 경쟁교육의 심화, 교육 빈부격차 확대 등 시장주의적 교육개혁안으로 변질되면서 지난 20여 년 넘게 대한민국 교육에 여러 가지 문제점을 던져 주었다는 부정적인 평가도 만만치 않은 정책이었다. 수십 년이 지난 21세기 미래 사회를 이야기하는 지금 교육은 어떤 주제로 다루어져야 할까?

26년이 지난 오늘 코로나19로 세상이 완전히 바뀌었다. 오죽하면 BC(Before Corona)와 AC(After Corona)라는 말이 나올 정도로 팬데믹 이후 세계질서는 이전과 같지 않을 것이라고 이구동성으로 말할까? AI를 중심으로 정보통신산업의 재편과 구조조정은 교육의 역할마저 바꾸어 놓을 것이다. 전통적인 제조업과 대면 서비스업에서 디지털을 기반으로 한 '언택트(비대면) 산업' 중심으로 재편된다는 지적이다.

이미 인터넷 시대는 저물고 메타버스(METAVERSE) 시대가 새롭게 다가오고 있다. 그뿐이 아니다. 인공지능(AI), 디지털 기술, 에듀테크(EDUTECH)를 통해 미래 교육의 쓰나미가 상상 이상의 규모로 몰려오고 있다. 코로나19가 끝나도 온라인 수업과 교실 대면 수업을 병행하는 일이 반복될 것이다. 21세기 교실에서 19세기 공장형 교사가 교과서 중심으로 수업을 이끌고 수동적으로 주입시키는 교신 수입의 시대는 지나갔다. 새롭게 적응해야할 미래 교육은 교사와 학생이 수업의 상호 주체가 되어 함께 수업 내용과 방법을 결정하도록 요구한다. 특히 학생은 자기 주도성을 갖고 스스로 탐구하고 토론하며 배우는 역량을 갖추어야 할 것이다. 미래 학교는 실제 교실을 넘어 가상의 메타버스 공간에서 학생이 직접 경험하고 탐구하며 학습하는 환경으로 전환될 것이다. 그래서 코로나 이후 미래 학교에서는 '블렌디드 러닝', '메타버스 교육'이 유행할 수밖에 없고, '학생 주도성'과 '교사-학생의 공동 주도성'이 미래 교육의 핵심 토대가 될 것이다. 이런 미래 교육의 변화에 교사와 학생이 주체적이고 능동적으로 대응해야 할 시대가 된 것이다.

그래서 혁신이든 개혁이든 새로운 대응 방법을 필요로 하는 것이다. 미래를 이끌 교육개혁의 화두는 주체적 사고력, 자치능력, 디지털 기술능력, 감성적 인성을 담는 문화예술 능력까지 감당할 수 있어야 한다. 특히 온라인 수업 환경으로 전환되면서 학습 결손 및 학력 격차가 갈수록 심화되는 문제, 교육의 양극화가 심화되는 문제는 심각하다. 과거 교육개혁이 앞서가는 세계를 적응하고 극복할 수 있는 능력에 초점을 맞췄다면 미래를 향한 교육개혁은 개개인의 존엄성을 담으면서도 낙후되지 않은 삶을 감당할 수 있는 사회능력을 기르는 데 초점을 둬야 한다.

미래 교육을 이야기하면서 전통 교육으로 회귀하자는 주장을 펼치는 것이 아니다. 놀랍게도 우리는 코로나19로 펼쳐진 새로운 화상 수업을 통해 빛나는 아이들이 발견된 점, 전통 교육 현장에서 발견하지 못했던 역량을 새롭게 확인하였다. 매체에 흥미로움을 느꼈던 학생도 있었고, 교실 수업에서 수동적이었던 어떤 학생은 온라인 게시판 활동에는 적극적으로 참여하였다. 다른 사람의 시선을 의식하지 않고 차분하고 자유롭게 자신의 생각을 드러내는 아이들도 있었다. 교육은 학생들을 상대로 고정관념을 넘어 상황과 관심사에 따라 다르게 접근해야 한다는 것이 코로나19가 우리에게 일깨워준 깨달음이다.

"교육에는 진보도 보수도 없다. 오직 학생만 있을 뿐이다. 그래서 종국에는 모두가 행복한 학교, 행복한 삶을 이루도록 하는 것"이라는 김지철 충남 교육감의 주장처럼 필자 역시 같은 생각이다. 이제는 신자유주의가 내세웠던 경쟁 교육체제를 넘어 개인적으로 흩어져 고립된 삶을 아우를 수 있는 협력 교육체제로 전환을 모색해야 할 때이다. 그것이 미래 교육을 위한 혁신적 과제일 것이다.

증거기반 교육정책이 합리적일까?

 교육정책은 어떤 정책보다 폭넓고 다양한 이해 관계자가 존재한다. 아이를 키운다는 것은 그 자체로 교육의 이해 관계자가 될 수밖에 없고 평생교육이 확대되면서 우리 모두 교육의 대상이 된다. 어쩌면 현대사회에서 교육의 영역을 피해간다는 것 자체가 불가능한 세상이 되었다. 그런 만큼 폭넓은 다양한 이해 관계자의 의견을 수렴하는 것이 중요하다.
 민주주의 국가에서 국민의 의견을 수렴해서 정책을 입안하는 것은 당연한 이치이지만 정책에 대한 순응도를 높인다는 것은 정책 대상의 의견을 얼마나 수렴할 수 있느냐에 달려있다. 정책에 대한 순응도가 낮으면 사회적 갈등이 발생하게 되고 이를 집행하기 위한 행정비용이 높아질 뿐 아니라 사실상 정책의 성과를 내기도 어렵게 된다. 과거 교육정책은 이해 관계자가 다양한 만큼 국민적 합의를 이끌어내기가 어려웠고 이 때문에 사회적 불만과 갈등이 높은 분야로 여겨졌다. 오죽하면 입시와 군대 문제는 우리 사회의 역린으로 간주될까. 과거 입시정책 때문에 교육부 장관이 물러나고 정권이 흔들리는 경우도 경험했다. 올해도 특목고 폐지문제는 우리 사회의 핫 이슈였고 찬성은 찬성대로 반대는 반대대로 나름의 논리를 가지고 교육의 방향을 주장했다.

교육정책이 흔들리지 않고 국민을 설득하며 지속되기 위해서는 교육정책 수립 시 두 가지 접근방법이 있다. 첫째는 국민여론을 파악하고 이에 조응해 나가는 것이고, 둘째, 관련 통계 및 자료에 입각하여 정책의 과학화로 나아가는 것이다. 사실 이 두 가지는 별개가 아니라 서로 밀접하게 연계되어 있다. 정책의 합리성을 높이기 위해서는 객관적이고 충분한 자료를 제공해서 국민의 이해를 구해야 한다는 점에서 자료와 근거를 제공하는 것이 필요하다.

이와 관련하여 케리스에서 제공하는 '교육정보 통계분석 서비스(EDS)'는 교육정책을 증거기반으로 이끄는 데 중요한 역할을 한다. 교육부와 교육청, 학교를 수요자로 하는 각종 통계성 교육데이터 제공율은 2019년 기준으로 47.7%에 달한다. 최근에는 AI와 빅데이터를 이용하여 교육의제에 대한 국민여론을 모니터링하고 이에 대한 피드백을 통해 교육정책의 과학화를 지원한다. 그러나 지금의 교육정보 통계분석 서비스는 실제 행정 업무와의 연계성이 미흡하여 필요한 원천 데이터의 적시확보 및 활용에 제한적이라는 한계가 있다. 실제 EDS 보유 나이스 데이터는 10% 미만에 그치고 있다. 향후 EDS의 데이터 확보체계를 실제 행정업무 중심으로 전환하여 활용가능 데이터를 대폭 확대하고 빅데이터 분석 등을 통한 정책적 활용을 강화하기 위해서는 교육데이터 통합관리시스템을 구축할 필요가 있다. 교육행정 업무담당자의 직무분석을 통해 담당자에게 필요한 데이터를 사전에 정의하여 데이터세트를 생성하고 이러한 데이터를 기반으로 업무를 재구조화(BPR: Business Process Reengineering)하는 한편 생성된 단위업무별 데이터세트를 바탕으로 교육데이터 통합관리 시스템을 구축하여 데이터기반 행정 및 빅데이터/AI 분석에 활용할 수 있다.

한국교육학술정보원은 국민의 알권리 충족을 위해 유치원과 초중등학교 정보공시 서비스를 운영한다. 학교 정보공시는 2019년 기준 34종에 달하며 공공데이터 품질관리의 최우수 수준을 확보하고 있다. 유치원 약 8,400교와 초중등학교 약 12,200교에 대한 '학교알리미' 서비스를 통해 학부모는 학교에 대해 보다 정확한 정보를 갖고 판단하게 된다. 향후 우리 사회가 데이터 사회로 진화될 것이라고 보면, 이러한 교육 데이터 서비스나 정보공시 서비스는 그 필요성이 더욱 확대될 것이다.

최근에 플랫폼을 통해 원격수업을 실시하면서 데이터의 활용 가능성은 더 커졌다. 학생들의 학습이력을 활용하면 개인별 맞춤형 학습을 제공할 수 있다. 실제 AI가 학생들의 학습이력을 가지고 각자 수준에 맞는 콘텐츠를 제공하거나 학습자의 부족한 부분을 보완해줄 수도 있다. 스텐포드대학의 폴김(Paul Kim) 교수는 학습자가 콘텐츠를 학습하고 난 후 책봇기능을 통해 학생들이 무엇을, 왜, 언제, 어디서, 어떻게로 시작되는 질문하게 한 후 이를 5단계로 평가해주는 기능을 적용하고 있다고 한다. RioSalado College의 경우 학생들의 데이터를 기반으로 학습성과 달성을 위해 주단위로 대시보드를 통해 실패하지 않도록 위기관리를 하고 있다. 우리나라에서도 고려대학교와 성균관대학교에서 학생들의 비정형 데이터를 통한 지원시스템을 구축하고 있다.

교육용 AI의 등장은 바로 데이터 확보에 달려있다. 2020년 8월 5일부터 시행된 개인정보보호법은 정보주체의 동의 없이도 비식별화 조치를 통해 개인정보를 활용할 수 있는 길을 열어줌으로써 향후 교육분야에서도 다양한 활용 시도가 제기될 것으로 보인다. 나이스에는 20여 년간 학생들의 학교생활 데이터가 저장되어 있는데 이를 활용하면 학업이나 진학 등에 대한 예측이 가능할 것이다. 활용하지 못하는 데이터는 데이터로서 의미를 발휘하기 어렵다는 점을 생각하면 개인정보는 철저히 보호하되 합목적적인 활용 가능성은 열어줄 필요가 있다.

또한 코로나19 이후 원격수업을 하면서 쌓이는 학생들의 학습데이터나 학습이력을 활용하면 개인별 맞춤형 학습을 위한 자료가 될 수 있다. 또한 지난 20여 년간 나이스에 쌓여있는 학생들의 자료를 활용하면 학생들의 학업중단 가능성을 사전에 예측하고 막을 수 있다. 최근 한국교육학술정보원에서는 대전교육청과 충남교육청의 지원을 받아 나이스 데이터를 활용하여 학업중단 위기학생에 대한 예측기능을 강화하고 이를 토대로 잠재위험이 높은 학생을 대상으로 예방활동을 지원하는 서비스 개발을 시도했다. 이러한 프로토타입이 개발되면 나이스의 빅데이터를 통해 학생들이 학업중단 위기에 빠질 가능성이 고조될 때 학교와 교사에 의해 선제적인 개입이 가능해진다. 지역별 교육청들이 나이스 데이터 사용에 합의해 준다면 빅데이터 분석을 통해 학교폭력이나 학생들의 비만위험 등 다양한 의제에 대해서도 예방이나 선제적인 개입이 가능해질 수 있다.

당장 학생들의 급식자료만 분석해도 건강과 다이어트를 위한 여러 가지 의미있는 정책적 시사점을 얻을 수 있을 것이다. 데이터 활용이라는 관점에서 바라보면 여러 가지 학교 현장의 크고 작은 애로를 해결하는 데 도움을 줄 수 있고 학생들의 학업이나 건강증진에도 도움이 될 수 있다.

여기서 한 걸음 나아가 한국교육학술정보원은 비식별화 정보 결합 전담기관으로서 교육정보나 데이터를 개인별 식별이 불가능한 형태로 조치하여 데이터를 활용할 수 있도록 지원한다. 대학 관련 「교육접근성 지표 분석」을 진행 중인데 이를 통해 폐쇄위기의 지방대학 활용방안을 모색하는 데 있어 고등·평생교육 접근성 제시 및 지역별 인구, 고등교육 충원율 등 다양한 데이터를 결합하여 시각화함으로써 고교-대학-평생교육 정책 수립을 지원할 수도 있다. 지역별 교육 수요 및 기관 현황분석을 토대로 지자체의 교육 접근성 및 잠재적 수혜대상 규모를 쉽게 알 수 있도록 시각화해서 지자체의 잠재적 교육수요를 수용할 수 있는 유휴 교육시설 활용가능성을 확인할 수 있다.

정보는 보안을 통해 안전하게 지켜야 하지만 이와 동시에 선한 목적을 위해 안전하게 활용될 수 있도록 하는 양면전략이 필요하다. 데이터의 개방과 공유가 세계적인 추세임을 감안하다면 보다 많은 데이터의 생산과 활용은 중요한 문제이다. 학부모의 입장에서도 학생에 대한 보다 세밀하고 정확한 데이터를 제공받고 싶어하고 특히 입시에 관련해서는 데이터에 대한 요구가 더 클 수밖에 없을 것이다. 민간의 교육 관련 업체 입장에서도 맞춤형 학습을 위해 비정형데이터에 대한 활용요구가 잠재되어 있다. 그런 점에서 한국교육학술정보원은 매년 교육빅데이터 분석 경진대회 개최를 지원하고 있지만 교육자치가 시행되면서 비교당하는 시도교육청의 입장에서는 분석결과에 대한 불편함을 감추기 어려울 수 있다. 그래서 교육은 모든 문제와 논란에 있어 교사와 학생을 중심에 놓고 보는 연습이 필요하다.

4부 광주교육의 미래를 만들자

학교와 마을을 '잇자'

교원의 역량은 디지털 역량이다

미리 가 본 다양한 미래 학교

미래 학교 공간은 어떤 모습일까

기술의 진보가 학업성취도를 높여줄 수 있을까?

철학교육이 모든 미래 교육의 기초

초중고에서 왜 인문학이 필요한가?

학교와 마을을 '잇자'

과거 교육은 학교에 가둬두는 방식이다. 미래 교육은 학교가 밖으로 확장되어 마을로 세계로 이어진다. 이미 마을교육 공동체가 그 기반을 닦았다면 이제는 학교가 어떻게 협력할 것인지 고민해야 할 때가 왔다. 기존의 학교와 광범위한 인프라로 열린 마을이 만나는 교육의 협치를 말하는 것이다. 새로운 교육은 지역의 네트워크가 움직여 협력적 시스템을 만들려고 노력하자는 것이다.

학교를 열어야 한다. 과거 '열린 교실'을 교육정책으로 채택한 적이 있지만 열고 보여주는 것이 아니라 함께 참여하고 만드는 차원에서 열린교육을 말하는 것이다. 과거처럼 종이 교과서에 묶였던 학교가 다양한 통로를 통해 열리고 있다. 어쩌면 지금까지 학교와는 다른 교육시스템이 들어올 수밖에 없다. 학교 밖에서 기존 교육의 한계를 지원하고 있는 것을 '협치교육'이라고 표현하고 있다. 제도의 전환이 필요한 시점이다. 서로의 기능과 공간, 내용을 이어주는 플랫폼이 필요하다.

광주시민이 제안하고 교육청이 화답할 일이다. 교육청이 아이들만 교육해주는 시대가 아니다. 교육과 돌봄, 성장과 관계, 개인과 공동체, 개인의 삶과 지역자치를 묶는 노력이 필요하다.

우리는 학교와 동네가 긴밀하게 이어지지 않은 상태로 새로운 시대의 교육을 이야기하고 있다. 새로운 시대는 지방화, 세계화, 메타버스, 개인화, 공동체성이 동시에 진행된다고 설명할 수 있다. 동네와 학교의 연계는 시스템이 필요하다. 하지만 어떻게 시스템을 구축할 것인지 제시되지 못하고 있다. 현재는 연계의 필요성과 방향만 다뤄지고 있는 상태다. 어쩌면 반대로 마을교육공동체 역할이 커지면서 공교육의 확장이 불가피해지고 있다는 뜻이다. 새로운 시대를 위해 교육환경이 스스로 성장을 위한 업그레이드를 주문하고 있는 셈이다. 문제는 새로운 교육환경을 감당해야 할 실제 행정은 뒷받침되지 못하고 있는 점을 주목해야 한다. "한 아이를 키우려면 온 마을이 필요하다"는 아프리카 속담이 있다. 최근 이 속담이 슬로건으로 다시 등장하고 있다. 왜일까? 근대 교육 이후 공동체적 교육활동은 모두 학교로 이관되었다. 농경문화에서 산업사회 문화로 옮겨오면서 보다 체계적인 교육과정이 구성해야 보다 유연한 시민사회를 유지할 수 있는 인재육성을 신속하고 명확하게 뒷받침할 수 있었다. 근대교육은 거기까지였다. 사람을 키우는 일 안에 배움과 성장이 있는데도 국가가 책임지지 못했다. 비로소 최근 들어와서야 학교에서 교육과 급식, 그리고 여가를 보낼 수 있는 노력을 하고 있다. 학교의 이런 기능은 갈수록 확장되고 있다. 무상급식, 무상교육, 무상교복 등 교육과 성장의 책임을 공동체가 적극적으로 짊어지려고 하는 흐름이다.

  학교는 느리다. 혁신적인 구호를 내세운 교육청이지만 여전히 전통적인 교육의 틀을 벗지 못한 채 학교 울타리 안에 가두고 있다. 사회적으로도 아이들은 떠들고 놀아야 함에도 노키드존(어린아이 출입금지 구역)이 늘면서 사회적인 교육태도는 가정과 학교에서라는 이분법적 시야를 벗어나지 못하고 있다. 또 언론은 가정에서 책임지지 못할 때 학교로 교육쟁점을 끌고와 비판의 논점을 만들기도 한다. 교육은 사회 전체가 책임진다는 시대적 요청을 못따라가는 대표적인 모습이다. 그 밖에도 사고의 전환을 요구하고 있다. 온라인 교육환경이 커지면서 학생들의 스트레스가 온라인 세계로 은밀하게 숨어들고, 멀티적인 네트워크의 결합 등에서 현실은 학교 독자적으로 유지하기 어렵다. 우리는 이런 현상들을 어떻게 상대해야 할지 고민해야 할 시점에 서 있다.

  우리 사회는 대부분 맞벌이 가정이 되면서 교육이 사회적으로 책임져야 할 역할이 훨씬 커졌다. 이런 추세에 발맞춰서 학교와 마을이 교육공동체로 움직이여야 한다는 요구도 커지고 있다. 그야말로 아이를 키우기 위해 마을이 움직여야 한다고 여기저기서 관심이 커지고 있다. 시민들은 과거를 넘어 마을의 변화와 발맞추면서 교육제도의 변화를 재촉히고 있다.

  교육청이 변해야 한다는 지적은 교육감 선거 때마다 자주 등장했다. 현 교육청에서도 그런 흐름을 반영해 시민협력관을 배치하고 마을교육공동체 활동을 모아 '광주교육협치한마당'을 개최하기도 했다. 하지만 이벤트성으로 머물러 있다는 점에서 관심있는 시민들은 불만이다. 이를 위해 보다 적극적인 행정제도 개편이 추진되어야 한다. 거기다가 생각의 변화도 같이 일어나야 한다. 생각의 변화란 학교는 교육관계자만 책임져야 한다는 폐쇄적 사고가 아니라 학부모를 비롯하여 마을 사람들과 함께 하는 것이고 시민의 품으로 돌려주는 방향이다.

시민의 품으로 돌려주는 것은 한 학교를 두 학교로 만드는 것이다.

마을에 있는 교육인프라를 열고, 잠자는 교육 에너지를 흔드는 역할을 할 수 있는 새로운 모습으로 탈바꿈해야 한다. 동네가 품고 있는 교육환경과 교육자료, 교육적 인프라를 모아서 빅데이터를 만들고 관리하는 교육지원 장치가 필요하다. 그것이 일명 '교육잇자프로그램'이다. 학교와 마을을 교육적으로 잇자는 의미다. 잇자플랫폼을 만들어 학교와 동네, 지역을 이어주는 업무를 관장하는 것이다. 그것이 실질적인 마을교육공동체를 만드는 일이다.

1부 학교는 학생들을 위한 교육용으로 운영한다. 2부 학교는 동네 주민들의 평생교육 공간으로 변신시키는 것이다. 옛날에는 학교가 부족해서 학업 열의를 담기 위해 야간학교를 운영했다. 반대. 지금은 학교시설이 남는다. 세상은 급속하게 변하고 시민들은 평생교육 공간이 필요하다. 그뿐이 아니라 여가를 즐길 수 있는 공간으로 활용하는 것이다. 즉 초등/중등은 오후 4시까지 교육활동으로 쓰고, 오후 4시부터 밤 9시까지는 평생교육

인프라로 전환하는 것이다. 가장 먼저 할 수 있는 일은 학교의 각종 시설을 마을에서 활용할 수 있도록 개방하는 것이다. 운동장, 체육관, 도서관 등의 시설을 활용하여 주민의 품으로 열어주는 것이다. 건강한 시민들이 동네 학교를 통해 유지될 수 있도록 제공하는 것이다. 체육관도 앞으로는 복층으로 건설하여 1층은 수영장, 2층은 실내운동 공간으로 활용할 수 있도록 변경하는 것이다. 도서관은 온오프라인을 넘나들면서 지역주민들이 책을 보고 대출할 수 있도록 공간을 제공하는 것이다.

가장 어려운 문제는 시설 전환에 따른 예산 문제, 시설 유지보수와 관리 문제, 인력공급과 책임 문제가 대두될 것이다. 이런 문제를 해결하기 위해 플랫폼사무국을 만들고 관리할 수 있도록 장치를 만드는 것이다. 그 관리 시스템이 '교육잇자플랫폼'이다. 이 플랫폼을 통해 다양한 시대적인 흐름이 공유될 수 있도록 하자는 것이다.

잇자. 세상을 더 넓게 이어갈 수 있도록 학교가 변할 것을 권한다.

교원의 역량은 디지털 역량이다

디지털 사회로 옮겨가면서 교육혁신의 전제는 교원의 디지털 역량 강화에 달려있다. 코로나로 인한 원격수업을 수행하면서 가장 큰 문제는 빠른 시간 내에 어떻게 하면 교원의 디지털 교수·학습 역량을 끌어올릴 것인가였다.

OECD의 국제학업성취도 평가(PISA)의 비교에 의하면 그동안 디지털기기의 학교 구비는 31개국 중 27위였다. 수업시간에 디지털기기 활용시간은 9위이지만 주로 교사 중심의 활용으로 우리 학생들의 디지털 역량은 상대적으로 낮았다. 다행히 교사들의 디지털 역량은 높은 편으로 나타났다. 특히 우리 학생들이 정보의 참과 거짓을 판단하거나 주관적인지 편향적인지를 식별하는 능력도 낮은 것으로 나타났다. 케리스에서는 매년 디지털 역량을 측정하는데 종단적으로 보면 매년 조금씩 향상되고 있지만 그다지 큰 변화는 아니다. 그것은 PC보다 휴대폰 사용이 일반화되어 있고 학부모들의 디지털 활용이 학습과 상충되는 것으로 보고 제약하고 있기 때문이다.

케리스에는 종합교육연수원이 교원들의 연수를 담당해 왔는데, 코로나로 인해 집합 연수도 전면 중단되었다. 빠르게 비대면으로 전환하여 SW교육 수업 전문성 강화를 위한 교원 연수 과정을 개발하여 운영하였다. 특히 교사들 중 디지털 역량이 있는 교사들이 주축이 되어 원격수업 진행과정에서 부딪치는 현장의 애로를 풀어주기 위해 '1만 커뮤니티'와 '교사온'을 구축하였다. 운영과정에서 디지털 역량을 갖춘 교사가 현장에서 도움이 필요한 교사를 돕는 지원방식을 도입한 것이다. 이를 통해 시공간을 뛰어넘어 온라인상에서 교수학습 자료와 아이디어를 공유하고 학교급이나 경력을 초월한 교사 간 협업이 이루어졌다. 디지털 역량이 있는 저경력 교사가 고경력 교사의 멘토가 되기도 했다.

이러한 노력으로 2020년 원격수업이 진행되는 동안 e학습터에는 약 1억 건 정도의 교사들이 직접 만든 동영상이나 URL 등의 콘텐츠가 올라올 수 있었다. 이것은 그만큼 교사들의 디지털 역량이 빠르게 높아지고 있다는 증거일 것이다.

최근 한국교육학술정보원에서는 '지식샘터' 플랫폼을 구축하였다. 원격으로 현직교사가 다양한 교수학습 방법을 주제로 각기 20명 내외의 교사들로 반을 구성하여 실시간 동영상 강의를 진행하고 있다. 교사가 교사를 가르치는 프로그램은 학교 현장을 가장 잘 이해하는 교사가 자신의 경험을 동료교사와 나누는 방식으로 디지털 연수를 진행한다는 점에서 호응도가 높다. 매달 180개에서 200개에 이르는 강의가 개설되고 2~3천 명이 수

강하고 있다. 강의 주제를 보면, S/W와 AI교육도 지식샘터 플랫폼에서 활발하게 이루어지고 있는데, 전체적으로 교수학습 방식 개선에 도움이 되는 에듀테크 활용에 대한 강의가 관심을 끌고 있다.

교사들에 대한 교육은 케리스의 종합연수원뿐만 아니고 민간의 원격교육연수원을 통해서도 이루어진다. 코로나가 장기화됨에 따라 집합연수가 불가능해지면서 원격연수가 늘어나고 있고 원격연수 방식도 기존 웹기반 자기주도적 학습연수나 동영상 콘텐츠 활용 연수에서 실시간 쌍방향 강의 연수가 추가되는 등으로 원격연수 방법도 다양화되고 있다. 원격교육 연수에 참여자는 2004년 39,262명에서 2019년 551,044명으로 증가추세를 보이고 있으며, 코로나 기간 동안 더욱 가파르게 증가하고 있는 것으로 보인다.

케리스는 민간 원격교육연수원의 품질관리를 위해 교육과정에 대한 내용심사와 공인원격교육연수원에 대한 운영지원을 담당하고 있다. 원격교육이 더욱 발전하기 위해서는 교육자원의 개방운동(Open Education Resource: OER)과 함께 자유로운 접근성이 보장되어야 한다. 이와 관련해서는 교육학술정보의 공유·유통에서 논의하기로 한다.

궁극적으로 디지털 역량은 디지털 전환시대에 생존을 위한 필수적 수단이 되고 있는 만큼 학교만이 아니라 전 국민을 대상으로 할 필요가 있다. 한국교육학술정보원에서는 전 국민의 디지털 역량 제고를 위해 가칭 '디지털 혁신교육법' 제정을 제안하고 있다. 이와 함께 디지털교육 관련 정책과 법률을 정비하고 한국형 디지털교육혁신 모델의 전 세계 공유와 확산을 위해 민·관·산·학의 협력적 거버넌스 구축을 위한 '디지털교육혁신 포럼'을 운영하고 있다.

AI 선생님?

제4차 산업혁명시대 AI는 우리 사회의 전 분야에 걸쳐 근본적인 변화를 초래하고 있고 이러한 변화는 교육에 있어서도 예외는 아니다. 특히 코로나19 이후 원격교육의 경험을 통해 미래 교육의 도래가 현실화되면서 미래 교육의 정점으로 여겨지는 AI 교육이 주목받고 있다.

미국의 브루킹스 연구소는 2019년 '인공지능시대 교육을 다시 생각해야 하는 이유'라는 보고서에서 'AI 도입으로 교실이라는 물리적 공간은 네트워크 증강 기술이 사용된 가상공간으로 확장되고 학생들은 상상조차 할 수 없는 몰입형 디지털교육에 노출될 것'이라고 진단한 바 있다(John R. Allen, Jan 31, 2019). 이 것은 전통적 교육의 일대 변혁을 상정하고 있다. AI 도입으로 물리적 교실공간을 탈피한 교수학습 방법의 대변혁이 과연 학생들의 학업성취로 이어지고 교육불평등을 해소할 수 있을 것인가, 그리고 그에 따라 교사와 학생들의 역할은 어떻게 달라질 것인가에 대한 검토가 필요하다.

미국에서는 이미 교육에 AI를 접목해서 학생의 수준에 맞는 맞춤형 개별 지도를 통해 학업성취도를 높일 수 있다는 실증적 연구 결과들을 보고하고 있다. 미국 애리조나주립대학에서 AI 시스템인 알렉스(ALEKS: Assessment and Learning in Knowledge Spaces)를 통해 학생의 수준에 맞는 적응형 학습(adaptive learning)을 통해 대수학 과목의 성취목표 달성율을 62%에서 79%로 올린 반면 수강취소율은 10%에서 그 절반인 5%로 낮추었다는 결과를 발표한 바 있다. UC 어바인은 학업성취를 위한 종합분석 프로젝트 콤파스(COMPASS)를 통해 학생의 학습성과 개선에 활용하고 있고 노스웨스턴대학은 왓슨 AI 서비스를 활용한 웹 기반 학습관리시스템 캔바스(Canvas)를 도입하고 있으며, 호주의 그린피스대학도 AI 챗봇 쌤(Sam)을 개발해서 사용하고 있다.

우리나라에서도 KDI국제정책대학원이 계량분석 과목에서 AI 시스템을 도입하여 최하위권 학생이 최상위권으로 도약하는 성과를 얻었다고 밝혔다. 최근 코로나19로 교육의 격차가 확대되었다는 우려 속에서 한 공립고등학교가 민간의 AI 튜터링 앱을 통해 진단평가와 그에 기반한 맞춤형 학습을 통해 참가한 학생들의 정답률이 15%가량 높아졌다는 결과를 내놓은 바 있다. 이러한 의미있는 실험 결과는 AI 선생님의 학습효과에 대한 기대를 높여주고 있다.

지금까지 국내에서 교육분야의 AI 도입률은 타 분야에 비해 상대적으로 낮은 편이었지만, 코로나19 이후 민간 교육기업들을 중심으로 AI 기반 교육서비스와 비대면 교육 플랫폼 출시가 진행되고 있다. 주로 학습자 패턴 분석이나 평가, 맞춤형 학습콘텐츠 추천, 학습자의 학습습관 분석 등에 머물러 있다. 해외에서는 공교육 등 학교 현장을 직접적으로 지원하는 적응형 학습 등 AI 선생님이 다양한 방식으로 활용되고 있다. 이에 비해 국내에서는 AI를 통해 개인별 맞춤형 학습콘텐츠를 추천하고 있지만 AI 선생님 기능을 전면적으로 내세우는 데까지는 이르지 못하고 있다.

AI 선생님의 도입은 학생들 입장에서는 자신에게 특화된 개인교사를 갖게 되는 셈이고 교사들은 교수학습 업무를 도와주는 AI 조교를 갖게 되는 셈이 된다. 교사의 교수업무가 경감되면 교사는 새로운 교수학습 방법을 도입하거나 단순한 지식 전달자의 위치를 벗어나 학생의 개인별 학습 로드맵을 컨설팅하거나 학생들의 정서적인 조력자 역할로 이행할 수도 있다. 원격수업 시행 초기 처음 겪어보는 수업방식에도 불구하고 교사들의 만족도가 절반에 달하고 등교 이후에도 활용하겠다는 의사를 표명하는 조사결과를 보면, 디지털교육이 상당부분 빠르게 받아들여지고 있는 것으로 보인다. 이러한 변화에 대한 수용성은 AI 교육을 도입함으로써 훨씬 더 진화된 형태로 나갈 수 있는 가능성을 보여주는 것이라 하겠다.

AI 교육이 도입되면 교사의 역할 뿐 아니라 학생들의 평가방식에도 큰 변화가 예상된다. 인공지능이 도입되면 모든 학생을 똑같은 잣대위에 놓고 일률적으로 평가하는 결과중심의 기존의 상대평가 방식이 개인별 학업성취 과정과 변화과정을 평가하는 맞춤형 절대평가 방식으로 바뀔 수 있다. 평가방식이 바뀌면 평가척도도 달라져 정답을 고르는 사지선다형 시험이 아니라 국제 바칼로레아(IB)와 같은 논술형 문항을 중심으로 하는 사고력 측정방식으로 바뀌게 될 것이다.

그럼에도 불구하고 공교육에서 AI 선생님의 도입은 여러 가지 장애요인이 내재되어 있다. 일부 교육청에서 AI를 활용해서 보다 정확한 학력진단과 맞춤형 학습 프로그램 도입을 검토하고 있지만 공교육이 어디까지 민간기업의 솔루션을 도입할 수 있을 것인지, 학생 데이터 유출의 우려는 없는지, 학부모의 동의를 얻을 수 있을 것인지 등으로 인해 실제 시행은 원활하지 않을 수 있다. AI는 기계학습이기 때문에 데이터의 축적이 필수적이다. 그것은 곧 AI 선생님의 성패는 누가 먼저 도입해서 얼마만큼 데이터를 축적하고 있느냐에 의해 성패가 결정되는 초격차의 문제이다.

지금까지 20년 이상 축적되어온 나이스(NEIS)의 수많은 데이터도 한 번도 사용되지 못했다. 그만큼 우리 학생들의 학습실태와 변화과정에 대한 면밀한 분석의 기회를 놓치고 있다는 의미이다. 나이스의 데이터는 단지 학교 행정의 편의성이나 입학사정 자료로서의 가치만이 아니라 학생들의 학업과 성장을 위한 개인별 맞춤형 지원에도 도움이 될 수 있지만 이러한 데이터 활용은 법적 규제에 의해 불가능하다. 최근 대전교육청과 협약을 통해 한국교육학술정보원과 이화여자대학교, (더)아이엠씨 공동으로 나이스 데이터를 활용하여 학업중단 위기학생을 예측하는 알고리즘을 개발하였다. 지난 13년간 92만 명의 초중고 학생이 학업을 중단하였지만 이에 대한 사전적 대응시스템이 부재하였던 터라 이런 시도가 빅데이터 활용의 필요성을 보여주는 것이다.

우리는 디지털 전환이라는 시대적 변화 속에 2022년 교육과정 개정과 고교학점제 도입을 앞두고 있어 향후 몇 년간 미래 교육에 대한 대비와 교육정책의 방향을 두고 혼란과 갈등을 빚게 될 우려가 있다. 교육부에서도 이를 의식해서 미래 교육 체제 추진단을 꾸리고 있다. 한 걸음 더 나아가 불확실한 미래에 대한 대응을 데이터 혹은 근거에 기반하여 풀어나가기 위해서는 AI 활용이 더욱 필요하다. 그런 의미에서 본다면 AI 선생님을 받아들이는 것은 기술차원의 문제가 아니라 우리 사회의 신뢰확보의 문제일 수 있다.

미리 가 본 다양한 미래 학교

코로나 이전까지 학교에서 낮시간 대부분을 보내야 하는 학생들에게 학교는 자신의 원하는 것과 관계없이 정해진 교과과정을 배우고 시험을 통해 성적과 입시 경쟁에 매달려야 하는 곳이었다. 그래서 학교란 지루하고 지겨운 곳으로 각인되어 있다. 그랬던 학교였지만, 막상 학교가 문을 닫으니 갈 곳이 없고 선생님의 따가운 질책마저 관심거리가 되고 성적 경쟁하던 친구마저 그립기만 하다. 매일 먹어 신물 난다던 급식이 꼬박꼬박 챙겨주는 정성으로 바뀌었다.

그렇다면 이제 등교만 하면 학교 문제는 해결된 것인가? 선생님 말씀 잘 듣고 열심히 공부하며 친구들과 사이좋게 지내고 급식도 맛있게 먹을 수 있을까. 정작 학교는 바뀐 게 없는데, 그러면 무엇이 문제였던 것일까.

그간에도 학교를 바꾸려는 시도는 끊임없이 계속되었다. 혁신학교가 그렇고 대안학교가 그 대표적인 몸부림이었다. 과거에는 획일적 주입식 교육과 입시 위주의 경쟁에서 벗어나는 것이 목적이었다면, 최근에는 제4차 산업혁명의 도래에 따른 기술의 변화를 반영하거나 교수학습 방법에 대한 혁신을 시도하는 경향들이 새롭게 나타나고 있다. 그러한 변화의 와중에 코로나19는 새로운 기폭제가 되었다. 학교에 가지 않고도 비대면 수업이 가능하다는 경험은 학교에 대한 그동안 가졌던 고정관념을 뿌리째 흔들어 놨다.

얼마 전 뉴스에서 일본의 N고는 VR 입학식을 치러 화제가 됐다. 본교는 오키나와현 우루마시에 있지만 학생이 어디에 살든지 간에, 자신이 학습하고 싶은 시간에 인터넷에 접속해서 수업에 참여하는 통신제 고등학교이다. 핀란드의 야르벤파학교는 학년이 없고 교과과정을 정하지 않은 채 학생 자신이 학습하고 싶은 과목을 선택할 수 있는 자유를 허용하는 일종의 학생 맞춤형제도를 도입하고 있다. 학교 건물도 첨단시설을 갖춘 공간혁신 설계방식으로 수업이 이루어지는 교실 문화를 바꾸고 있다. 스웨덴의 포트럼학교 6~16세의 통합학교로 대화형 보드를 통해 개별학습과 성장중심의 평가를 지향하며, 페루의 이노바스쿨도 온라인 학습을 통해 자기주도적인 학습과 자율적 교육과정을 시행하고 있다. 네덜란드의 스티브잡스학교는 교실 없이 학교 내 어디서든지 스마트기기로 학습할 수 있도록 디지털교육을 계발하며 학년 구분 없이 자율적 교과과정과 토론을 통해 기업가정신 함양을 목표로 삼는다.

미국에서도 피치몬트중학교가 메이커 스페이스를 설치하여 협업을 통한 공동체의식 함양을 시도하고 있다. 알트스쿨은 실리콘밸리에서 구글의 엔지니어출신인 막스 벤티라가 IT 기술을 통해 학생의 학습 데이터를 기반으로 한 맞춤형 개별화 교육을 내세우면서 관심을 모았다.

우리나라에서도 충남 삼성고는 미래 학교를 표방하고 설립된 대안학교로 거꾸로 캠퍼스를 통해 온라인과 오프라인 융합교육을 실시하고 있다. 특히 학생들의 자기주도적 학습역량 강화에 초점을 두고 생활습관 확립과 함께 디플로마제도를 통해 교과과정의 자율성을 확대하고 있다. 오디세이학교는 입시위주의 교과과정을 탈피하기 위해 고교 1년을 자유학년제로 운영하고 있으며, 교과단위별로 분절되지 않도록 통합적·융합적 교육과정을 표방하고 있다. 심지어 벤자민인성영재학교는 학생들이 학교에서 싫어하는 건물과 시험, 성적표, 담당교사, 교과수업을 모두 없애버린 5無 학교를 내세우고 있다.

그러나 미래 학교를 표방하는 이러한 학교들은 대안학교 차원에서 운영됨으로써 기존의 학교시스템에 만족하지 못하거나 적응하지 못하는 경우에 한 해 제한적으로 채택되고 있다. 그만큼 미래 학교는 공교육의 경직된 교과과정과 학년제 등에 가로막혀 있다. 예외적으로 창덕여중의 경우 에듀테크를 접목하여 공간구조를 개편하고 학교문화의 혁신을 시도하고 있는 사례로 꼽히고 있다. 마재초등학교를 비롯한 기존의 몇몇 혁신학교에서는 메이커 스페이스를 운영하거나 공간구조 혁신을 통해 학생들의 눈높이에 맞추어 '가고 싶은 학교'를 만들어가는 노력을 진행하고 있다.

그린스마트 미래 학교

교육부에서도 지난 2월 '그린스마트 미래 학교 종합추진계획'을 발표하면서 2025년까지 공간혁신과 맞춤형 개별학습, 에너지 자급자족, 지역사회의 참여를 표방한 바 있다. 미래 학교의 미래를 교육에 기술을 접목함으로써 맞춤형 개별교육을 지향하는 데 초점을 두고 있다. 교과과정의 인위적 구획이나 분절을 넘어 블랜디드 러닝이나 거꾸로 학습으로 불리는 플립드 러닝을 통해 융합교육을 시도한다. 그것은 교육이 실제 복합적인 사회문제해결 역량을 키우는 것이라고 보기 때문이다. 학생은 학습자로서 널려있는 지식의 바다에서 자기 스스로 문제를 해결하고자 하는 의지를 가진 자기주도적 존재가 되어야 한다. 그런 학생들을 키워내기 위해 학교는 천편일률적인 공간구조를 탈피하여 학생들의 다양한 욕구에 따라 달라지기도 하고 협업능력과 창의력을 키우는 데 집중한다.

존 카우치(John Couch), 제이슨 타운(Jason Towne)은 『교실이 없는 시대가 온다』라는 저서에서 최첨단 기술과 교육이 융합되면서 학습은 더 이상 교실에 한정되지 않고 언제, 어디서나 접근 가능한 맞춤형 개별교육의 시대가 도래할 것이라고 예측한다.

손만 뻗으면 닿을 수 있는 엄청난 정보에 노출되어 있는 디지털 네이티브에게는 '무엇을 배우느냐'보다는 '왜 배우느냐'가 학습의 중요한 동기부여가 되기 때문에 스스로 배움의 필요성을 깨닫게 하는 것이 우선이다.

학교를 졸업하더라도 평생 학습을 하지 않으면 살아갈 수 없는 혁명의 시대를 살아가야 하는 학생들. 그들에게 배움은 더 이상 의무와 고역이 아니라 일상적인 삶이 되어야 한다. 필요하면 기꺼이 배우고, 그 과정에서 배움의 즐거움을 느끼며, 유희와 배움이 구분되지 않는 일상을 영위하기 위해서는 일찍부터 스스로 학습경로를 찾아갈 수 있는 자기주도적 역량을 키워가야 한다. 이것이 바로 미래 학교다. 미래 학교에서 교사는 일방적인 지식의 전달자가 아니라 확장가능한 질문을 던지고 확장가능한 활동을 제시하는 학습조력자 내지 학습코디네이터가 되어야 한다.

그럼에도 불구하고 잊지 말아야 할 것이 있다. 지금의 교육이 시대의 변화에 따르지 못하고 있다는 사실이다. 지금 멈춰있는 교육이 많은 아이들을 실패하게 만들고 있다는 점에서 새로운 접근이 필요하다. 교육적인 기술은 교수학습 방법을 지원하는 효과적인 도구일 뿐 그 자체가 교육을 결정하거나 교육의 전부가 될 수는 없다. 기술은 교육이라는 '아주 복잡한 퍼즐의 한 조각'이라는 존 카우치의 말을 기억해야 한다. 그것을 잊는 순간 첨단 기술을 내세웠지만 학업성취도 저하로 문을 닫은 제2의 알트스쿨로 전락할 수 있다. 구글이 세웠던 알트스쿨은 책으로 공부하지 않는다. 제4차 산업혁명시대에도 여전히 학생들의 행복한 학교생활을 보장하고 삶에 대한 다양한 성취동기를 드높여주는 것이 중요하다. 미래 교육은 공급자 중심의 교육에서 벗어나 수요자인 학생의 눈높이에 따르는 것이고 한 가지 표준화된 모델이 아니라 다양한 학습경로와 모델을 시도하도록 허용하는 데서부터 시작될 수 있다.

미래 학교가 아니다. e학습터에서 벌어지고 있는 현재의 모습이다. 이제까지 공급자 중심으로 길들여진 교사들의 역할은 통제만 생각한다. e학습터는 다르다. 수요자인 학생들의 조건을 강화해주어야 한다. 그것이 미래를 단단하게 준비하는 일이다.

미래 학교 공간은 어떤 모습일까

최근 한국교육학술정보원은 스마트시티 국가시범도시 교육혁신기술 도입 사업 수행 전문기관으로 "확장된 학교로서의 도시(City as an Extended School)"라는 슬로건으로 학교 설계 아이디어 공모전을 개최하였다. 해외작 44편을 포함해 총 204편의 출품작이 응모되어 18편의 수상작이 결정되는 과정을 지켜보면서 전 세계적으로 디지털 전환과 맞물려 학교 공간의 변혁에 대한 관심이 높음을 실감할 수 있었다.

수상작들에 나타난 미래의 학교 공간에 대해서는 몇 가지 공통점을 찾아볼 수 있다. 첫째, 도시는 학교 안으로, 학교는 도시로 뻗어나가는 소위 "학교와 도시 자원 간의 연계"를 추구하는 아이디어들이 눈에 띈다. 학교는 도시 주변으로 확장되어 도시 전체가 학습 공간으로 기능하며 언제 어디서나 적시적 학습을 지원한다는 것이다. 둘째, 디지털 기술을 기반으로 온 오프라인 공간을 연계해 다양한 수업방식에 대처할 수 있는 "학습 공간의 확장과 유연성, 개방성"을 지향하고 있다. 이를 통해 단순히 학습 손실 방지를 넘어 코로나19 팬데믹이 몰고 온 단절(Untact)의 문제를 극복하고자 하는 학교의 미래상을 엿볼 수 있다. 디지털 전환 시대 미래의 학교는 어떤 모습으로 변화될까?

한 아이를 잘 길러내기 위해서는 교육과 지역사회와의 연계가 필수적이다. 도제시대 교육은 가정에서 주로 이루어져 왔으나, 근대사회에 들어오면서 산업사회가 필요로 하는 생산인구를 길러내는 시스템으로서의 학교가 지역과 분리되어 자리잡게 되었다. 그러나 오늘날 사회의 급격한 변화는 더 이상 학교라는 국한된 장소에서의 교육이 아닌 가정, 학교, 도시가 연계된 내가 생활하는 모든 공간에서의 학습으로 확장되고 있다. 가정에서의 교육에 대한 책임도 다시금 커지고 있다.

앞에서 학교 설계 공모 수상작들이 보여주듯이 이제는 고립된 공간으로서의 학교가 아니라, 도시의 다양한 인적 물적 자원을 학생들이 마음껏 활용할 수 있도록 접근성을 높이는 환경으로 바꾸어야 한다. 또한 지역 주민들이 함께 학습하는 지역의 거점 학습센터로서 학교의 역할을 재정립해 아이들과 지역사회가 함께 공유하며 성장해 나갈 수 있는 복합적 공간으로서의 학교를 만들어나가야 한다. 캐나다에서는 '지역사회 연계 경험 학습(community-connected experiential learning)'을 통해 학습의 모든 과정이 학교를 넘어 지역사회, 국가, 전 세계와 연결된 것으로 간주하고 교사와 지역사회 멘토, 프로그램 담당자 등이 함께 학습목표와 성취기준을 마련한다. 우리 지역에서도 전남도와 교육청이 협약을 통해 지역 인재양성을 위해 상호 협력하기로 한 것은 지역사회의 교육 참여로서 의미를 갖는다.

새로운 학습 공간으로서의 디지털 세상의 가능성에도 주목할 필요가 있다. 메타버스(Metaverse)는 기존의 가상현실(Virtual Reality)을 넘어서 실생활과 같은 사회, 경제, 문화적 활동을 하는 가상의 공간에서 이미 우리 아이들은 다른 친구들과 함께 테마파크를 건설하고 애완동물을 입양하며 슈퍼히어로가 되는 경험을 하고 있다. 메타버스 산업의 대표주자인 로블록스(ROBLOX)는 코로나19의 확산으로 등교를 하지 못한 미국의 초등학생들이 친구들과 서로 소통하는 공간으로 크게 인기를 끌었으며, 16세 미만 미국 청소년의 55%가 가입해 활용하고 있다고 한다. 미래 사회 학습자들의 교육이 일어나는 곳으로 가상공간에 대한 새로운 관심이 필요한 이유이다.

한편 왓슨(Watson)이라는 잘 알려진 인공지능 시스템을 개발하여 운영 중인 IBM은 "교실이 나를 배운다"는 슬로건을 기치로, 미래에는 '교실'이 학생을 학습하게 될 것이라고 전망한 바 있다. 인공지능에 연결된 교실을 설계해 시험을 통해 학생들을 평가하는 것이 아니라 교사의 질문에 답변하는 학생들의 목소리를 포함한 다양한 데이터를 활용해 부족한 부분을 분석해주거나, 학교 건물 구석구석에 센서들을 설치하여 모아진 실제 데이터들을 학습에 활용하거나 학생들의 안전을 도모하는 것이다. 물론 인공지능을 통한 데이터 수집에는 다양한 윤리적 고려

사항에 대한 충분한 논의가 선행되어야 할 것이다. 그러나 학생들이 교실에 맞춘 활동을 하는 것이 아니라, 교실 환경이 학생들의 요구와 필요에 부합될 수 있도록 맞추겠다는 비전과 가치는 현재의 학교 공간에도 유효하며, 미래의 학교 공간에는 더욱 그 가치가 높아질 것이다.

OECD는 2020년 발표한 미래의 학교 체제에 대한 새로운 연구를 통해 '기존 형식교육 체제로서 학교제도의 확대(Schooling Extended)', '디지털 플랫폼이 주도하는 교육마켓 방식의 교육 확장(Education Outsourced)', 학습 허브로서의 학교(Schools as Learning Hubs), '형식교육과 비형식교육이 혼재되는 학교제도의 해체(Learn-As-You-go)'의 네 가지 시나리오를 제시한 바 있다. 시나리오별로 예측하는 학교의 모습은 다르지만, 학교는 더 이상 지식을 전수하고 기능을 습득하기 위한 공간에 그치지 않고 타인과 상호작용하고 관계를 맺으며, 변화되는 세상에서의 시민성을 키우는 곳으로 가치를 더 갖게 될 것이다. 그리고 그 속에서 디지털 기술은 다양한 교육주체와 수요자 간의 연결하고 경험의 폭을 넓히는 새로운 학습 생태계로서의 중요한 역할을 하게 될 것이다.

코로나로 교육의 대전환이 앞당겨지고 있다. 앞선 스마트시티 미래 학교의 진정한 변화는 물리적 외관에 있는 것이 아니라, 이로 인해 변화될 학생들의 내면 속에서 나타날 것이다. 삶이 곧 학습이 되는 미래 사회에서 학교라는 공간은 획일적 건축물에서 학생들이 요구에 반응하는 다양하고 복합적인 공간으로 바뀌겠지만 장래에는 벽과 장애물과 한계가 없는 공간으로 나아가면서 학교의 경계마저 사라지게 될 것이다. 그 범주도 가정으로, 지역사회로, 가상공간으로 학생들이 원하는 곳이라면 어디든 무한 확장될 것이며, 학교는 좋은 생활 태도와 습관을 기르는 공간으로, 적성을 찾는 공간으로, 타인과 소통하며 그때그때 필요한 배움을 얻는 공간으로 계속 진화해 갈 것이다. 디지털 전환 시대, 더 확장된 학습 공간만큼이나 모든 사람들의 꿈이 함께 성장하는 폭넓은 배움의 장으로 학교의 무한 트랜스포메이션을 기대한다.

기술의 진보가 학업성취도를 높여줄 수 있을까?

코로나19는 우리 사회를 예상보다 빠르게 첨단 디지털시대로 전환하도록 촉진하고 있다. 제4차 산업혁명으로의 도래가 논의되기 시작한 것이 불과 몇 년 되지 않았지만 코로나시대 대한민국의 생존을 위해 디지털교육환경을 위해 긴급 수혈을 요청하였다. 수년을 앞당긴 디지털기기와 디지털문명을 받아들이도록 요구받고 있다.

온라인 교육이 전면에 등장하면서 대면 수업을 할 수 없게 되자 가장 먼저 등장한 것이 학업성취도다. 교육중단의 우려 속에서 비대면 학습으로 온라인 수업을 단행했고 온라인 수업은 여러 가지 디지털기술을 필요로 했다. 소위 교육(Education)과 기술(Technology), 특히 디지털 기술의 융합을 가르켜 에듀테크(Edutech)라고 한다. 에듀테크는 특성화학교 등 일부 학교를 중심으로 극히 제한적으로 활용되었지만 온라인 수업을 정규수업으로 받아들이게 된 상황에서 급속히 확산되고 있다. 기업들의 재택근무까지 겹쳐지면서 비대면 학습에 대한 수요는 가히 폭발적이다.

과거 E-러닝이나 스마트러닝과 유사한 개념이기도 하지만 에듀테크는 데이터와 소프트웨어 기반의 개별학습자 분석과 의사소통, 정보관리를 용이하게 하여 성과를 높이는 데 초점이 있다. 반면 E-러닝은 인터넷과 컴퓨터에 교육을 접목한 온라인 중심의 교육을 의미하며 스마트러닝은 스마트폰 등 스마트 기기를 활용하는 데 초점이 있다(소프트웨어 정책 연구소, 2020). E-러닝이나 스마트러닝이 단방향 학습이라면, 에듀테크는 기술적으로 한 단계 진전된 개념으로 디지털 기술을 통한 쌍방향 학습을 지향하며 나아가 맞춤형 학습을 지원하는 데 있다.

온라인 수업은 원래 원격수업을 위한 방편이다. 온라인 수업을 하게 된 것도 코로나로 인해 사회적 거리두기를 위해 학교에 나올 수 없기 때문에 재택상황에서 원격으로 수업을 진행하기 위한 것이지만 우리의 경우 순수한 원격수업의 강점인 anywhere, any time이라는 시간과 공간의 분리라는 두 가지 특성을 살리지 못하고 공간만 분리된 채 동시적 원격수업으로 진행되었다. 시간과 공간이 분리된 원격교육은 인공위성을 통한 실시간 교육이 대표적일 만큼 기술적 지원이 필요하다.*

우리의 온라인 수업은 실시간 원격수업의 형태로 진행되었고 그래서 온라인 수업을 시작한 초기에는 300만 명의 학생을 담

---

* 한국교육학술정보원, 「포스트 코로나시대 원격교육연수의 재개념화 및 미래방향: 3」 연구자료 RM2020-17.

당하는 인프라 구축이 시급한 과제였고 매일 아침 동시접속자 수를 확인하면서 시스템 부하가 걸릴 것을 염려했다. 인프라 용량을 100배 정도 늘렸지만 실제로 두, 세 번 부하가 걸려서 호된 비판도 받았다. 시간이 가면서 인프라는 안정되었지만 이제는 실시간 쌍방향 수업을 많이 못해서 아쉽고 그것이 학습격차를 심화시켰다는 것이다. 케리스가 제공하는 e학습터는 단방향의 컨텐츠 중심이었다. 위두랑 등을 통해 일부 쌍방향이 가능하지만 제한적이라 일부 학교 현장에서 외국산 "줌"을 사용했다. 그러나 역시 우리가 직접 개발한 것이 아니기 때문에 한계가 있었다. 코로나라고 하는 위기대응형의 원격수업이 진행되면서 출석 때문에 실시간 수업과 비실시간 수업이 혼재되고 단방향과 쌍방향 수업방식이 모두 혼재되어 진행되었다. E-러닝에서 모바일러닝, 플립러닝과 같은 온 오프라인 병행은 이제 일반화되고 있다.

　이러한 원격수업의 경험이 우리에게 일깨워준 것은 향후 다양한 교수학습 방법이 도입될 수밖에 없고 결국은 개인별 맞춤형 학습으로 나아가기 위해서는 학습이력 등의 데이터분석이 필요하고 이러한 데이터관리 문제는 개인정보 보호문제나 데이터주권 등의 우려를 불러일으켰다. 원격수업을 위해 선생님들이 업로드해서 올린 수업용 컨텐츠도 거의 1억개 돌파를 앞두고 있다. 선생님들이 수업용 컨텐츠를 만들고 올리기 위해서는 다양한 에듀테크의 지원이 필요하다. 당장의 온라인 수업이 원활하게 돌아갈 수 있도록 지원하기 위해서 에듀테크의 도움이 필요하다는 것을 절감했다.

문제는 교육에 신기술을 접목하는 것이 학업성취도를 높여줄 수 있을 것인가에 있다. 인도의 델리에서 저소득층 학생들에게 컴퓨터학습기회(computer-aided learning)를 제공한 결과 학업성취도 향상 효과가 있었다는 것이다. 미국 애리조나주립대학에서도 인공지능시스템(Assessment and Learning in Knowledge Spaces)을 통해 학생 스스로 진도를 조절하는 주체적 학습으로 대수학 수업을 진행한 결과 목표성취 수준 도달비율이 2015년 62%에서 2018년 79%로 상승하고 기초학력 미달학생의 상승효과는 28.5%라고 밝힌 바 있다.* 인공지능이나 신기술을 이용해 학생수준별 학습이 학습성취도를 높일 수 있다는 결과는 여러 연구에서 확인되고 있다. 이러한 연구 결과에 바탕을 두고 미래 교육은 '개인별 맞춤형 학습'을 지향하고 있고 그러한 관점에서 에듀테크의 활용이 빠르게 확산되고 있다.

메타버스, 미래 교육의 블루오션

최근 교육분야의 기술동향을 보면 아시아를 비롯한 개도국의

---

* 김희삼, 「원격교육 상황에서의 기초학력 보장과 교육격차 완화방안」, 교육정책네트워크 이슈페이퍼 5호, 2020: 21.

교육인구가 급속히 증가할 것으로 예상되는 만큼 교육의 시장 규모도 확대될 것으로 예상된다. 교육 시장의 확대는 제4차 산업혁명과 맞물려 다양한 에듀테크의 발전과 산업의 기회가 된다. 네트워크와 스마트폰의 보급으로 모바일학습이 발전하고 LMS, AI, 블록체인, AR/VR 등의 가술발전과 함께 학습자의 요구에 맞춘 적응형 학습과 학습성과를 높이기 위한 학습디자인과 공개교육자원(OER)을 활용한 학습플랫폼 등이 등장하고 있다.

학교 현장의 디지털 전환에 따라 각국의 에듀테크 정책도 활발히 추진되고 있다. 에듀테크는 16.3%의 성장세를 보이고 있고 2019~2025년 사이에 2.5배 성장해 총 4,040억 달러에 이를 것으로 전망되고 있다. 이는 covid-19로 인해 전체적인 교육시장 규모의 축소에도 불구하고 이전보다 630억 달러가 증가한 것이며, 전체 교육시장 규모 7조3천억 달러 중 에듀테크 비중이 5.2% 정도이다(Holon IQ, 2020).

미국은 2017년 국가 에듀테크 계획안을 만들어 학습과 교수, 리더십, 평가, 인프라의 5대 영역에 걸친 에듀테크 정책과 비전을 수립하고 있다. 영국은 일찍부터 에듀테크의 교육적 활용에 관심을 갖고 교사 업무경감과 교육성취도 향상을 목표로 하는 에듀테크 실행전략을 발표하고(Realizing the Potential of Technolgy in Education, 2019) 에듀테크 산업을 육성하고 있다. LearnED 프로그램을 통해 150여 개 에듀테크 제품과 서비스를 온라인으로 대여함으로써 신뢰할 수 있는 고품질의 제품을 다양하게 접하도록 테스트베드를 구축하고 있다. 미국과 영국은 분권화된 교육시스템을 가지고 있어서 개별학교 별로 맞춤형 콘텐츠를 구입해서 학습에 활용하고 있다.

최근 중국도 디지털교육에 적극적으로 나서서 ICT 기술과 교육을 결합시키는 노력을 하고 있는데 이러한 디지털 학습공간인 '지혜로운 시범구역'을 10개 이상 설립하고 있다. 일본도 2020년 들어 학교 첨단기술 활용 실증사업을 로드맵을 통해 추진하고 있다.* 2020년 현재 10억 달러 이상의 시장가치를 가진 에듀테크 유니콘 기업은 14개인데, 미국기업이 5개, 인도기업 1개, 그리고 나머지 8개는 중국기업으로 절대 다수를 차지하고 있다.

국내 에듀테크 현황을 보면, E-러닝산업에서 출발하여 최근 인공지능과 빅데이터, AR/VR 기반서비스와 학습 데이터분석 등의 플랫폼 기반으로 확장되고 있다. 교육서비스를 제공하는 IT 대기업으로 삼성이나 네이버 등이 이러닝 서비스를 에듀테크로 전환하고 있는 기업으로 아이스크림 에듀와 에듀테크산업협회 소속 기업 등이 있다. 그간에 오프라인 교육서비스를 바탕으로 기술력이 있는 에듀테크 벤처를 인수하거나 제휴해서 에듀테크 서비스를 제공하는 대교, 웅진씽크빅, 교원 등이 있다. 국내 교육기술관련 특허현황을 보면 3,083건의 교육기술 특허 중

---

* 한국교육학술정보원, 「국외 에듀테크 정책 동향분석」, 2020.

2,165건이 콘텐츠분야에 집중되어 있어 영역이 다변화되지 못하고 있다. 케리스의 조사에 따르면, 이들 에듀테크 기업의 경우 제품을 소개할 유통채널이나 판로가 제한적으로 시장형성이 안 되어 있고 이러한 배경에는 학교환경이나 인프라 미비에 기인하고 있다.*

향후 원격교육이나 디지털교육에 필요한 콘텐츠와 학습도구를 한 곳에서 활용되고 선순환될 수 있도록 에듀테크 유통체계가 구축되어야 한다. 공공과 민간의 서비스가 한 곳에서 선택해서 활용될 수 있는 에듀테크 서비스 포털을 구축하고 공급과 수요가 만날 수 있는 마켓플레이스를 조성하기 위한 전략기획(ISP)이 케리스에서 진행 중이다. 전략기획이 마련되면 이에 따라 에듀테크 서비스 포털과 마켓플레이스를 구축하여 에듀테크 유통체제 기반의 선순환구조가 형성될 것이다. 이것은 결국 미래 교육으로 한걸음 더 나아가는 본격적인 시작이 될 것이며 한국의 디지털교육 경험을 세계화하는 K 에듀 시대를 열어가는 통로가 될 것이다.

2021년에는 학교와 에듀테크 기업, 연구기관이 함께 교수 현장의 문제점을 탐색하였다. 이를 해결하기 위한 기술 논의를 비롯하여 신기술을 테스트하고 검증하며 공유하는 테스트 베드(오픈랩) 기능을 가진 에듀테크 소프트랩을 설치하게 된다. 에듀

---

* 한국교육학술정보원, 「KERIS교육기술 특허동향 조사분석 보고서」, 2020.

테크 소프트랩이 권역별로 설치되면 기업과 학교와 학생, 학부모까지 어디서든지 신기술을 활용한 새로운 교수학습 방법을 접할 수 있고 지역간 교육격차 해소에도 기여하게 될 것이다.

종합하면 원격수업은 에듀테크의 지원을 필요로 하고 이 에듀테크 영역은 이제 시작단계에 있다. 에듀테크의 지원 없이 원격수업을 지탱할 수 없고 우리의 원격수업 노하우를 세계로 확산시킬 수 있는 K 에듀를 꿈꿀 수도 없다. 한국의 코로나 방역이 K 방역으로 세계적인 귀감이 되고 있는 것처럼 코로나 시대 최대 규모의 전면 원격수업 경험을 가능케 한 에듀테크 서비스 모델에 대해서도 K 에듀로 주목받고 있다.

에듀테크가 주목받는 것은 이를 통해 교사들의 업무부담을 경감시키고 교수학습 방법의 다양성을 보장해준다. 나아가 학생들에게는 학습몰입을 통해 자기주도 학습능력을 키우고 나아가 학업성취도를 높여줄 수 있다는 잠재력을 보았기 때문이다. 지금까지 공교육과 사교육이 따로따로 진화해왔다면 이제 공교육에도 민간 교육기업이 참여할 수 있게 된다. 이를 통해 사교육시장을 공교육으로 흡수할 수 있다면 우리가 꿈꾸어 왔던 교육혁신도 현실이 될 수 있다. 교육이 서비스 산업계에 새로운 성장동력을 부여할 수 있다면 그것은 또 다른 융합의 길을 열어줄 것이다. 코로나 기간 어쩔 수 없이 원격수업이 실시되었지만 우리는 위기를 통해 터득한 이 경험을 소중히 발전시켜 나가야 한다.

철학교육이 모든 미래 교육의 기초

　학습현장에서 질문활동은 중요한 요소다. 어른들이 성장할 때는 대부분 교사중심의 일방적인 교육활동이었다. 질문이 필요하다면 선생님에게 개인적으로 찾아가 해결해야 할 문제였다. 사실 배움의 현장인 교실에서 모르는 것을 묻고 찾는 일은 당연하게 일어나는 일이다. 그런데 지금도 교실 풍경은 질문이 없다. 과거와 크게 다르지 않다. 우리 교실 분위기는 질문하는 것 자체가 두렵다고 한다.

　언제부터 질문이 사라졌을까? 질문할 줄 몰라서일까, 질문할 수 없는 분위기여서일까. 어떤 사람들은 사교육으로 이미 선행학습으로 받고 와 질문이 필요하지 않게 되었다는 것이다. 질문이 사라진 진짜 이유는 무엇일까? 제법 그럴싸해 보이지만 질문할 수 있는 교육과정이 아니라면 수업 속에서 질문은 자기 역할을 할 수 없는 게 맞다.

우리 교육 현장에서 질문은 왜 빈곤할까?

어떤 사람들은 오늘의 교실을 질문이 사라진 죽음의 늪이라고 혹평하기도 한다. 죽음의 늪이라는 혹평 속에는 질문이 없는 수업이 얼마나 위험성을 담고 있는지 예고한 말이다. 사실 모르는 것을 알아가는 과정에서 질문만큼 귀한 것은 없을 텐데 모르는 것을 찾아가기 위한 문제의식이 길러지지 않다는 말이 더 맞을 것이다. 촘촘히 확인할 필요가 있는 문제의식이다. 첫 번째로는 '배움의 현장에서 질문의 유실'은 권위주의가 만들어낸 산물일 수 있다. 국가 중심의 일방적 권위가 지배되는 교실에서 묻고 답하는 방식은 실종될 수밖에 없다. 교사들은 국가가 제시하는 교육의제를 수업 시간에 담아내는 것이 먼저이고, 수업에서조차 자율성이 없는 교사들은 충실한 대리인으로서 수업에 임하기 때문이다.

그동안 독재적 권위주의가 지배됐던 교실 분위기는 질문을 끼워 넣어 개인의 배움을 찾는 미덕보다 길들여지고 통제될 수 있는 엄숙한 분위기에서 조성되었다. 이런 분위기는 권력을 유지하는 재생산구조를 탄탄하게 만들었고, 묻고 답하기를 통해 개개인은 무지를 해결할 수 있는 유일한 길을 버리게 되니 말 잘 듣는 성실한 노복들이 수도 없이 탄생한 것이다. 질문을 차단한 역사는 의외로 깊다. 특히 권위주의 사회는 비판적 사고력을 키우는 것이 자신들의 정체성을 흔드는 인재양성(?)으로 이해되었다.

두 번째는 질문하는 훈련과정은 만들지 않고 질문만 찬양한 꼴이다. 질문의 필요성만 강조한다면 사정을 모르는 사람들의 눈에는 그럴싸해 보이는 빛 좋은 개살구가 될 수밖에 없다. 질문은 그냥 궁금해서 던질 수 있는 문제가 아니다. 어릴 때는 질문을 하기 위한 앞뒤맥락을 적절하게 찾지 못할 뿐만 아니라 자신의 무지가 부끄러워서 스스로 고해적 태도를 자연스럽게 끌어내는 생각을 못한다. 그런 질문은 어릴 적 호기심에서 묻는 말이 아니다. 배움의 탐구활동에서 자연스럽게 던지는 질문조차 자칫 이상한 분위기 창작자로 웃음보따리의 상대가 될 수 있다. 질문은 제대로 된 탐구과정에서 필수적인 태도를 포함하는 활동이다.

질문이 만들어지려면 먼저 선행되어야 할 조건이 있다. 사안이나 주제가 던지는 내용 속에서 "왜 저러지?"라는 문제의식을 가질 수 있어야 한다. 문제의식은 비판적 사고력에서 출발한다. 왜 저런 현상이 생겨났는지, 왜 그렇게 타당하다고 말하는지, 그 내용이 긍정적이든 부정적이든, 어떤 질문이던지 가능하게 만들어야 한다. 그러려면 '차이'를 인정할 줄 아는 다양성이 사회 분위기로 깔려야 한다.

우리가 사람들 속에서 숨 쉬고 산다는 말속에는 사람들과 관계하는 세상에 서 있다는 말이다. 사람이 사람의 마음을 움직여 세상을 유지하면서 산다. 그런데 사람들은 관계 속에서 마음이 다치고 마음이 멍드는 것이 문제다. 그런 마음을 다스릴 수 있는 힘은 경제력도 의료적인 힘도 정치적인 힘도 아니다. 인문학적인 질문이다. 왜 사는가? 왜 가치를 따지는가?의 문제다.

"질문이 있는 교실은 행복한 광주교육"이라는 표현은 매우 중요하다. 강조하지만 표현만 아름다웠을 뿐 질문이 행복한 광주교육을 실현하기 위해 질문을 끌어오는 게 무엇인지 깊은 이해가 부족한 가운데 구호만 외친 꼴이다. 선언적이라고 그 고심의 의지를 담아 바꾸려는 구호쯤으로 이해해도 좋다. 대한민국 교육은 초중고를 거치면서 질문이 사라지고 결국 창의성마저 사라지고 있다는 지적을 극복할 수는 없을까? 있다면 국제수학능력평가에서 최상위권을 달렸던 창의성이 대학에 들어가면 어디론가 사라지고만 그 힘을 되찾아올 수 있을 것이다.

청소년의 독서교육은?

청소년 시기에 습득해야 할 가장 중요한 습관 중의 하나를 든다면 독서활동이다. 독서는 그 중요성을 아무리 강조해도 지나침이 없을 만큼 자신의 지적, 정서적 성장을 위해 중요한 방편이다. 디지털시대가 되면서 스마트폰에서 제공하는 단편적인 정보만을 마치 토끼 뜀처럼 띄엄띄엄 읽고 만다면 수박 겉핥기와 같아서 자신의 인생을 관통하는 성찰이나 자기만의 정체성을 형성하지 못한 채 이리저리 흔들리며 살 수밖에 없다. 독서는 인생을 살아가면서 자신을 위해 가장 필요한 투자이다.

　다산 정약용은 독서가 있었기에 유배시절의 혹독한 시기를 잠잠히 버티면서 때를 기다릴 수 있었다고 말한다. 자신뿐 아니라 아들들에게도 "폐족에서 벗어날 수 있는 길은 독서밖에 없다"라고 이르며 독서를 통해 미래를 대비하도록 했다(「심경」 읽기).

　청소년의 독서교육을 위해 시도교육청에서는 과거 독서교육종합지원시스템을 운영하였다. 하지만 독서활동 기록을 단순화하면서 기록을 간략화했다. 여기에서는 청소년 필독서를 소개하고 독후감 등을 받아 마일리지 서비스 등을 제공함으로써 독서활동을 장려한다. 케리스에서는 독서교육종합지원시스템을 통해 학생들에게 읽어야 할 책을 알고리즘을 통해 개인별 맞춤형으로 소개해주고 있지만 그것만으로 독서가 소기의 성과를 거두기는 어렵다. 현장에서는 독서교육까지도 사교육을 통해 일정한 틀 속에 집어넣어 학습되고 있었기 때문이다. 독서를 통해 감동을 느끼고 사색하기보다는 요약된 줄거리 파악에 그치고 그 책이 주는 교훈이나 시사점까지도 천편일률적인 학습의 일환으로 구성되어 있어서 안타까웠다.

　학생들의 독서를 장려하기 위해서는 제출한 독후감 등에 대해 교사와 토론이 이루어지고 교사로부터 피드백을 제공받게 되면 가장 큰 권면이 될 수 있지만 그렇게 하기에는 교사의 업무가 너무 많아 현실적으로 불가능하다. 향후 인공지능 기술이 도입되면 자연어처리 기술 등을 통해 인공지능이 독후감을 읽고 피드백을 해줄 수 있을 것으로 기대된다. 미국의 토플은 에세이를 채점할 수 있는 인공지능 E-rater를 도입하여 20초 동안 16,000개의 에세이를 채점하고 있고 MOOC 학습플랫폼도 인공지능형 자동채점기 AI Grading을 사용하고 있다.

우리나라에서도 이러한 연구가 교육과정평가원 등에서 진행되고 있지만 실제 활용되기까지는 좀 더 시간이 필요한 상태다. 한국어에 대한 자연어처리가 된다면 이러한 기술의 발달은 우리 교육에 있어 상당한 변화를 초래할 수 있다. 당장 논술형의 시험이 가능해지고 프랑스의 바깔로레아 등의 방식이 도입될 수 있다.

제4차 산업혁명시대 우리는 다양한 플랫폼의 발달로 간단한 클릭과 검색을 통해 필요한 지식을 얻을 수 있다. 하지만 이와 동시에 거기에 머무르지 않고 타분야로의 전이와 융합이 요구된다는 점의 특색이 있다. 플랫폼은 사용하기에 따라서 인공지능이나 에듀테크를 통해 독서를 촉진하고 지식의 전이와 융합을 촉진할 수 있다.

초중고에서 왜 인문학이 필요한가?

　미래학자들은 AI 시대가 되면 사람이 하는 일은 줄어들고, 소수 몇 사람만 취업 활동을 하고 나머지는 실업상태로 살아갈 것이라고 예측한다. 벌써 스마트한 생산현장에서는 로봇과 인공지능에 의해 일자리를 빼앗기고 있다. 카페에서 로봇이 주문한 음료를 배달하는 곳도 늘고 있다. 이런 추세라면 대부분의 사람들이 일을 하지 않은 채 기본소득이 제공되고 각종 공공인프라가 확대되어 공공환경에서 무료로 일상을 살아가게 될 것이다. 그렇게 여유가 생긴다고 그냥 놀기만 할 수 있을까? 갑자기 밀려오는 지루함과 우울감이 괴롭힐 때 어떻게 할 수 있을까?
　심리적인 안정감과 마음의 위로를 위해 사용하는 '마음풀이'도 인공지능에 의존하고 있다. 진단의료 분야에 AI 지능이 도입되어 사람보다 정확한 진단 결과를 제공한다. 그럴 때 사람보다 인공지능을 신뢰해야 할까? 그 기계적인 힘은 인간으로서의 정체성, 인간관계에 대한 관계성을 넘어 '삶의 의미'나 '삶의 가지'를 던지면서 우리의 삶을 촘촘하게 되짚어 줄 수 있을까? 인공지능과 자율주행 시대를 살아갈 우리들에게 던지는 새로운 화두다. 이 질문을 해소하지 못하면 열패감, 우울감, 상실감 등이 쉽게 찾아와 우리를 또 다른 방향에서 괴롭힐 것이다.

이런 문제는 종교와 철학, 문학과 역사 영역에서 묻고 대답하는 과정에서 해소될 수 있는 주제들이다. 결국 사람은 사람으로부터 위로를 받을 때 가장 안정된 심리적 평화를 얻을 수 있기 때문이다. 이런 맥락에서 인문학적 교육이 요청되는 근거다. 누구도 타인이 개인의 마음 안에 들어가기 어렵다. 그래서 타인과 함께 자신이 던지는 위로를 통해 타인의 감정과 공감을 만드는 일도 한계가 있다. 가장 효과적인 해결책은 자신의 조절 능력을 갖추고 정리하는 것이 최상이다.

어느 블로그에서 세계적인 TECH Company CEO들이 자녀들에게 인문학을 가르친다는 글을 읽은 적이 있다. 예를 들어 좋은 주인을 만난 노예는 매우 편리한 삶을 산다. 생각하지 않고 주인으로부터 주어진 일만 하면 되고, 책임지지 않아도 되기 때문이다. 노예의 입장에서 보면 주인의 삶은 좋아 보일 수도 있지만 주인의 삶은 의외로 피곤한데도 그 세계를 알지 못할 뿐이다.

사람은 상황을 만나면 생각을 통해 어떤 결론을 내려야 하고, 그 과정에서 부딪치는 상황을 선택해야 하고 최종적으로 다가오는 좋고 나쁜 결과에 대한 책임을 져야 한다. 그러나 노예의 삶을 사는 사람은 생각하지 않아도 된다. 아니, 생각하고 행동하면 오히려 삶이 더 고달파진다. 사실 지금의 우리는 '자유시민'이지만 일상에서는 노예와 같은 생각과 태도를 유지하기도 한다. '의미'와 '가치'를 고려하지 않으면 내가 의식하지 못한 사이에 익숙하게 훈련되어 편리하게 생활한다. 예컨대 A는 진짜 나쁜 사람인 줄 안다. B가 나쁘지 않은 듯 행동했는데 알고 보니 나쁘더라 식이다. 그래서 A를 선택하겠다는 생각을 대부분 보통 사람들은 한다. A와 B는 분명하게 구분되어야 맞다. 그것을 구분하는 능력은 셀프 리더십이다.

'셀프 리더십'은 매스미디어에 훈련되지 않고, 자신을 중심에 두고 객관 세계를 정돈하는 시대다.

여기서 충돌이 발생한다. 이 모순된 현실의 해결 열쇠는 바로 '인문학'에 있다. 인문학은 주인, 리더로서 생각하고 결정하고 책임지는 태도를 갖는 힘을 키우는 분야다. 그래서 인문학은 늘 던질 수밖에 없다. '왜 사는가?'이다.

'왜 사는가?'에 관한 생각은 보통 사람들에게 사치일지도 모른다. 하지만 인류의 역사를 보면 그렇지 않다. '왜'라는 질문으로 인류는 살아왔다. 역사는 사회시스템과 플랫폼을 만들어가는 거시적 안목을 가진 사람들과 눈앞의 먹고 사는 것에만 집중하는 미시적인 사람들이 뒤섞이면서 살아온 과정이다. 미시적인 사람들이 거시적으로 바라볼 때 막힌 흐름이 뚫릴 때가 많다.

인문학은 세상의 구조를 큰 그림의 방향에서 이해하게 해준다. 눈앞의 문제를 더 분명하게 들여다보게 하고 해결 방법을 찾아갈 수 있도록 정리해 준다. 즉 통찰적 힘을 제공한다. 통찰력은 인문적 능력의 산물이다. 세상과 인간에 대한 큰 그림을 그리면서 더 작은 부분과 연결짓거나 지혜로운 판단을 키워준다. 지혜로운 판단력은 소모적인 과정을 줄이고 더 많은 여유를 만들어준다. 그것이 반복되면 또 다른 관심을 키워주고, 세상을 보는 안목이 커지면서 삶은 더 넓고 깊은 이해의 시스템을 갖추게 될 것이다.

아시다시피 인문학은 직접적인 답을 주지 않는다. 예컨대 '삶의 의미'를 되새기는 과정을 통해 정리되고 해결책을 만들어낸다. 그래서 '어떤 삶을 살 것인가?'를 묻는 일은 중요해진다. 인문학은 그 해결할 수 있는 실마리를 만들어준다.

인문학은 결코 머리로만 따지는 영역이 아니다. 실용적인 면과 연결될 때 제 몫을 다 한다. 애플의 CEO였던 스티브 잡스는 첫 아이폰을 출시하면서 동양의 인문학에 기반한 통찰 덕분이었다고 고백했다. 이는 같은 기술을 가지고 상품을 생산하더라도 사람들이 무엇을 원하는지, 어떻게 접근해가야 하는지를 묻고, 그 기술을 찾아낸 것이다. 즉 인간 자체를 이해하는 것이 곧 인문학이기 때문이다. 이렇게 인문학은 기술 개발, 마케팅, 광고 등에 광범위하게 사용된다.

따라서 인문학은 스스로 배울 이유를 찾을 때 진짜 가치를 발휘한다. 지금까지 교육은 과거를 익혀서 현재를 사는 역할을 했다. 교육의 트랜드가 과거에서 미래로 바뀐 시대다. 사회의 변화

속도를 보면 과거를 익혀 현재를 사는 것이 아니라 현재를 익혀 미래를 살아야 한다. 현재에서 미래를 찾는 일이 그래도 생산적일 수 있다. 미리 미래를 준비해 미래를 살 수 있도록 교육의 대전환이 필요하다. 과거형의 교육은 교실에서 미래가 멈춘 채 교육활동을 했다. 미래형이란 기술적인 대응의 표현이 아니다. 미래 교육은 미래를 살아가야 할 학생들이 주체가 되도록 재구성되어야 한다는 말이다.

그 변화를 위해 교육 현장이 역동적으로 움직일 수 있도록 변화해야 한다는 시대적 요청을 받았는데도 의식하지 못했다. 비로소 코로나19가 잠들었던 우리를 깨우고 있다. 갑자기 구축한 e학습터, 그 너머에 가정에서 홀로 고립된 학생을 깨우고 끌어내 참여시키는 일을 독려하고 있다.

첫 번째 교육의 주체가 교사 중심에서 학생 중심으로 변해야 한다. 학생이 스스로 학습을 주도할 수 있도록 위치 변경이 필요하다. 가르침을 이끌어야 한다는 미래의 교사는 아이들이 가지고 있는 능력을 코디하고 안내할 수 있도록 해야 한다. 한 명 한 명의 예술작품같은 인생을 멋지게 꾸며갈 수 있도록 아이들의 잠재력을 끌어내도록 조력해야 한다. 그러기 위해 교사들이 먼저 갖추어야 할 능력은 인문적 소양이다. 인문적 소양은 사람을 이해하는 힘, 문제의 핵심을 파악하는 힘, 전체를 통찰해야 하고 미래를 가늠할 줄 아는 능력을 말한다.

인문적 소양의 핵심은 비판적 사고력에 기반한 문제의식이다.

비판적 문제의식은 부정이 아니라 자기 동의를 끌어낼 수 있는 긍정의 힘이다. "왜?"라는 질문을 던짐으로써 자기에게 맞는 재구성이 무엇인지를 찾는 일이다. 기존의 당위적인 조건에 맞추어 따라가는 것이 아니라 상대적인 상황과 조건에 따라 달라질 수 있는 상황적 사고가 필요하다는 것이다. 그것이 비판적 사고력을 만드는 인문적 소양이다.

그것은 미래를 개척하기 위해 주도권을 학생들에게 넘겨주는 일 앞에 가장 핵심적인 일이다. 교실에서부터 교사와 학생의 위치를 변경시킨다. 칠판 앞에 학생이 서고 교사는 교실 뒤로 가는 것이다. 교사는 전체를 조망하면서 수업활동을 준비하고 학생은 스스로 자신의 학업을 꾸릴 수 있도록 역할 바꾸기를 하는 것이다. 기존의 교사 중심의 수업방식을 뒤집는 것이다. 교사로부터 배웠던 시대는 과거로 되돌아가 미래의 적응력을 만들지 못했다. 미래형 거꾸로 수업은 학생이 중심이 되어 교사로부터 요령을 배워 배움을 개척하도록 주도권을 넘겨주는 전통적인 수업방식의 모형 뒤집기다. 이 방식이 성공하려면 학생들에게 인문적 소양을 기를 수 있는 '왜'를 훈련할 수 있는 철학교육이 도입되어야 한다. 교육의 목적이 사회 능력을 배양하는 일이라면 학생들이 스스로 주도성을 쥐고 사회 능력을 찾아가는 배움일 때 가장 효율성이 높은 교육이 될 것이다.

# 5부 한국교육학술정보원의 성과 및 나의 독서

대한민국 교육을 이끈 KERIS의 3년간(2021~2019) 성과들

나의 독서

1. 유시민 지음,『어떻게 살 것인가』
2. 구제고지 지음,『감정정리의 힘』
3. 엘리자베스 블랙번, 엘리사 에펠 지음,『늙지 않는 비밀』
4. 유발 하라리 지음,『사피엔스』
5. 유발 하라리,『호모데우스』
6. 한병철,『심리정치』
7. 커트 모텐슨 지음,『설득의 힘』
8. 조지 레이코프 지음,『코끼리는 생각하지 마』
9. 찰스 틸리 지음,『위기의 민주주의』
10. 재레드 다이아몬드 지음,『총, 균, 쇠』
11. 박상훈 지음,『청와대정부』
12. 강준만 지음,『오빠가 허락한 페미니즘』
13. 고미숙 지음,『조선에서 백수로 살기』
14. 데이비드 월러, 루퍼트 영거 지음,『평판게임』
15. 김중원 지음,『사색이 자본이다』
16. 유현준 지음,『어디서 살 것인가』
17. 그레그 스타인메츠 지음,『자본가의 탄생』
18. 홍성국 지음,『수축사회』
19. 레온 빈트샤이트 지음,『삶의 무기가 되는 심리학』
20. 신영복 지음,『강의-나의 동양고전 독법』
21. 김헌태 지음,『초소통사회 대한민국 키워드』
22. 다니엘 핑크 지음,『새로운 미래가 온다』
23. 장성권 지음,『데이터를 철학하다』
24. 토드 로즈 지음, 정미나 옮김,『평균의 종말』
25. 정용선 지음,『장자, 고뇌하는 인간과 대면하다』
26. 말콤 글래드웰 지음,『타인의 해석』
27. 정두희 지음,『3년 후 AI 초격차 시대가 온다』
28. Wayne Holmes, Maya Bialiik, Charles Fadel 지음, 정제영·이선복 옮김,『인공지능 시대의 미래 교육』
29. 박석무 지음,『목민심서, 다산에게 시대를 묻다』

대한민국 교육을 이끈
KERIS의 3년간(2021~2019) 성과들*

 교육정보화 역사는 대한민국 교육의 과거와 현재를 이어주는 통로이자 미래를 이끄는 기관차다. 1970년 시청각교육을 시작으로 컴퓨터가 도입되고 인터넷을 통해 정보를 이어가면서 교육의 기본환경이 만들어졌다. 이후 21세기가 시작되면서 교육정보화는 교육현장에서 ICT활용교육과 이러닝으로 체계화되면서 서비스 고도화를 이끌었다. 유러닝, 스마트교육, 소프트웨어교육으로 서비스의 질을 높이면서 고도화 수준으로 한 단계 진전시켜 지능정보학습체계에 도달했다. 과거와 현재와 미래가 한 몸이 되어 성장한 곳이 교육정보화의 산실인 한국교육학술정보원이다. 우리나라 교육의 축소판 역사를 고스란히 간직하고 있다.

 케리스는 2021년 코로나19와 싸우면서도 교육정보화사업을

---

* 한국교육학술정보원에서 2019년부터 2021년까지 발행된 '교육학술정보화 백서' 중에서 발췌한 내용이다. 박혜자, 『교육정보화 백서』, 교육학술정보원, 2019~2021. 12. 참조.

치열하게 추진했다. 학교에 등교하지 못한 채 학교 수업을 연장시키는 일은 곧 학교에 나오지 못하고 있는 아이들을 위해 재택학습 환경을 만들어내는 일이었다. 짧은 시간 안에 감당해야 할 역량은 다른 시기보다 몇 곱절 더 큰 에너지를 요구했다. 그것도 3년 동안 빅뉴스로 장식될 만큼 엄청난 내용이다. 특히 양방향 원격수업을 가능하게 만드는 e학습터 화상수업시스템을 개통한 일은 K-에듀를 대표할만한 콘텐츠라고 자부할 수 있다. 2019년부터 3년간 재직하면서 추진한 사업 중 굵직굵직하게 성과를 낸 교육정보화관련 사업을 몇 가지를 소개한다.

▶ 실시간 양방향 원칙 수업 지원을 위한 e학습터 화상수업시스템 개통

2021년 3월 신학기부터 'e학습터(cls.edunet.net)' 화상수업시스템이 기본 기능(화면 및 문서공유, 판서, 녹화 등)에 더해 초·중등학교 교실수업의 특성을 반영한 신규기능을 추가하였다.

e학습터는 지난해 코로나19 대응 조치에 따라 급격히 추진된 온라인 개학과 원격수업을 지원하기 위해 대규모 서버를 증설하고 양질의 교과 콘텐츠 확보와 현장 지원 체제를 강화해 왔다. 하지만 학생과 교사 또는 학생과 학생 간의 소통 부족 문제가 지적되었다.

새롭게 도입된 신규기능은 수업자료 사전 등록 및 화면 전환 기능, 수업 참여 반응을 즉시 확인할 수 있는 예/아니오 기능, 집중 확인 메시지 발송을 통한 주의환기 기능, 학습 이해여부 확인이 가능한 퀴즈 제시 기능 등이다. 그 밖에도 토론 수업에 유용하게 쓸 수 있는 설문 기능, 교사와 학생 간 1대1 채팅(귓속말 기능), 모둠활동 등 보다 다양한 수업을 위한 특화기능도 포함하고 있다. 실시간 실질적인 교실환경을 만드는 것이 케리스의 목표다.

▶ 학업중단 학생의 이용편의를 위한 학교 생활기록부 온라인 발급 서비스 개시

교육부는 학업중단 학생들이 '교육행정정보시스템(나이스)' 누리집의 '홈에듀 민원서비스'를 통해 온라인으로 학교생활기록부를 발급받을 수 있도록 2021년 5월3일부터 서비스를 개선하였다. 이번 서비스 개선으로 자퇴 등으로 학업을 중단한 학생들이 학교생활기록부를 발급받기 위해 출신 학교를 직접 방문하거나 행정복지센터 등을 방문하여 팩스(FAX)로 신청하는 불편함을 해소하게 되었다.

지난해 학교생활기록부의 발급 건수는 129만 8,212건으로, 교육 제증명 전체 발급건수 470만 863건(온라인·무인인원·방문 등 모두 포함)의 27.6%를 차지하였다. 학교생활기록부는 학업중단 학생들이 취업에 필요한 서류로 제출하거나 해외 유학 등 새로운 줄발을 준비할 때 활동하는 자료인 만큼 온라인으로 언제 어디서나 편하게 발급받을 수 있다는 점은 큰 의의가 있다.

▶ 현장수요 중심의 에듀테크 발전을 위한 에듀테크 소프트랩 개소

에듀테크 기업의 제품 및 기술이 교육현장의 수요를 중심으로 개발·개선될 수 있도록 교사와 학생 등 교육 수요자와 기업이 만날 수 있는 현장인 '에듀테크 소프트랩'을 개소하였다.

에듀테크 소프트랩은 에듀테크의 기술시험을 위한 테스트베드 공간, 에듀테크 기술을 전시하고 수요자가 직접 체험해 볼 수 있는 체험공간, 원격교육 실습 스튜디오 공간 등을 제공한다. 2021년 9월 10월, 교육부와 한국교육학술정보원은 수도권(경기대학교), 동부권(대구 SW융합테크비즈센터), 서부권(광주교육대학교)의 3개 권역에서 에듀테크 소프트랩을 개소하였다.

에듀테크 소프트랩은 현장 수요에 대한 이해와 효과 검증성 기회를 요구하는 기업과 현장에 적합한 맞춤형 기술을 요구하는 교육관계자들 간의 수요가 맞물려 탄생한 공간이다. 에듀테크 소프트랩 내에서 에듀테크 기업은 교사와 학생 등 교육 현장 수요자와 만나 현장 중심의 에듀테크를 발굴하고 개선하며 교육 현장의 적용 모델을 개발하는 다양한 활동을 추진하게 된다. 교육 현장과 에듀테크 기업 간 연결을 통해 학교에서 양질의 에듀테크를 폭넓게 활용하여 디지털 기반으로 교수·학습을 혁신할 수 있도록 지원하는 것을 목적으로 한다.

▶ 교원전용 디지털 콘텐츠 플랫폼 '잇다(ITDA)' 개통

2021년 8월 31일, 교육부와 17개 시·도교육청, 한국교육학술정보원은 교원의 안전하고 편리한 수업자료 제작과 활용을 지원하는 교원 전용 디지털콘텐츠 플랫폼 '잇다(ITDA, ICT-based Teacher Development Assistance platform)'를 개통하였다. 코로나19로 인한 전면적인 원격교육을 계기로, 온·오프라인 융합교육 등 새로운 교수·학습에 대한 요구가 폭발적으로 증가하는 상황에서 수업의 핵심기제로 '교육콘텐츠'의 중요성이 증대되어 왔기 때문이다. 하지만 교육현장에서 교원이 양질의 콘텐츠를 구해 직접 수업자료를 제작하는 데는 많은 시간과 노력이 소요돼 어려움이 많았다. 이에 기관이 주도하는 콘텐츠 공급 패러다임에서 벗어나 공급자와 소비자 간 활발한 소통을 기반으로 자발적인 '콘텐츠 공유'와 '서비스 연계'가 가능한 서비스 '잇다(itda.edunet.net)'를 개통하게 되었다.

'잇다'는 공공과 민간에서 개발 보유한 교육용 콘텐츠를 학교 현장에서 손쉽고 빠르게 활용할 수 있도록 '친구맺기', '교원 채널' 등의 소통(커뮤니티) 기능도 지원한다. 그 외에도 탑재된 콘텐츠를 기반으로 교사들이 쉽고 편리하게 수업자료를 제작할 수 있도록 저작 및 활용 도구를 제공한다.

한편, '잇다'는 에듀넷 통합인증을 통해 별도의 회원가입 없이 이용할 수 있으며, '지식샘터', '디지털교과서', '위두랑' 등 교육 활동을 지원하는 공공·민간의 다양한 서비스와 연계된다.

▶ 성인학습자의 교육과정 설계지원을 위한 '맞춤 배움길' 서비스 개시

2021년 5월17일, 교육부는 20개 원격대학의 교육관련 자료를 기반으로 인공지능(AI)이 분석한 학습자 맞춤형 교육과정을 추천하는 '맞춤배움길 서비스(cures.kr)'를 공개하였다. 이는 인구고령화와 지식 생명주기가 점차 단축됨에 따라 성인 학습자의 생애주기에 맞는 대학평생교육에 대한 수요를 반영하여 개발되었으며, 성인 학습자의 자기주도적 교육과정 설계를 지원하고 원격교육 활성화를 위한 정보접근성을 높인다는 데 의미가 있다.

'맞춤배움길' 인공지능(AI)은 이용자가 입력한 정보(성별, 연령, 직업 등)를 기반으로 유사한 원격대학 선행학습자의 교육과정 이수정보를 분석하고, 이를 바탕으로 이용자에게 최적의 맞춤형 교육 과정을 안내한다. 이수과목, 연계전공 및 장학금 등에 대한 정보도 제공하며, 모든 서비스는 회원가입 없이 무료로 이용할 수 있다.

또한 '맞춤배움길'은 교육과정 추천 서비스 외에, 전공정보(원격대학, 일반대학, 학점은행제), 국가자격증 및 직업정보를 편리하게 찾아볼 수 있는 교육정보 검색과 학습자 성향검사 서비스를 제공한다. 교육정보 검색서비스는 원격대학의 학과, 강의, 강좌 정보뿐만 아니라 워크넷(worknet.kr), 큐넷(q-net.or.kr)의 일반대학 전공정보, 국가자격증 및 직업정보, 학점은행제(cb.or.kr) 전공정보를 한 곳에서 용이하게 검색할 수 있는 서비스를 제공한다.

학습자 성향검사 서비스는 총 3가지 방식으로 제공되는데, 이용자는 세 가지 검사 중 하나를 선택하여 자신의 성향을 파악하고, 향후 학습방식과 학습목표 선택지표로 활용할 수 있다.

▶ 교육데이터의 안전한 가명정보 활용을 위한 교육 분야 결합 전문기관 운영 개시

2021년 6월1일, 한국교육학술정보원은 교육부로부터 '교육 분야 결합 전문기관'으로 지정받아, 가명정보 결합 및 반출 등의 업무를 본격적으로 수행하게 되었다. 이는 2020년 개인정보보호법 개정에 따라 통계 작성, 과학적 연구, 공익적 기록보존 등의 업무를 수행할 경우 정보주체의 동의없이 가명처리를 통해 개인정보를 활용할 수 있으며, 개인정보보호법령 및 관련고시에 따라 지정기준을 충족하는 경우 가명정보 결합 전문기관을 운영할 수 있게 됨에 따른 것이다.

한국교육학술정보원은 공공 및 민간기관, 단체 등의 가명정보 결합 신청을 받아 결합하고 재식별할 수 없도록 안전하게 처리하여 제공하는 업무를 수행하게 되었다.

이에 따라 각 기관이 보유한 교육데이터를 결합함으로써 부가가치가 높은 데이터를 개발 및 활용할 수 있게 될 것으로 기대된다. 예컨대 교육성보(학교, 취업, 장학금 등), 환경정보(미세먼지, 전염병 등), 지역정보(박물관, 도서관, 학원, 유해환경 등) 등을 활용해 교육 분야에 의미 있는 가명정보 결합 모델을 개발해 실생활에 유용하게 활용할 수 있다. 지능정보사회에서 인공지능과 빅데이터를 활용하기 위한 가명정보의 결합은 데이터를 활용한 과학적 연구와 새로운 교육서비스 창출에 기여할 것으로 전망된다.

▶ 안전한 수업자료 제작을 위한 '글꼴(폰트) 점검 프로그램' 배포

2021년 5월, 교육부와 한국교육학술정보원, 17개 시·도교육청은 1만여 건의 방대한 기본·무료·유료 글꼴 정보를 수집해 컴퓨터 내에 설치된 글꼴 파일과 문서파일(HWP, PDF, PPT)을 쉽게 점검할 수 있는 '글꼴(폰트) 점검 프로그램'을 개발한 전국 초·중등학교에 배포하였다.

그동안 초·중등학교에서는 글꼴 저작권 분쟁으로 많은 어려움을 겪어왔다. 최근까지도 교육저작권지원센터의 유선 상담 중 글꼴 분쟁은 전체 상담의 38%를 차지했다. 이에 따라 교육부와 시·도교육청은 공동 대응 협의체를 구성하고, 교육저작권 컴퓨터에 설치된 기본 글꼴(번들폰트) 외에 무료·유료 글꼴을 구분해야 하는 문제가 남아 있어 글꼴 관련 저작권 분쟁 예방에 한계가 있었다.

글꼴(폰트) 점검 프로그램은 교육기관의 글꼴 저작권 분쟁을 원천적으로 차단하고 글꼴 저작권 보호에도 큰 역할을 할 것으로 기대한다. 해당 프로그램은 에듀넷 누리집(www.edunet.net)을 통해 다운로드할 수 있다.

▶ 교육의 디지털 청사진, K-에듀 통합 플랫폼 청사진 완성

2021년 7월 22일, 교육부는 'K-에듀 통합플랫폼'에 대한 정보화전략계획(ISP)를 발표했다.

2024년 서비스 시작을 목표로 하는 K-에듀 통합 플랫폼은 기업의 교육 콘텐츠를 학교에 유통하는 동시에 학생들이 학습한 내용을 분석한 빅데이터를 에듀테크 기업에 제공한다. 이를 통해 교육컨텐츠와 에듀테크가 현장의 수요와 현안에 적합한 방향으로 발전하고, 에듀테크 산업의 활성화와 개방형 생태계 조성을 하는 것이다.

또한 K-에듀 통합플랫폼은 교육행정정보시스템(나이스)과 회계관리시스템(에듀파인)까지 연계돼 교사는 로그인 한 번으로 수업과 학사관리, 교육자료에 대한 과금처리 업무까지 진행할 수 있게 된다.

이번에 완성된 ISP 결과물은 통합플랫폼의 구성안과 구축 로드맵을 모두 담았다. 이는 공공과 민간 간의 의견 차이를 좁히기 위한 노력이 잘 보인다는 평가를 받고 있다. 후속 설계사업인 ISMP수립에서는 이러한 로드맵을 어떻게 구현해 낼 것인지에 대해 구체적인 내용을 담게 된다. 아무도 경험해보지 못했던 시스템인 만큼 많은 교육관계자가 그 과정과 결과물에 대해 관심을 주목하고 있다.

▶ 'RISS 듣는 논문서비스' 100만 건 돌파!

학술연구정보서비스(RISS)는 2018년 국내 최초로 시각 장애

인 연구자를 위해 약 3,000건의 학위논문을 음성으로 제공하기 시작했다. 2020년에는 장애인 및 비장애인 모두의 온라인 교육 수요에 맞춘 이용자 친화 서비스로 개편하면서 약 103만 건의 학위학술 논문 자료를 실시간 음성 변환하는 '듣는 논문서비스'를 확대 추진하였다. 장애인들은 늘 사각지대에 갇힐 수 있는 능동적인 서비스를 적극적으로 전환시킨 것이며, 비장애인들도 들으면서 일할 수 있는 환경을 조성함으로써 보다 효율적인 활동력을 뒷받침해 준 것이다.

▶ KERIS, 2020 대한민국 사회공헌대상 수상

대한민국 사회공헌대상 조직위원회에서 주관하는 '제15회 2020 대한민국 사회공헌대상'에서 교육부총리상을 수상하였다. KERIS는 지역 전통시장 소비 활성화 지원, 사회적협동조합 농특산품 구매 활동뿐 아니라 코로나19로 위축된 지역사회를 위해 자발적 성금 모금을 위한 전사적 기부 활동도 추진하였다. 양으로는 정보환경을 만들고 음으로는 사회 공동체의 일원으로 어려운 이웃과 함께 하는 노력은 교육 분야 사회공헌의 귀감을 만들었다.

▶ 대학원격교육지원센터 전국 10개 권역 선정

2020년 코로나19가 장기화되면서 대학의 원격수업을 지원할 '대학원격교육지원센터'가 개통되었다. 이는 대학 교수자에게 강의콘텐츠저장소를 제공해 필요시 언제든 강의 탑재가 가능하도록 한 것이다. 즉 연구와 강의활동의 지속을 위해 대학에 LMS를 지원하여 원격수업에 필요한 환경을 전반적으로 마련할 수 있도록 환경을 조성한 것이다. 또한, 전국 10개 권역에 원격교육센터를 구축해 관련 교육자원 개발 및 공유를 통해 원격수업의 질 개선을 목적으로 운영하였다. 팬데믹 시대, 대학교육의 현실과 가상의 잇는 케리스의 노력은 전국적인 지원체제를 통해 보다 현실적으로 채워질 수 있도록 최선을 다하고 있다.

▶ 쌍방향 온라인 지식공유서비스 '지식샘터' 오픈

2019년 10월 개통된 쌍방향 온라인 지식공유서비스 '지식샘터'는 실시간 화상 강의를 통해 개별 선생님들이 가진 에듀테크 역량을 자유롭게 공유할 수 있도록 지원하였다. 지식샘터 강의 주제를 보면, 첫째, 온라인플랫폼에서 e학습터, EBS온라인클래스 등 교육플랫폼을 활용한 수업 방법 및 학급 경영 노하우, 둘째, 교과별 콘텐츠로 교과별로 다양한 콘텐츠를 활용한 수업 방법, 셋째, 저작도구에서 저작도구를 활용하여 영상물, 문서, 이미지 등의 교육콘텐츠를 제작하는 방법, 넷째, 화상수업으로 다양한 화상도구 소개 및 활용 방법, 다섯째, AI(SW)교육에서는 인공지능이나 SW교육에 대한 교수학습 방법, 여섯째는 수업저작권으로 온·오프라인 수업상황에서 선생님들이 알아야 할 저작권 관련 지식을 익힐 수 있도록 구성하고 있다. 이는, 현장 교사의 정보 공유를 위한 다양한 참여를 통해 활용도가 높을 것으로 기대한다.

▶ KERIS, 개인정보보호 7년 연속 최고 등급 달성

2021년에도 행정안전부에서 실시하고 있는 개인정보보호 관리수준 진단에서 'A등급'을 획득해 7년 연속 최고 등급'을 달성하였다. 안전한 개인정보보호 체계를 갖춘 공공기관으로서의 발군의 입지를 다졌다. 특히, 3개 분야 13개 진단 지표 중 '보호대책 수립 및 운영' 분야 전체를 포함한 10개 진단 지표에서 만점을 획득해 개인정보보호 업무를 체계적이고 충실하게 수행하고 있는 것으로 평가받았다. 정보통신시대 정보보호는 케리스의 생명줄이어서 최고등급은 중요한 정책과제다.

▶ 건강상태 자가진단 앱, '올해의 앱' 선정

코로나19로부터 학생 및 교직원 방역강화를 위해 개발한 '건강상태 자가진단(교육부)' 앱이 '앱어워드코리아 2020' 공공서비스 부문에서 대상을 수상했다. 지난해 9월 처음 출시된 건강상태 자가진단 앱은 코로나19로부터 학생과 교직원을 보호하고 스스로 건강상태를 진단 및 예방하기 위해 만들어진 서비스다. 전국 2만여 유초중고등학교와 교육청 등의 교육행정 기관이 사용하여 방역의 최일선을 지키고 있다.

▶ 전국 사립유치원, K-에듀파인 전면 도입(3,584개원)

사립유치원에 대한 투명한 회계 운영은 국민적인 관심사다. 이를 해소하기 위해 '유치원 3법'이 개정되면서 더 큰 공공성을 확보하기 위해 국가기관의 노력은 계속되었다. 이에 전국 모든 사립유치원 3,584개원에 국가관리회계시스템인 사립유치원 K-에듀파인을 도입한 성과를 만들었다. 사립유치원 K-에듀파인의 안정적인 도입을 위해 교육부-시도교육청-KERIS는 사용자 상시지원 체계를 마련해 운영 지원에 만전을 기하고 있다.

▶ 사상 초유의 온라인 개학, 'e학습터'가 함께하다

KERIS는 코로나19로 인한 개학 연기 및 온라인 개학으로 학습공백 방지를 위해 최상의 노력을 다했다. 재택학습을 할 수 있도록 학습관리시스템이 적용된 e학습터를 통한 원격교육 지원을 적극적으로 시행하였다. 특히 KERIS는 학생의 학습 결손 예방을 위한 '온라인학습 대응반'을 구성해 e학습터 기반 시설을 증설하는 등 온라인학습 서비스를 활용해 가정과 학교에서 안정적인 서비스가 제공될 수 있도록 지원하였다.

▶ RISS, 대한민국 고객만족브랜드 및 ICT 플랫폼 '대상' 수상

2019년 학술연구정보서비스 RISS가 고객만족브랜드 및 ICT 플랫폼학회 주관의 대한민국 ICT 플랫폼에서 '대상'을 수상하였다. RISS는 국내외 학술정보 공유 플랫폼과 빅데이터 기술을 적용한 학술관계 분석서비스를 제공한 공로로 수상의 영예를 안았다.

▶ 나이스(NEIS), 국가대표브랜드 2년 연속 '대상' 수상

교무업무시스템[NEIS]이 '국가대표브랜드 행정정보 시스템(교육) 부문'에서 2년 연속 대상을 수상했다. 나이스는 학생·학부모가 신속하고 편리하게 정보를 이용할 수 있도록 최신 웹 표준을 적용하고 불필요한 플러그인을 최소화하였다. 케리스는 '나이스 대국민 모바일 앱'을 개발·보급하였다.

▶ KERIS, 공공기관 고객만족도 'A' 등급 달성

기획재정부가 실시한 2018년 공공기관 고객만족도 조사에서 'A' 등급을 달성하다. 대국민 서비스 품질개선을 위해 245개 공공기관을 대상으로 실시한 조사에서 고객 중심의 업무 성과를 높이 평가받았다. 공기업·준정부기관 교육 그룹 중 최고등급을 달성이다.

1. 유시민 지음, 『어떻게 살 것인가』, 생각의 힘, 2013.

이 책을 읽으면서 유시민 작가의 글이 내 마음에 진솔하게 와닿았다. 그는 "내가 꿈꾸는 세상을 구현하는 수단으로서 내 계획대로 정치를 하지 못했다. 내가 설계하는 정치를 하지 못했다"고 고백했다. 유 작가의 말을 통해 나를 들여다본다. 내 삶을 지배하는 감정은 무엇이었을까? 기쁨이나 즐거움보다 분노, 의무감, 죄책감, 연민 등이 아니었을까? '닥치는 대로' 살면서 정치도 닥치는 대로 한 것일까?

엄밀히 반성하자면 여태껏 남을 위해서 산 것도 아니지만 그렇다고 나 자신을 위해서만 산 것도 아닌 듯하다. 나 자신을 위해서 산다는 것이 결코 훌륭할 수 없다는 관념에 눌려서 내가 어떤 삶을 원하는지도 깊이 들여다보지 못했던 순간이 더 많았다. 즐거움과 기쁨을 느끼는 삶이 아니리 오히려 알 수 없는 죄책감이 더 많이 남았다. 그것이 남의 시선을 느끼는 '자기 검열의 삶'이었을까. "정치하려면 '상처를 치유하는 능력'이 있어야 한다."는 말이 값지게 기억된다.

이제 내 인생에 오르막은 없다. 기껏해야 평지거나 내리막길 뿐이다. 65세 정년이 이제 3년 남았다. 선거는 이기기도 하고 지기도 한다. 다만 그것을 내 자신이 어떻게 받아들이는가에 달려있다. 내가 정치를 한 것은 그것이 사람들과의 소통방식이었고 연대하고 관계를 맺는 방식이었기 때문이었다. 그러나 선거에 패배한 지금 나는 누구와도 소통하지 못하고 있다. 내가 죄책감으로 사람들과 소통하지 못하면 그들이 내 진심을 이해해주는 것이 아니라 오로지 선거 승리를 위해 위선적으로 인간관계를 맺고 소통한 것이 되고 만다.

『호모데우스』에서 말하듯이 의식은 뇌의 작용이고 뇌는 유전자가 만든다. 모든 의식이 자유의지가 아니라 뇌의 작용이라면 행복도 결국은 뇌의 생화학적 작용이고 비탄이나 슬픔도 마찬가지다. 뇌의 생화학적 작용을 바꾼다면 얼마든지 지금의 의식 상태도 바꿀 수 있다. 즉 지금의 의식을 결정하는 것은 선거에 패배했다고 하는 외부적인 상황이나 사건이 아니라 나의 내부적 작용에 달려있다.

보수는 인간 욕망과 본성, 익숙한 것에 대한 대변이라면 진보는 인간 본성의 변화, 진화를 추구한다. 정치는 비전과 정책, 아이디어의 경쟁이지만 열정과 탐욕, 소망과 분노, 살수와 암수가 맞부딪치는 권력투쟁으로서 비루함과 야수성을 가지고 있다. 이를 견디어낼 수 있는가에 대한 자문이 필요하다. 민심이나 여론이라는 세상의 변덕을 지상 최고의 가치로 숭상해야 하는 것도 정치의 숙명이다. 정치의 일상이 즐거운가? 짐승의 비천함을 감수하면서 야수의 탐욕과 싸울 준비가 되어 있는가.

"나는 정치의 일상이 요구하는 비루함을 참고 견디는 삶에서 벗어나 일상이 행복한 인생을 살고 싶다. 야수의 탐욕과 싸우면서 황폐해진 내면을 추스리려고 발버둥치는 사람이 아니라, 내면이 의미와 기쁨으로 충만한 인간이 되기를 원한다. 세상의 모든 비극과 불의에 대해서 내 몫의 책임이 없는지 살펴야 하는 게 괴로웠다. 변덕스러운 여론을 언제나 최고의 진리로 받들어야 하는 정치인의 직업윤리가 너무 무거운 짐으로 느껴졌다. 목적의식을 가지고 인간관계를 관리하는 것이 위선으로 보였다.(203)"

정치는 사람 속에서 한다. 정치적 행위가 아픈 게 아니다. 내 밖에서 유혹하는 탐욕과 맞서면서 아프지만 진정한 내면의 충만함을 얻는 게 더 중요하다. 원래 정치 자체가 좋아서가 아니라 세상을 더 좋게 만들고 싶어서 정치를 하는 것이었다면 내 안을 채우는 일이 아니라 다른 누군가를 위해 더 잘한다면 패배감에 시달릴 일도 아니다. 그것이 정치적인 품위다. 품격있게 늙어가는 법을 터득하고 싶다.

2. 구제고지 지음, 동소현 역, 『감정 정리의 힘』, 다산, 2016.

서점에서 우연히 만난 책이다. 선거와 관련해 심란한 감정 때문에 스스로 위로가 필요했다. 목표를 향해 치열하게 일했지만 마음 한켠은 뻥 뚫린 상실감으로 흔들렸다. 대부분 삶이 괴로운 이유를 외부적 요인이 아닌 마음 깊은 곳에 처음부터 자리 잡고 있던 감정 때문이라고 말한다. 일상에서 생기는 작은 부정적 감정들이 쌓여 우리의 마음을 답답하게 만드는 것이다.

이 책은 감정에 대한 해결책으로 감정을 비우고, 단련하고, 성찰하는 '감정회복 습관'을 소개한다. 사소하고 불필요한 감정에 휘둘리는 사람들을 위해 쉽게 실천하고 빠르게 효과를 볼 수 있는 감정회복 습관 트레이닝법도 담았다.

스위스 다보스에서는 매해 세계 각국 고위급 인사를 초빙해 '세계경제포럼'을 개최한다. 얼마 전 이 회의의 중심 주제로 '감정회복 습관'이 선택되었다. 감정회복 습관이 아직 우리에겐 낯설지만 해외에서 30년 이상 지속적으로 연구가 이루어져 왔고, 개인의 차원을 넘어서 조직이나 국가 차원에서 주목받고 있다.

이 책은 고난과 역경을 만났을 때 심리적으로 무너지지 않고 바로 원래 상태로 되돌아갈 수 있는 심리상태인 감정회복 습관으로, 책은 감정회복 습관으로 우리를 단련시킬 수 있도록 도와준다.

감정회복 습관의 특징은 ① 회복력, ② 완충력 ③ 적응력이다. "다 내 잘못이야", 또는 "다른 사람에게 폐를 끼치게 되어 면목이 없어"라고 스스로 책망하게 되면 부정적 감정이 커져 죄책감으로 발전하게 된다. 이것은 우울한 기분과 자존감을 하락시켜 감정회복 근육을 약하게 만든다. 그럴 때 도움이 되는 것은 부정적 감정과 반대되는 '감사'하는 마음이다. 감사 편지를 써보라고 권한다. 부정적인 감정은 내 마음속 '패배의 강아지'가 짖어댈 뿐이라고 치부해 버릴 것이다.

그렇다. 치열하게 살면서도 자신의 감정에 무너지지 않기 위해서는 먼저 부정적 연쇄반응의 고리를 끊어낸다. 그리고 쓸모없는 고정관념을 길들인다. 두 번째는 스트레스를 느낄 때마다 감정회복 근육을 단련한다. 나아가 하면 된다는 자기 효능감을 높이고, 자신만의 강점을 살린다. 세 번째는 잠깐 멈춰서서 자신을 돌아보고 성찰하고 힘들었던 과거 체험에서 의미를 찾는다.

스트레스가 과다한 사회일수록 감정회복 습관이 필요하다고 전제하면서 비우는 습관, 단련하는 습관, 성찰하는 습관으로 구성된 저자의 시선과 만날 수 있다.

저자는 일류 비즈니스맨이나 글로벌 인재들은 모두 하드 워크에 대해 거부감이 없고 두뇌를 엄청나게 혹사시켜도 견딜 수 있는 강한 정신력과 일에 몰두하는 모습은 무척 생동감 넘쳤다고 말했다.

감정회복 습관 트레이닝 코스에 참가하는 사람들은 매우 적극적이고, 연수를 마친 후에는 놀랄 만큼 생기 넘치는 표정으로 바뀌었다. 심리적으로 안정된 사람은 스스로 감정을 회복하는 습관을 지녔다.

새롭게 눈에 들어온 사실은 외국에서는 자신의 감정에 대해 배울 수 있는 '사회정서학습 SEL. Social and Emotional Learning(자신의 정서와 장단점에 대한 이해를 바탕으로 원만한 대인 관계를 형성하고 책임 있는 의사결정을 내릴 수 있도록 교육하는 과정)'을 학교에서 교육한다는 점이다.

감사하는 마음에 관한 연구의 일인자인 캘리포니아주립대학교의 로버트 에몬스(Robert Emmons) 박사는 감사의 여러 가지 효과를 실제로 증명했다. 예를 들어 감사하는 감정이 풍부한 사람은 행복도가 높았다. 확실히 모든 일에 감사하는 사람은 불행해 보이지 않는다.

'대응하기'는 상대방의 심리적 고통을 완화하는 행위를 의미한다. 자애심이 깊은 사람은 상대방이 마음의 문을 열 준비가 될 때까지 기다린다. 상대방의 고민을 함께 느끼고 신뢰와 안전의 공감대를 형성하며 이야기에 귀를 기울인다.

감정회복 습관이 몸에 밴 사람들은 유연하고 합리적으로 사고할 수 있다. 직장이란 대부분의 사람들이 일생에서 가장 긴 시간을 보내는 곳이다. 직장을 선택할 때도 감정회복 습관이 있는 사람들이 합리적인 관점에서 생각하고 판단하는 지를 중요하게 고려해야 한다.

살아가면서 스트레스는 근육단련을 통해 이뤄지지만 그것은 육체적인 근력보다 심리적인 근력운동, 달리기, 빠르게 걷기 등으로 힘을 키워내야 한다. 나아가 비판견(분노)을 잠재우기 위해 마인드 풀니스 호흡법의 길들이기를 통해 감사의 힘을 키우는 것이다. 회복력을 만드는 최선의 방법이다.

3. 엘리자베스 블랙번, 엘리사 에펠 지음, 이한음 옮김, 『늙지 않는 비밀(Telomere effect)』, 알에이치코리아, 2018.

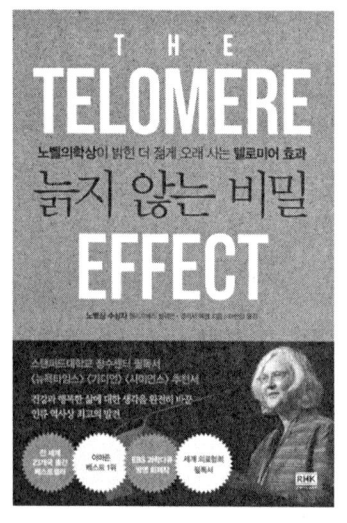

2009년 노벨생리의학상 수상자 엘리자베스 블랙번과 세계적인 건강심리학자 엘리사 에펠이 노화 연구의 혁명기를 불러왔다. 더 젊게 오래 사는 텔로미어 효과가 늙지 않는 비밀 통로라는 새로운 연구 분야를 개척한 것이다. 인간의 노화를 새로운 관점에서 보게 하는 내용이다. 과학자들의 연구 결과를 토대로 한 구체적인 개념들을 통해 앞으로 더 건강하면서 충족된 삶을 살 수 있도록 이야기하고 있다.

텔로미어는 세포 속 염색체의 양 끝단 구조다. 이는 염색체의 손상을 막아주는 덮개 역할을 한다. 세포가 분열할 때마다 텔로미어의 길이가 조금씩 짧아지면서 일정 길이 이상 줄어들게 되면 세포가 분열을 멈춘다. 그렇게 되면 더 이상 건강한 세포가 만들어지지 않아 우리 몸은 노화가 진행되어 죽는다. 즉, 텔로미어의 마모가 우리의 노화와 수명에 직접적인 영향을 주는 것이다.

이처럼 늙지 않고 오래 살기 위한 열쇠를 '텔로미어'가 쥐고 있다. 블랙번 교수는 이 책에서 텔로미어가 짧아지는 것을 막아 노화를 억제할 수 있을지, 더 나아가 텔로미어 길이를 늘여 노화를 거꾸로 되돌릴 수 있는지를 우리에게 안내한다. 텔로미어가 질병, 건강, 우리의 사고방식, 더 나아가 가족 및 공동체와 어떤 관련이 있는지 보여준다.

인류의 오랜 열망인 불로장생의 열쇠가 엄청난 특약이나 기법에 있는 것이 아니다. 오히려 매일매일 섭취하는 음식과 운동, 수면, 사고 습관 등 우리가 살아가는 방식에 있음을 일깨워준다. 더불어 건강심리학자이자 UCSF 정신의학과 교수인 엘리사 에펠이 신체뿐만 아니라 감정 및 사고가 텔로미어에 영향을 미친다고 밝혔다. 특히 텔로미어를 돕는 마음 자세에 대해서 알려주며 탄력적 사고, 자기 연민, 사고 인지 등 텔로미어에 긍정적인 영향을 미치는 사고 습관들을 익히기를 권한다.

늙지 않은 비밀은 옛날의 불로초가 아니라 텔로미어를 단축하거나 연장하면 노화를 멈추거나 거꾸로 되돌릴 수 있을 때임을 알았다. 텔로미어를 건강하게 만드는 일은 연애, 우정, 부모자식 관계 등 인간관계가 세포노화 속도를 늦추는 힘이다. 스트레스와 변화가 꼭 나쁜 것이 아니고 시행착오와 고난이 반드시 건강에 위협적이지 않다는 것이다. 노화란 세포 복제능력의 고갈이며, 젊음이란 자기 나이를 잊고 살면서 예전보다 더 현명해졌다고 느낀다. 거기서부터 시작한다는 사실이 중요하다.

4. 유발 하라리 지음, 조현욱(신문인) 옮김, 『사피엔스』, 김영사, 2015

독자인 필자가 주목한 것은 문화, 역사, 인지혁명 등이다.

문화는 사피엔스가 발명한 가상의 세계뿐만 아니라 실재 속에서 펼쳐진 엄청난 다양성, 그리고 그것이 유발하는 행동 패턴의 다양성이다. 역사는 시간상으로 문화의 끊임없는 변화, 발전과정을 말할 수 있다. 인지혁명은 역사가 생물학(생물학적인 종의 영역, 선사시대)에서 독립하게 된 시점(인지혁명 이후에는 생물학 이론이 아니라 서사=역사가 호모사피엔스의 발달을 설명하는 일차적 수단이 됨)이다.

인지혁명 이후 생물학과 역사의 관계는 이렇다.

첫째, 생물학은 사피엔스의 행동과 능력의 기본 한계를 결정한다. 모든 역사는 이런 생물학적 영역의 구속 내에서 일어난다. 둘째, 하지만 이 영역은 극도로 넓기 때문에 사피엔스는 엄청나게 다양한 게임을 할 수 있다. 사피엔스의 픽션을 창조하는 능력 때문에 점점 더 복잡한 게임을 만들었고 이 게임은 세대를 거듭하면서 더더욱 발전하고 정교해진다. 셋째, 결과적으로 사피엔스의 행동을 이해하려면 이들이 역사적으로 진화해온 과정을 서술해야 한다.

*인지혁명으로 인한 변화

새로운 능력	폭 넓은 결과
호모사피엔스를 둘러싼 세계에 대해 더 많은 정보를 전달하는 능력	사자를 피하고 들소를 사냥하는 식의 복잡한 행동을 계획하고 수행
사피엔스의 사회적 관계에 더 많은 정보를 전달하는 능력	규모가 더 크고 응집력이 더 강한 집단 최대 150명
부족정신, 국가, 유한회사, 인권 등 실재로 존재하지 않는 것들에 대한 정보를 전달하는 능력	A: 대단히 많은 숫자의 낯선 사람들끼리 협력 B: 사회적 행태의 급속한 혁신

인류가 좀 더 편한 생활을 추구한 결과 막강한 변화의 힘이 생겼고 이것이 예상치 못한 방향으로 세상을 변화시켰다. 농협혁명이 의도적인 것은 아니었다. 신전을 짓기 위해 정착한 것이 오히려 농업혁명을 초래할 수 있었고, 농업혁명이 일단 일어나면 거부할 수 없는 변화의 동력으로 작용했다. 그러나 농부들의 삶은 수렵인들의 삶의 질보다 낮고 고통스러웠을 것이다.

인간의 협력망 구축은 대부분 압제와 착취에 적합하게 만들어졌고 이를 부담한 것은 농민들의 잉여식량(세금징수)이었다. 기원전 211년 중국 진제국은 백성에게 세금을 징수하여 수십만 상비군과 10만 관료를 유지해야 했고, 기원후 1년 로마는 1억 명에게 세금을 징수하여 25~50만 상비군을 유지하고 도로망과 극장 등 인프라를 구축하였다.

사람들에게 기독교나 민주주의, 자본주의 같은 상상의 질서를 믿게 함으로써 체제를 유지(삶을 조직화하는 질서유지)하려면 그 질서가 결코 상상의 산물이 아니라 실재라고 믿게 해야 한다. 사람의 욕망도 이러한 상상의 질서에 의해 프로그래밍 된다. 이러한 상상의 질서는 내 속에서만 존재하는 것이 아니라 대부분 사람들이 공유하는 상호주관적인 것이기 때문에 혼자서 바꿀 수 없다. 객관적 현상은 인간의 의식이나 믿음과는 독립적으로 존재하며 주관은 한 개인의 의식과 신념에 따른 것이지만, 상호주관은 많은 개인의 주관적 의식을 연결하는 의사소통망 내의 것으로 법이나 돈, 신, 국가와 같은 것이다. 그러므로 상상의 질서를 빠져나가는 방법은 없다. 감옥의 벽을 부수고 자유를 향해 달려간다 해도 실상은 더 큰 감옥을 향해 달려가는 것일 뿐[한병철의 『심리정치』에서는 내면을 비우고 백치상태가 되는 바보만이 자본의 그물에서 자유로울 수 있다고 주장한다. 제니 홀저(Jenny Holzer)의 "내가 원하는 것에서 나를 지켜줘"는 자신의 소원에서 자유로워지고자 하는 자아의 욕망이면서 이와 동시에 스스로 자아를 지킬 수 없다는 무기력감을 표출하는 것]이다.

역사에 정의는 없다. 우연한 역사적 사건이 악순환에 빠져 문화적 편견이 작동한다. 그러나 문화 나름의 전형적 가치나 신념은 환경변화나 이웃 문화와의 접촉에 의해 끊임없이 변화한다. 질서 내면의 모순에 의해서도 변화한다.

5. 유발 하라리 지음, 김명주 옮김, 『호모데우스』, 김영사, 2017.

저자는 한국의 자살율을 주목한다. 국제적인 자살율은 저개발국에서 5명, 선진국은 10명인 반면 우리는 현재 10만 명당 36명(1985년 9명)이다. 이 수치는 30년 전과 비교하면 4배로 증가한 것이다. 그리고도 18년 동안 1위에 멈추지 않고 있다는 자살율, 중앙대 김누리 교수는 공정경쟁이 개인의 탓으로 내몰아 자살을 부르고 사회구조는 개선하려고 하지 않아서라고 지적한다.

저자에 따르면 인간의 경쟁력은 다양한 관계들의 협력에서 나온다. 사람의 영역을 넘어 자연의 영역까지도 협력적이어야 한다. 우리 종을 특별하게 한 것은 '대규모의 유연한 협력'이다. 그런 협력을 가능하게 한 것은 보이지 않는 것에 대한 믿음, 신화, 종교, 돈, 권위와 같은 것이다. 파라오의 피라미드도, 노틀담의 대성당도, 국가를 위한 징병도, 현대사회의 주식시장도 모두 이 보이지 않는 '이야기에 대한 믿음'이 가능하게 만든 것이다.

인간이 창조해 낸 '이야기(설화)'는 나쁜 것이 아니다. 오히려 필요한 것이다. 돈, 국가, 기업 같은 허구적 실체에 대한 널리 통용되는 이야기가 없다면 복잡한 인간사회가 제대로 돌아갈 수 없다. 똑같은 허구적 규칙들을 모두가 믿지 않으면 현재의 사회는 단 하루도 돌아갈 수 없을 것이다. 단 허구는 우리를 돕기 위한 발명은 그것들을 위해 희생해야 하는 것은 한계가 있지만 받아들여야 한다. 그러므로 국익이라는 허구를 위해 목숨이라는 실제를 희생해야 하는 전쟁은 매우 나쁜 일이다.

21세기 유일한 신앙은 '경제성장'이라는 종교다. 성장이라는 개념은 근대 이전엔 자연스럽지 않던 개념이다. 자연에는 성장이라는 개념이 없으며 생존투쟁은 하나가 무엇을 얻으면 다른 쪽에서 하나를 잃는 음양이론과 가깝다. 그러나 과학기술의 발전으로 예측 가능한 경제 생태계가 탄생하며 파이의 크기를 키워왔다. 과거의 욕망은 도덕적 판단 속에서 나쁜 점을 절제해야 하는 것에서 추구하고 얻어야 하는 것으로 바뀐 것이다. 이렇게 과학기술의 발전은 우리에게 힘을 주었다. 대신 우리는 신의 섭리라는 삶의 의미를 폐기했으나 존엄한 인간성, 집단지성의 신뢰 등을 통해 새로운 삶의 의미를 발견하였다.

사실 인간에겐 자유의지가 없다. 지금까지 밝혀진 사실에 따르면 인간의 행동의 근원이 되는 욕망은 유전자 또는 호르몬 등에 따라 영향받는다고 보았다. 즉 결정론적이거나 무작위적이다. 이렇듯 과학의 발전에 따라 인간성에 대한 무한한 신뢰에 바탕을 둔 인본주의는 점점 빛을 잃고 있다.

데이터가 우주를 지배하게 될수록 인간의 가치는 사라질 것이다. 당장 일상에 매여 살아가는 현대인에게 진화적 관점에서 말하는 미래 인류는 관심 밖일 수도 있다. 하지만 세상의 변화는 늘 생각보다 빠르게 다가온다는 걸 생각할 때 어쩌면 호모 사피엔스 역사의 종말은 우리가 살아 있는 동안 시작될지도 모른다. 아니 우리가 길을 걸으면서도 스마트폰을 내려다보고 있는 지금 이미 시작되었을 수도 있다. 개인의 자유, 존엄 같은 인본주의의 가치가 중요한 시대에 살아서 행복하다. 하지만 이 시대가 저물고 있다.

에피쿠로스의 행복론은 쾌락주의가 아니다. 무절제한 쾌락주의처럼 말하는 것은 철저한 오해다. 재미와 함께 사람이 사는 즐거움을 어디에서 찾아야 하는가를 안내한다. 아무리 생활이 힘들고 어렵더라도, 또 매우 고통스럽더라도 조금만 생각을 바꾸면 기쁨을 발견할 수 있다는 입장이 에피쿠로스다. 무절제한 쾌락의 추구가 인간을 행복보다 비참하게 만들 것이라고 경고하였고, 부처는 쾌락 추구가 인간 고통의 근원이라고 일갈했다.

저자는 또한 인간의 칼로리 소모량을 주목한다. 과거 호모에픽쿠르스 4,000칼로리를 쓰는 반면 호모사피엔스는 240,000칼로리로 60배가 필요하다. 인간은 자원을 바탕으로 다양한 활동을 가능하도록 에너지를 결합시켜 나갔고, 그러기 위해 지식을 쌓아왔다. 근대 이후 과학 분야의 지식은 무지 상태로 방치된 사실을 알게 해준 것이다.

저자의 마지막 질문이 무겁다.

첫째, 유기체는 단지 알고리즘이고, 생명은 실제로 데이터 처리 과정에 불과할까?

둘째, 지능과 의식 중에 무엇이 더 가치 있을까?

셋째, 의식은 없지만 지능이 매우 높은 알고리즘이 우리보다 우리 자신을 더 잘 알게 되면 사회, 정치, 일상에 어떤 일이 일어날까?

극단의 자살시도를 넘고 공정하게 세계를 바꾸려는 운동은 역사 다시 쓰기에서 시작했다고 지적한다. 이제 세계를 바꾸려고 한다면 상상적 역사서술이 필요하다. 사람들과 함께 새로운 미래를 만들 수 있도록 하는 인문학적인 상상력이 그것이다.

6. 한병철 지음, 『심리정치』, 문학과지성사, 2015.

자유의 위기다. 자유는 결국 에피소드로 끝날 것이다. 자유의 감정은 일정한 삶의 형태에서 다른 삶의 형태로 넘어가는 이행기에 나타나 이 새로운 삶의 형태 자체가 강제라는 것이 밝혀지기까지만 지속될 뿐이다. 우리는 자신이 스스로 기획하고 창조해가는 자유로운 프로젝트라고 믿고 있지만 사실은 스스로가 자발적으로 착취하는 절대적 노예이며, 서브젝트에 불과하다.

자본은 내가 원하지 않았더라도 그 가능성이 주어진다면 원할 것이 분명한 무언가를 할 수 있도록 해준다.

니오미 클라인(Naomi Klein)의 『쇼크 독트린』에서 몬트리올 정신과 의사 이웰 카메론(Dr. Ewen Cameron) 박사는 CIA 지원으로 쇼크를 줌으로써 죄 속에 들어있는 나쁜 것을 지워버리고 백지상태에서 새로운 인격을 구성하는 판옵티콘병원을 구축했다. 밀턴 프리드먼(Milton Friedman)은 충격을 통해 국가 규제나 무역장벽을 없애 순수자본주의로 되돌리는 신자유주의 사회로의 새로운 탄생을 꿈꾸었다. 신자유주의는 부정적 위협 대신 긍정적 자극을 통해 억압보다 호감을 사고 욕구를 채워주려고 한다.

신자유주의는 기분(스스로 의식하지 못하는 반의식적 충동적 층위의 작용)을 통해 인격을 조종하는 데까지 나간다. 감성자본주의는 삶의 세계와 노동의 시계를 게임화한다(호모루덴스). 자유를 얻을 수 있는 시간은 생산형식에서 벗어난 완전히 비생산적인 어떤 것, 쓸모없는 것의 쓸모를 찾아낼 수 있을 때 가능해진다. 자유는 일탈에서 시작되며 사치는 노동과 소비의 피안에서 가능한 것이다. 진정한 행복은 일탈과 방종함, 풍부함, 무의미함, 넘침, 잉여에 있다. 즉, 필요, 노동의 성과, 목적에서 벗어나는 것이지만 오늘날 과잉은 자본에 흡수되어 그 해방의 잠재력을 빼앗기고 말았다. 놀이는 사치이다. 하이데거도 노년에야 비로소 예속화를 벗어나 느긋함에 바탕을 둔 놀이를 발견한다.

기술은 우리에게 자유를 확대해주지만(기술적 자유화), 기술만으로 모든 부자유가 극복되는 것은 아니라 하고 싶은 것을 못하게 만들거나 하고 싶지 않은 것을 하게 반드는 사회적 부자유가 있다. 푸코에 의하면 사회적 부자유는 군주권력과 규율권력이 있는데 전자가 인격적 폭력을 바탕으로 작동한다면 규율권력은 익명적 규칙체계의 형태를 취한다. 기술적 자유화는 장기적으로 억압적 권력의 약화를 통해 사회적 자유화에 기여해왔다.(그러나 반드시 그런 것이 아니고 인쇄술이 검열이라는 억압을 초래했듯이 기술적 자유가 새로운 통제체제를 가져오기도 한다.) 마르크스는 자본주의체제가 폭력적인 국가기구의 억압에 의해서만이 지탱될 수 있다고 했지만 현실 속에서 자본주의는 그 속성상 개인의 욕망을 돈을 통해 달성할 수 있게 함으로써 국가를 통한 통제 대신 돈의 억압으로 대체했다. 자본주의는 금지와 규제의 해제를 통해 이윤창출의 기회를 증대시킬 수 있기 때문에 억압적 권력의 약화와 사회적 자유화는 자본의 이해관계가 관철되는 과정이다. 5공화국은 선택적 자유화정책을 통해 정권에게 위협이 되는 정치적 자유는 제한했지만 대중을 옥죄던 유신시대의 규율과 규제를 풀었다. 정치적 억압을 감추기 위해서도 욕망의 억압을 자율화했다. 여기서 자본은 자유에서 이익을 뽑아냈고 자유는 상업화되었다.

  자본이 가져온 자유 역시 자본의 이해관계에 따라 선택된 자유이며, 우리의 욕망을 충족시킬 수 있는 자유는 자본이 만들어준 레디메이드 옵션 가운데 하나일 뿐이다. 나는 기껏 노트 9이나 애플 중에서 선택할 수 있을 뿐이다. 자유의 예속성이라는 역설은 ① 우리가 이러한 자유에 대해 주체적일 수 없고 자본에 의해 착취가능한 욕망에만 자유가 주어진다. ② 자본이 우리에게 자유를 준다는 것은 우리가 자유를 누리기 위해 자본에 의존할 수밖에 없도록 만든다. ③ 자본이 제공하는 자유는 상품의 형태를 취하기 때문에 돈을 주고 자유를 사야 하고 결국 자유를 얻기 위해 자기 자신을 최대한 착취하게 된다. 최저임금제 논란도 자본의 논리에 맞서는 게 얼마나 어려운 일인지를 보여주는 것이다.

  자본은 나보다 나의 욕망을 더 잘 파악하는 것이다. 빅데이터는 우리의 습관, 행동패턴, 무의식적 욕망을 읽어내어 내가 원하는 것이 무엇인지를 스스로 생각할 필요도 없게 만든다. 자본은 명령이나 강압을 통해 조종하는 것이 아니라 자유를 줌으로써 조종한다. '내가 원하는 것에서 나를 지켜줘[제니 홀저(Jenny Holzer)]'는 우리의 자유가 자본이 할 수 있는 것을 하고 싶어하게 만드는 자유이고 우리의 소원은 자본의 인질이 되고 말았다. 자본주의 사회의 자유가 지니는 예속성을 인식함으로써 적어도 자본이 확장해가는 새로운 가능성에 열광적으로 쫓아가기보다 다른 가능성을 생각해보는 힘을 얻을 수 있을 것이다. 자본이 결코 착취할 수 없는 자유를 생각할 수 있는 힘이야말로 "바로 사유야말로 우리를 자유롭게 한다."

7. 커트 모텐슨 지음, 김정혜 옮김, 『설득의 힘』, 황금부엉이, 2006.

삶을 혁신적으로 변화시키는 힘은 설득이다. 설득 및 동기부여 분야의 세계적 권위자인 커트 모텐슨의 저서다. 수많은 연구가들이 실제 인물과 사례들을 바탕으로 분석한 학술연구 및 과학연구를 담고 있다. 이에 근거한 여러 원칙을 소개함으로써 설득의 힘을 활용하여 자신의 경력을 펼치려는 사람들에게 도움주고자 모든 사람들을 대상으로 한다.

저자는 12가지 설득의 기술을 제시한다. 부조화의 법칙, 채무감의 법칙, 연결성의 법칙, 사회적 인정의, 희귀성의 법칙, 언어포장의 법칙, 대조의 법칙, 기대의 법칙, 개입의 법칙, 존중의 법칙, 연상의 법칙, 균형의 법칙을 소개함으로써 사람들을 자유자재로 설득하고 강력한 영향력을 행사하도록 하며, 자신의 사고방식을 타인에게 이해시킴으로써 확고부동한 자신감으로 무장할 수 있으며, 영업과 마케팅 분야에서 이전보다 몇 배의 높은 성과를 거둘 수 있도록 했다.

그리고 설득의 달인이 되기 위해서 경험의 축적과 함께 설득기법의 청사진을 항상 마련해야 함을 강조한다. 또한 상대방의 코드를 파악하고 해석하기 위해 갖추어야할 신념과 가치, 변화, 수용, 경청, 성향, 그리고 설득의 구조와 공학의 원만한 조화를 이루어야 할 것이다.

아리스토텔레스는 설득은 학습을 통해 습득할 수 있는 하나의 기술이라고 했다. 그는 에토스는 말하는 사람의 고유한 성품을 담으며, 타토스는 듣는 사람의 심리상태를 반영하며, 로고스는 메시지의 본질을 품는다고 보았다.

　논리
　- 교감을 높이기 위해 이름을 불러주고 기억해주는 것이다.
　- 개입하고 주도적 역할을 할수록 더 지지한다.
　- 칭찬 ⇒ 자기존중감 ⇒지지
　- 애완견이나 아기 등에 대한 접촉을 통해 긍정적 연상을 불러일으킨다.
　- 감정이 90%를 차지하고, 논리는 자기 행동의 정당성 부여를 위해 이용한다.
　* 설득방법
　- 명함에 직함을 넣기만 해도 성공한다.
　- 깔끔하게 겉모습만 해도 귀를 기울인다.
　- 유사성의 효과를 찾는다.

- 남들과 똑같이 행동하고 싶어 하는 경향이 있다.
- 내가 하고 싶어 하는 말이 상대방 입에서 나오게 한다.
- 상대가 말할 기회를 준다.
- 상대와 적절한 거리를 유지한다.
- 갑자기 태도를 바꾸어 판단을 흐린다.
- 상대의 의무감을 자극한다.

8. 조지 레이코프 지음, 유나영 옮김,『코끼리는 생각하지 마』, 와이즈베리, 2018.

보수 지식인들이 한 일은 가정과 종교에서의 엄격한 도덕과 정치 및 비즈니스 사이에서 만들어진 프레임과 그 언어를 통해 연결고리를 만들어 놓은 것이었다. 이 개념적인 연결 고리는 부유하지 않은 사람들에게 감정적으로 아주 강력한 힘을 확실히 발휘하므로 경제적 사익을 넘어서도록 한다. 이 도덕 체계의 암시에 의하면, 부자들은 땀 흘려 돈을 벌었고 부를 누릴 자격이 있는 선한 사람이며, 공적·사적 영역을 지배하는 이들이 이 사회의 올바른 도덕적 질서를 유지해야 한다. 이는 일종의 보수적 사회 계약이다.

두뇌집단 지식인, 언어 전문가, 작가, 광고 에이전시, 미디어 전문가들이 40~50년 동안 작업한 끝에 보수는 사고와 언어의 혁명적 변화를 이루어냈다. 언어를 통해 그들은 자유주의자들이 (정책은 대중친화적임에도 불구하고) 나약한 엘리트이며 세금이나 축내는 비애국자라는 이미지를 만드는 데 성공했다. 로널드 레이건의 소탈한 이미지나 조지 W. 부시의 존 웨인 식 '형님' 이미지 등은 농촌 포퓰리스트들의 언어와 사투리, 몸짓, 이야기체 말투를 빌려온 결과다. 한편 보수주의자들이 라디오 토크쇼에 내세우는 진행자와 논객들이 말하는 방식은 지옥 불을 설교하는 전도사 스타일이다.

그러나 메시지는 똑같다. 자유주의자들이 미국의 문화와 가치를 위협하고 있으며, 그들에 대항하여 모든 전선에서 싸워야 한다는 것이다. 보수주의자들에 따르면, 자유주의자들은 도덕, 종교, 가정, 진정한 미국인들이 아끼는 모든 것을, 나아가 나라 전체를 위협하고 있다. 보수주의자들은 총기, 태아, 세금, 동성 결혼, 국기, 학교 내 종교 교육 등 자신들의 전략적 쟁점에 대해 자유주의자들이 취하는 입장을 통해 그들의 '반역' 행위를 똑똑히 볼 수 있다고 주장한다. 이러한 쐐기 쟁점은 그 자체로서 중요한 것이 아니라, 그 쟁점이 대표하는 엄격한 아버지의 세계관 때문에 중요하다. 개인이나 정부, 기업, 사회와 관련된 이 관심 분야들이 상호 보완 관계를 맺고, 모든 것을 포괄하는 도덕 체계로서의 보수주의는 진보적 가치와 미국 민주주의를 위협하는 막강한 구조를 만든다. 〈13장 보수가 원하는 것〉

정책 프로그램을 나열하는 것은 진보 세력의 결집을 가로막는 주요 원인이다. 프로그램이 구체적인 형태를 띠자마자 차이점이 불거지기 때문이다. 진보 세력은 주로 정책과 프로그램에 대해 말하는 경향이 있다. 그러나 미국인 대부분은 세부 정책에 대해 알고 싶어 하지 않는다.

진보의 기본 가치는 미국을 서로 돌보는, 책임 있는 가정으로 보는 공동체적 가치다. 민주 정치의 의미란 빈민부터 평범한 시민, 크고 작은 사업가에 이르는 모두를 위해 공적 자원을 제공하는 정부를 통하여 이 돌봄과 책임에 근거해 행동한다는 것이다. 내가 다른 사람들이 낸 세금을 기반으로 한 공적 자원을 이용하여 부유해졌다면, 나도 그만큼 내 몫을 내놓아서 남들도 그런 혜택을 볼 수 있게 해야 공정한 것이다.

빨간 주와 파란 주, 진보주의자와 보수주의자, 공화당 지지자와 민주당 지지자를 막론하고 우리는 모두 한 배에 타고 있다. 그것이 바로 민주주의가 의미하는 바다. 그래서 우리는 9·11 직후 짧은 순간 그랬던 것처럼 단결해야 한다. 비열한 문화 전쟁에 휘말려 분열하지 말아야 한다. 〈14장 진보를 하나로 묶는 것〉

유권자는 자기 이익보다 정체성과 가치관에 따라 투표한다. 가치관에 따라 투표한다는 점에서 중도는 신기루이다.
- 기업의 영향력이 확대되는 기업지배는 정부 지배보다 국민의 자유를 더 많이 빼앗아간다.
- 사적인 것은 공적인 것에 의존한다. 과세가 부담이고 고통이라는 생각이 확산되면서 이중 개념주의자에게 세금이 우리의 사적 생활을 도와주거나 기업이 번성할 기회를 주는 것이 아니라 부담이라고 여기게 되었다. 공공가치가 무시되고 조세저항이 애국적 느낌까지 갖게 된다.

보수에 비해 진보는 가치 중심적 "미끄러운 비탈"
보수주의: 교육이 훈육이라는 입장, 자기책임성 강조
진보주의: 교육이 자상함이라는 입장, 감정이입, 배려와 돌봄
　　　　　강조
감정이입: 나와 나의 도움을 필요로 하는 타인에 대한 책임감
"정치는 도덕이다"
개념적 구조(은유체계)를 이해하라.
예) 국가 = 사람, 우방국가, 깡패국가, 정의로운 전쟁
　　난민(예멘인)에 대한 은유? 이슬람, 폭력, 종교, 빈라덴
　　세금 폭탄 vs. 세금 구제

프레임은 뇌의 작용이다. 사실이 자신의 프레임에 부합하지 않으면 사실은 무시되고 프레임은 유지된다. 개념적 프레임 형성의 대부분은 무의식적이다. 우리가 자신의 은유적 사고를 이해하지 못할 때, 무의식적 프레임에 말려든다.

보수에게 민주주의는 사적 이익 추구를 통해 자신의 삶과 사회를 변화시킬 힘을 부여하는 데 핵심적인 요소이다.

진보의 분열을 일으키는 요인은
① 지역이익
② 이상주의 대 실용주의
③ 투사 대 온건파
④ 급진적 변화 대 점진적 변화
－ 보수주의의 민주주의: 사적 이익 추구를 보장하고 자신의

삶과 사회변화의 힘을 개개인에게 부여한다.
- 진보주의의 민주주의: 시민참여 극대화, 정치, 기업, 언론의 힘을 분산시키고 가치기반을 중시한다.

나의 생각은 평이하고 성실한 정치는 이제 그만하라. 유권자에게 꿈을 못 주는 정치는 가라. 유권자는 자기 이익보다 정체성과 가치관에 투표한다. 그러므로 그들의 정체성을 이해해야 한다. 힐러리가 무엇을 하고자 하는지를 보여주지 못해서 실패했던 것처럼 특별한 의제를 법제화하는 것보다 백악관 들어가는데 더 관심있다고 독자들이 느낀 것처럼 나도 무엇을 하려고 하는지를 유권자에게 보여주지 못했다. 트럼프의 공격-힐러리는 주류를 위해 싸웁니다. 그러나 저는 여러분을 위해 싸우는 비주류입니다. 그녀는 돈만 좇습니다.

9. 찰스 틸리 지음, 이승협 외 1 옮김, 『위기의 민주주의』, 전략과문화, 2010.

자유주의는 법치주의를 보장하고 모든 시민들에게 언론, 종교, 출판, 결사의 자유과 같은 개인의 권리를 보장한다. 그러나 우리는 민주주의에 집착하여 개인의 권리 존중을 위한 자유주의는 잃어가고 있다.

자유민주주의는 자유주의와 민주주의를 결합한 정치시스템으로 개인의 권리를 보호하면서 국민의 뜻을 공공정책으로 변환하는 정치체제이다. 리버럴은 원래 개인의 권리와 약자 보호를 지향한다. 하지만 우리의 경우 시장 만능, 복지 확대 반대 개념과 오버랩되면서 반대하고 있다.

한국을 권위주의로의 몰락을 차단하고 자유민주주의를 지킨 성공적인 사례로 소개하였다. 그러나 우리는 민주주의를 위협하는 여러 요인들이 있다. 정당이나 국회, 법원에 대한 국민불신과 혐오, 급속한 빈부격차, 좋은 일자리 감소, SNS 상의 극단적 이분법과 진영논리, 혐오발언, 가짜뉴스 등이다.

민주주의의 위기를 초래하는 상황변화 요인은 다음과 같다.

① 생활수준의 향상이나 미래에 대한 기대가 어려워지면서 포퓰리즘에 휘둘리게 되고 민주주의에 대한 신념이 줄어든다.

② 의사소통수단의 통제가 불가능해지면서 SNS를 통해 공공영역에서도 가짜뉴스나 급진적 견해가 확산될 수 있다.(휴대폰이 보급된 지역의 정치폭력이 급증하고 내부자와 외부자간 정보 격차가 줄어들면서 질서유지보다 불안정한 세력에게 유리한 여건이 된다.)

③ 이민 증대로 인종적 동질성이 깨어지고 경제성장이 정체되면서 나타나는 불평등과 불안감의 증대는 사회적 관용성의 상실, 외부자를 희생양으로 삼는 포퓰리즘의 등장을 초래할 수 있다.(이민자 비율이 22%에 이르면 우익포퓰리즘 정당에 투표할 비율이 50%를 초과한다:229)

박근혜 정권의 붕괴를 통해 시민들은 민주주의적 규칙과 규범의 위반을 적발해내고 포퓰리즘이 전체 국민을 대변하지 않는다는 것을 증명하기 위해 거리로 나와야 한다.

프란체스카 폴레타는 "자유란 중단되지 않은 집회(freedom is an endless meeting)"라고 말하면서 심각한 정치 위기 속에서 자유를 수호하기 위해서는 다양한 형태의 중단없는 집회가 있어야 한다.

권리보장 없는 민주주의란 국민의 뜻이라는 미명으로 언론자유나 법치주의가 무력화되는 포퓰리즘식 권위주의적 독재로 나타난다. 예를 들어 트럼프나 박근혜가 대표적인 사례이다.

민주주의 없는 권리보장은 없다. 자유보장 제도들이 너무 강해서 국민의 뜻이 무시되고 소수 과두제로 전락하는 문제가 생긴다. 관료나 법관 등 선출되지 않은 테크노크라트들이 선출직 정치인을 압도한다.

10. 재레드 다이아몬드 지음, 김진준 옮김, 『총, 균, 쇠』, 문학사상사, 2005.

근본적 질문은 문명간 불평등은 왜 일어났는가? 문화인류학에서 문명에는 우열이 있으나 문화에는 우열이 없다? 그 대답은 결국 환경적 차이 때문이라는 것이다. 진보된 기술, 중앙집권적 정치조직, 여타의 사회적 특징들은 잉여 식량 축적이 가능하고 인구밀도가 높은 정주사회(b.c. 8500년경)에서만 가능하다.

농업발생에 유리한 작물화(비옥한 초생달지역의 56종 중 32종 작물화하는 지리적 이점)와 가축화(가축화 사례: 말)가 용이한 지역 거주자들은 총기와 병원균, 금속을 발전시킬 주도권을 선점했다.(1532년 카하마르카전투: 169명의 스페인군이 8만명의 잉카군과 아타우알파 황제를 멸망시킴)

그들의 언어와 유전자가 가축, 농산물, 기술, 문자체계와 함께 고대에서 현대까지 세계를 주도하였다. 한국이나 일본, 중국도 농업정착과 오래된 도시사회의 역사가 천연자원을 가진 나라보다 앞서게 된 것이다. 식량생산을 근거로 지배한 오래된 중심지가 역사가 짧은 나라보다 더 잘 살고 있다.

　기술혁신과 정치제도에 있어 대부분의 사회는 스스로 발명하기보다는 다른 사회로부터 받아들인 것이 훨씬 많은데, 그것은 결국 얼마나 빨리 받아들일 수 있는 환경인가이다(확산과 이동의 여건). 그리고 그 확산과 이동의 속도에 영향을 미치는 요인인데, 대륙의 면적이 넓고 인구가 많으면 서로 경쟁하는 사회의 수가 많고 혁신의 수도 많다는 의미가 된다(대륙의 면적, 인구, 확산 난이도, 식량생산의 출발시기 등).

　15세기까지 중국이 유럽보다 기술적으로 앞섰지만 중국은 통합으로 경쟁할 수 있는 정치구조가 부재한 반면 유럽은 분열로 경쟁할 수 있는 정치집단이 많았고 경쟁을 통해 혁신할 수 있었다는 점에서 "최적 분열화 법칙(혁신이 분열에 최적에서 중간 정도에 머문 사회에서 가장 빠르게 일어나고 지나치게 통합되었거나 너무 분열된 사회에서는 불리하게 작용한다)"이 작동함. 혁신적 문물의 도입과 보존에 실패하는 사회는 도태된다.

　뉴질랜드 머스킷전쟁(포테이토전쟁)에서 마오리족이 1818~1830년 사이에 부족전쟁으로 인구의 1/4이 죽었다. 이런 전쟁이 가능하게 된 것은 수확량이 높은 감자가 유럽을 통해 유입되면서 전사들의 식량이나 집에 남은 부녀자들의 식량문제가 해결되었기 때문이다. 총기와 병원균, 금속 등 기술적 군사적 이점을 먼저 점유한 집단이 그렇지 못한 집단을 대체하거나 새 기술을 공유하기까지 확산되는 과정이다.

11. 박상훈 지음, 『청와대 정부』, 후마니타스, 2018.

어떻게 좋은 정부, 강한 정부, 부드러운 정부를 만들 것인가. 모두 민주주의의 정치규범을 준수할 수 있을 때만 실현될 수 있다.

좋은 정부 = 책임정부론 vs. 좋은 정부 = 시민의 직접정치론

갈등과 적대를 나눌 수 있고 조정하고 타협할 수 있는 공적 의제로 전환하는 것, 열렬지지자가 아닌 좋은 시민을 만드는 것, 국회가 정책을 결정하고 내각이 집행하는 책임정부가 되는 것, 청와대를 축소하는 것, 조정하고 통합하는 것, 국민을 동원하지 않는 것, 협치정치, 책임정치(정당과 의회, 내각을 통해 일하는 정치)이다.

오도넬(O'Donnell)의 '위임 민주주의(delegative democracy)'는 의회와 정당이 무력하거나 잘 제도화되어 있지 않은 상황에서 대통령 개인에게 국민주권이 위임된 것으로 간주해 임의대로 대통령직을 수행하는 정부 운영방식이다. 최장집의 '국민투표식

민주주의', 권력이 집중된 대통령에 대한 과도한 기대와 과도한 실망이 빠르게 교차된다.

대통령과 청와대는 직접민주주의, 적폐청산, 촛불혁명을 내세워 국민의 직접참여를 제도화하려고 시도하였다. 이에 따라 여론을 주도하는 열렬지지자(문빠)들의 역할은 더욱 중요시되는 반면 내각, 의회, 정당, 시민운동의 역할은 약화되고 있다.

청와대 정부는 대통령이 임의조직인 청와대에 권력을 집중시켜 정부를 운영하는 자의적 통치체제이다. 박근혜의 보수판 청와대 정부와 문재인의 진보판 청와대 정부를 비교해보자.

박근혜식 통치는 청와대를 권력 중심에 놓고 행정명령으로 일하는 방식이다.

장관은 청와대 수석들의 행정보좌관이 되면 책임 정치는 멀어진다. 청와대 수석의 권력은 법률에 근거한 것이 아니라 대통령 신임에 달려 있기 때문에 대통령 개인에 대한 지지를 관리하는 데 초점이 모아진다. 여론조사에 매달리는 정부운영을 하게 되면 반대자들도 거울 이미지처럼 강해지고 대통령 지지가 하락하고 집권세력 내 다양한 목소리가 통제되지 않을 때쯤 청와대 권력은 고립되고 소외된다.(100)

문재인 대통령이 '선한 박근혜'처럼 되고 친문이 친박처럼 행동하게 되고 문빠를 박사모보다 더 지긋지긋하게 만드는 정치를 해서는 안 된다. 대통령은 부드러운 풍모와 유머, 침착함을 잃지 않아야 한다. 대통령과 청와대가 여론만 보고 여론이 바뀔까 봐 초조해 하고 모든 일을 감당하려 하면서 일상화된 과로를 피하지 못하는 악순환 구조가 개선되어야 한다(233)

빠른 변화를 기대하는 것이 아니라 제대로 된 변화를 바란다. 이것은 입법부나 정당과의 좋은 관계 속에서 이루어진다.

생활의 정치화는 일상 속에서 변혁적 감수성을 키우는 것이다.

정치의 생활화는 좋아하는 정치인을 과도하게 지키고 보호하는 일에서 삶의 의미를 찾으며 제도권을 극도로 혐오하는 것(문빠)

피에르 부르디외(Pierre Bourdieu)는 여론조사는 정치가들의 신념의 힘과 용기를 앗아가는 대신 다수에 추종적인 정치기회주의를 양산한다고 했다(아첨정치가). 여론조사가 아니라 여론조작이다.

장자크 루소(Jean-Jacques Rousseau)는 시민주권은 입법권에 있으며 행정부에 양도된 것은 주권이 아니라 주권적 결정을 집행할 수 있는 기능과 권한이다. 그 기능과 권한은 입법권을 가진 주권자에 의해 언제든 회수되고 불신임될 수 있다고 했다.

국가와 국민담론은 대통령을 권위주의적으로 만든다. 헌법에 국가와 국민표현은 150번 정도 등장, state는 status에서 유래하여 배태적인 영향력의 범위를 가르키는 통치의 단위이다.

정부는 정치에 참여할 시민의 자유의 개념이라면 국가는 영토와 주권을 지키기 위해 국민이 절대적으로 복종해야 하는 자기보호의 집단적 보루이다.
- 정부: 시민에 의한 통제 가능
- 국가: 신성화, 국가 안보와 이익, 국민의무(때로 반대를 거부하고 맹목적 복종을 요구하며 반공국가 = 자유민주주의 국가)

적폐 청산과 국가대개조를 앞세워 정치의 역할을 최소화(반정치주의)해야 한다. 자신이 옳다는 정당화를 위해 도덕적 심판의 구도를 불러들이는 것은 정치적 범죄행위이다(막스베버).
* 책임국가란 제한 정부와 사회국가 사이에 존재하며, 책임정부 하에서만 사회국가와 제한정부가 민주주의와 양립할 수 있을 때다.
* 제한정부(최소정부)는 자유주의에 의거 정부개입은 개인의 불가침한 권리(기본권, 자연권)를 넘어설 수 없는 것이다.
* 사회국가(경찰국가)란 정부역할을 사회의 공동체성 보호에 둠으로써 개인의 사적 삶에 대한 정부개입을 정당화한다.

책임국가의 4요소는 ① responsible: 의회에 책임지는 정부 ② party: 정당이 정부운영의 책임을 지는 정부 ③ responsive: 사회적 요구에 반응하는 정부 ④ accountable: 야당을 통해 책임 추궁할 수 있는 정부이다.

12. 강준만 지음, 『오빠가 허락한 페미니즘』, 인물과사상사, 2018.

- 오빠 페미니스트: 오빠들은 여권을 지지하며 생색을 내지만 대개의 경우 '억압적 관용'(responsive tolerance: 제한된 관용으로 반대를 완화하고 기존 헤게모니를 정당화함)을 페미니즘으로 여긴다. 자신들의 지식에 기반해 여성들에게 페미이론을 설명하고 가르치다가 메갈리아에 충격을 받고 모든 페미를 반대하는 어용지식인들이 된다.
- 맥락전쟁: 어떤 사건이나 현상의 역사적, 집단적 배경과 맥락을 중시하는 입장과 반대로 그런 배경과 맥락은 무시한 채 지금 여기의 팩트 만을 강조하는 입장 간의 전쟁이 펼쳐진다. 어머니는 오랜 희생과 투쟁을 통해 자신이 낳은 자식들을 기반으로 세력을 구축한 '자궁가족'의 수장으로서 오랜 가부장제의 DNA가 뿌리박힌 남성들의 적극적인 협력자로서 활약한다.
- 매갈리아: 전투적으로 무장한 급진 페미니스트, 극단적 남성비하 태도를 보인다.

- 된장녀: 자신이 감당할 수 없는 물질적 욕망을 가지고 있어 성관계를 할 수 없는 여성이다.
- 오빠 페미니스트의 4유형:
  ① 정치종교적 오빠들: 정치를 종교화하면서 해일처럼 큰 문제이지만 페미는 작은 조개에 불과한 것으로 간주하고 한탕주의의 제물로 삼는 유시민, 나꼼수논객
  ② 권위주의적 오빠들: 정치보다 자신의 권위를 중시하는 유아인, 가부장제 문화에 오염되어 있으면서도 그에 대한 자신의 감수성을 스스로 높이 평가할 뿐 바꾸기 위해 노력하지 않는 것, 애호박사건, 애호박 아닌 조직폭력배와 싸우고 있다.
  ③ 계급주의적 오빠들: 계급문제를 내세워 페미니즘을 그 아래 종속시키려는 것으로 페미니즘을 한가한 중산층 여성들의 것으로 전락시킴.
  ④ 본능주의적 오빠들: 반 페미니즘 본능주의자 변호사 박훈 (평소에는 약자를 공격하는 사이비 진보파시즘과 싸우겠다고 하다가 신지예포스터에 대해서는 극단적인 반감표출)

13. 고미숙 지음, 『조선에서 백수로 살기』, 북드라망, 2021.

- 백수가 해야 할 가장 핵심적 활동은 독서다. 읽는 활동이다. 일기는 가장 근원적이고 본질적인 행위다. 읽다보면 세상 모든 것이 텍스트라는 것을 알게 된다. 아니, 그 이전에 삶 자체가 읽기다. 시간의 변화를 읽고 공간의 차이를 읽고 욕망의 흐름을 읽고 타인의 마음을 읽고 …… 읽고 또 읽는다. 그러다 보면 이 세계가 온통 책이고 우주가 거대한 도서관임을 느끼게 되리라. 얼마나 경이로운가! 이 경이로움을 느끼면 누구든 책을 삶의 중심에 놓게 된다. 백수는 백 권의 고전을 읽는 수행자이다.
- 지나간 것에 매이지 않고, 오지 않는 것에 떨지 않으면 된다.
- 백수의 4주제:

  ① 노동(일): 노동 없는 세상에서 어떻게 밥벌이를 하고 자존감을 지킬 것인가?

  노동에서 활동으로: 자립하되 소비충동과 한탕주의에서 벗어나 자기 삶의 매니저가 되자.

  ② 관계: 고립과 소외를 벗어나 어떻게 능동적으로 관계의 주

체가 될 것인가?

인맥 대신 인복, 우정쌓기, 자의식(인정 욕망)에서 벗어나라

③ 여행: 어떻게 청년들의 욕망과 접속하게 되었는가?

타임리치의 주유천하, 가족관계의 핵심은 돈이 아니라 동선과 리듬이다. 각자의 길을 가는데 가족은 빽이 되는 것이지 자기 인생을 펼치는 무대가 아니다, 무조건 걸어라, 공유경제, 여행은 사건을 겪고 이야기를 창조하는 것으로 관찰하고 기록하라.

④ 공부: 공부를 어떻게 일상과 결합할 것인가?

• 삶은 '레알'이다. '레알'에 충실하려면 디테일에 강해야 한다. 악마는 디테일에 있다고 하지 않는가. 일상의 악마는 소비와 부채다. 그 악마에게 낚이지 않으려면 생활의 전 과정에서 거품을 걷어내야 한다. 치밀하게 단호하게! 다행히 요즘엔 전 세계적으로 '미니멀리즘'이 부상하는 중이다. 일본에선 필요 없는 물건을 없애고 지출을 최대한 줄이는 '0엔 생활의 추구'가 대세라고 한다. 경제가 어려워서 그런 것만은 아니다. 오히려 그동안의 물질적 풍요에 질린 점도 크다.

백수들은 이런 흐름을 적극 활용해야 한다. 이런 시대에 소비 충동에 휩싸여 쓸데없는 물건을 '사대는' 것은 정말 후진 일이다. 이렇게 생각하면 소비 충동에서 벗어나기 쉽지 않을까. 소비를 줄일 수 있다면 부채에서 벗어나는 건 시간문제다.

14. 데이비드 윌러, 루퍼트 영거 지음, 박세연 옮김, 『평판게임』, 웅진지식하우스, 2017.

막말 트윗을 날리던 트럼프는 무슨 수로 대통령으로 뽑혔을까? 브루클린 빈민가에 살던 제이 지는 어떻게 5,000억 원 가치를 지닌 스타가 되었을까? 기술력 논란에도 불구하고 왜 아이폰의 인기는 여전히 뜨거울까?

- 우리는 모두 평판게임의 선수이다.

• 평판을 좌우하는 3원칙

① 행동: 자신을 보여주는 제1의 얼굴은 행동이며, 상대방에 대한 기대치를 설정하는 기준이 된다. 평판은 타인이 내리는 판단이다.
② 네트워크: 평판은 네트워크를 매개로 확산된다. 서로 다른 영역을 연결하는 네트워크 중개자를 통해 평판네트워크를 만들라.
※ 네트워크 중개자: 정보의 파이프를 연결하고 정보의 흐름을 조정하는 역할.
③ 스토리: 행동에서 비롯된 평판이 네트워크를 통해 확산되

기 위해서는 사람들의 마음을 사로잡을 진정성있는 스토리텔링이 필요하다. 스토리는 진실보다 강하다. 사람들을 사로잡고 욕망을 건드리는 스토리텔링에 주목하라. 평판은 긍정적 평판만이 작용하는 것이 아니다.

    예) 오메르타(omerta): 마피아 조직의 조직에 대한 침묵서약으로 긍정적 평판 대신 폭력 평판으로 성공을 거둠.

- 실력평판(competnce reputation) vs. 인성평판(character): 역량평판은 업무의 능숙도, 협상능력, 기업의 제품과 서비스수준에 의해 좌우되며, 오랜 시간이 걸리지만 지속성이 강하다. 인성평판은 끊임없는 논쟁과 의혹의 대상으로 쉽게 변하지만 평판의 변화를 유도하고 다각화하는 데 중요한 기반이 된다. 조직원들의 성장 잠재력은 인성평판에서 좌우되며, IT나 콘텐츠사업 등 창조적 사업에서는 인성평판을 중시한다.

    예) 2002년 영국에서 스타벅스와 구글이 최저한도의 법인세율 적용을 받고 있다는 비판이 제기되었을 때, 스타벅스는 매출과 관계없이 1350만 달러라는 파격적 납세를 결정하여 사회적 책임을 다하는 이미지를 얻은 반면, 구글은 7년의 세무조사를 거쳐 1억 85백만달러 미납금 납부로 합의함으로써 합리적 선택과 조직의 재무역량을 보여준다.

- 경제학자 애컬로프(George Arthur Akerlof)의 레몬시장 이론: 겉만 번지르 하고 실속없는 레몬으로 불확실성을 가득 찬

시장일수록, 평판은 사람을 모으고 돈을 벌어들이는 강력한 무기가 된다.

평판이 직급을 능가한다. 네트워크 중개자의 중요성, 특히 지역사회와 언론의 홍보역할, SNS, 유튜브의 순위평가, 알고리즘에 의한 평판 조회다.

예) 온라인 평판관리 기업(Reputatopm.com): 기술이 온라인 세상에서 평판의 가치와 위력을 높여주고 있다.

- 가십거리의 중요성: 가십과 잡담을 통해 타인이 자신을 어떻게 생각하는지를 추측하고 이를 토대로 행동을 수정한다. 가십을 통해 평판을 구축하는 것은 사회질서와 신뢰를 형성하고 유지하는 데 필수적이다. 열렬 평판사업가들이 흥미진진한 이야기를 만들어낼 때, 그 위력은 바이러스처럼 퍼져나간다.

  예) "농업혁명으로 정주해서 살게 되면서 인간사회 발전의 가장 큰 경쟁력은 스토리와 스토리를 확산시키는 네트워크이다."(유발 하라리)

  예) "인간은 이야기를 나누는 동물이다. 세상을 돌아가게 만드는 것은 아리스토텔레스나 아인슈타인이 남긴 지혜와 통찰에 대한 논쟁이 아니라 일상적인 잡담이다."(옥스포드대학 인류학자 로빈 던바)

- 스토리텔링의 영향요인: 능력과 품격에 관한 스토리, 그리고 스토리가 가진 진정성이 중요하다.

  예) 이기적 진실(True Enough): 뉴욕타임즈 칼럼니스트 파하드 만주의 저서에서 인간의 두뇌는 정보처리 과정에서 자신의 편견에 따라 임의로 보고 싶은 것만 본다. 같은 경기를 보고서도 서로 다른 방식으로 경기를 해석한다.

예) 레이먼드 나스르(Raymond Nasr)의 시계(구글 커뮤니케이션 책임자): 글로벌 기업에 대한 언론은 관심사에 따라 4단계 분류 ① 12시: 정점의 기업 ② 3시: 쇠퇴하는 기업 ③ 6시: 밑바닥(몰락한) 기업 ④ 9시: 전환기의 기업, 여기서 쇠퇴를 앞둔 3시30분 시점의 이야기가 중요하며, 전환을 위한 재기를 위한 비전을 제시하는 리더쉽이 필요하다.

예) 영국의 블레어 총리와 미국 클린턴: 클린턴은 재기에 성공했으나 블레어는 실패한 것은 클린턴에게는 자수성가한 아메리칸 드림의 스토리텔링이 작동, 퇴임 이후 자선사업가로서 에이즈와 비만 등 질병에 맞서고, 아칸소에 대형 도서관을 세우는 등 클린턴 글로벌 이니셔티브(Clinton Glibal Initiative, CGI)의 사업으로 명성 회복, 블레어는 노동당의 쇠퇴, 이라크 참전의 타당성 부족, 블레어의 수입을 사기꾼으로 보는 인식을 초래했다.

- 평판회복의 첫 단추 사과: 사과는 자신의 역량이나 인성에 문제가 있음을 시인하는 행동이 아니라 진정성을 지키기 위해 최선을 다한다는 이미지를 준다. 진정한 사과는 신징성있는 유감 표현과 책임 인정, 보상 제안으로 구성됨. 예) 프란치스코 교황은 2015년 볼리비아를 방문하여 카톨릭

교회가 아메리카 원주민에게 저지를 범죄를 사과, 독일의 유태인 범죄 사과 등은 용서를 효과적으로 이끌어낸다.

사과는 가급적 즉각적 현장 대응이 필요하고, 신속할수록 좋지만 지나치게 서두르면 신뢰를 잃게 되므로 문제진단과 실효성이 있어야 한다.

예) 크롤(Kroll): 기업 조사 전문업체로서 50만 달러 수수료를 받고 마약밀매에서 뇌물, 사기 등 특정 기업을 둘러싼 의혹의 실체를 파헤치고 평가하다.

- 거인의 어깨에 올라타기: 벤처기업의 성공은 기술시장 내 거물 사업 파트너의 투자나 지원을 통해 평판을 올리는 것이 중요하다. 모든 평판은 가까운 곳부터 퍼져나간다.

15. 김중원 지음, 『사색이 자본이다』, 사람in, 2015.

생각하는 시간을 가져라. 생각해야 성장할 수 있다.

저자는 세상의 룰을 바꾼 세기의 천재들을 연구하였다. 그 과정에서 그들의 경쟁력이 그들 안에 있는 사색가적인 능력에서 나온다는 사실을 알게 된다. 정보가 차고 넘치는 세상에서 중요한 것은 이제 정보의 깊이가 아니라 생각의 깊이이다. 사색할 줄 아는 사람만이 자기의 삶과 세상을 제어할 힘을 가지게 된다. 주어진 문제를 해결하기 위한 치열한 사색만이 나를 성장시키는 핵심 자본이 될 것이다. 이 책은 사색의 의미와 방법을 알려주고, 사색의 도구를 제시한다. 그런 다음 우리를 사색의 길로 안내한다.

독일의 대문호 괴테의 사색적 삶과 사색법을 소개한다. 그리고 사색의 도구로 엄선한 16개의 고전으로 사색 수업을 진행한다. 마키아벨리의 『군주론』을 필두로 조지 오웰의 『동물농장』, 카프카의 『변신』, 니체의 『차라투스트라는 이렇게 말했다』, 공자의 『논어』, 괴테의 『젊은 베르테르의 슬픔』 등 동서양의 고전을 망라하고 있다. 글을 읽을 때 단순히 글자로만 읽으면 안 된다고 경고한다. 그 속에서 치열하게 사색했던 작가들을 떠올릴 것을 권한다. 작가들의 감정을 온몸으로 받아들이면서 그들이 전하는 메시지를 그들처럼 사색함으로써 독자 자신을 성장 발판으로 삼으라고 주문한다. 고전을 통해 사색의 힘을 키울 때 더욱 성장할 수 있다.

생각하는 시간을 지녀라. 생각하며 살아야 성장할 수 있다.
특히 다산의 교훈은 "늘 배고픈 상태를 유지하라"고 말한 뒤 자식들에게 남긴 실천사항은 오직 자신만을 위한 삶을 다음과 같이 적은 것이다.

"여러 날 밥을 끓이지 못하는 집에는 쌀되라도 퍼주어 굶주림을 면하게 하라. 눈이 쌓여 추워 쓰러져 있는 집에는 장작개비라도 나누어주어 따뜻하게 해주라. 병들어 약을 먹어야 할 사람들에게는 한 푼의 돈이라도 쪼개서 약을 지어 일어날 수 있도록 도와주라. 가난하고 외로운 노인이 있는 집에는 때때로 찾아가 무릎을 꿇고 모시어 따뜻하고 공손한 마음으로 공경하라. 근심걱정에 싸여 있는 집에 가서는 얼굴빛을 달리하고 깜짝 놀란 눈빛으로 그 고통을 함께 나누고 처리할 방법을 함께 의논하라."

16. 유현준 지음, 『어디서 살 것인가』, 을유문화사, 2018.

지식은 책에서, 지혜는 자연에서 얻는다.

무거운 건축물은 권력을 과시하는 장치이다. 반대로 가벼운 건축물은 아무런 권력을 나타내지 못한다. 몽골텐트는 아무런 권력을 보여주지 못한다. 고인돌은 일종의 무력 시위였다. 로마인은 일단 정복지에 도시를 세울 때, 그리스식 신전과 콜로세움을 만들었다. 신전을 만들어 종교를 통한 소프트웨어적인 통일을 이루고 건축을 통해 하드웨어적인 통일을 완성했다.

우리가 차를 선택할 때 외관 디자인이나 브랜드보다 더 중요하게 생각해야 하는 것이 있다. 그 자동차를 누구와 함께 타고 어디에 가느냐다. 우리가 사는 곳도 마찬가지다. 어떤 브랜드의 아파트냐가 아닌 어떤 공간이 우리 삶을 더 풍요롭게 하는가다. 저자는 그것이 중요하다고 강조한다. 우리가 서로 얼굴을 맞대고 대화하며 서로의 색깔을 나눌 수 있는 곳, 우리가 원하는 삶의 방향에 부합하는 도시로 변화해야 한다는 것이다.

저자는 중심도 없고 경계도 모호한 특성을 보여주는 것으로 현대 건축들을 꼽는다. 대형 쇼핑몰에는 항상 멀티플렉스 극장이 있는 이유는 뭘까? 힙합 가수가 후드티를 입는 것과 사적 공간에 대한 갈증이 어떻게 연결되는가? 숨 가쁜 도심에서 벗어나 생각에 잠길 수 있는 대교 아래 공간을 설명하기까지 다양한 주제를 다룬다. 결론적으로 어떤 공간이 우리를 행복하게 만드는지 생각하고 찾아갈 수 있도록 이끌어준다.

왜 정치집회는 광화문에서 열리는가? 역사적 중심축인 이순신 동상과 세종대왕 동상이 광화문의 중심공간에 배치되어 권력의 축을 상징하는 것은 뭘까? 권력은 좌우대칭에서 나온다. 좌우대칭 공간은 개인의 존재감을 억누른다. 요즘 사람들은 SNS를 통해 자기가 보여주고 싶은 모습만 한쪽으로 보여줌으로써 자신의 권력을 만든다.

또 다른 예다. 기후가 바뀌면 건축과 도시가 바뀐다.

1696년 영국은 난로세 대신 창문세를 도입하여 창문이 7개부터는 차등적으로 중과세를 매겼기 때문에 창문 대신 벽을 만들었다. 이후 근대화되면서 유리보급으로 상품판매를 위한 쇼윈도우가 만들어졌다. 태양광 발전을 하는 투명유리창, 스마트 유리창이 등장하게 될 것이다.

자동차를 시간당 빌려서 사용하는 집카 창업자 로빈체이스(Robin Chase)에 의하면, 내가 쓰지 않을 때 다른 사람이 쓸 수 있게 하면 자동차는 현재의 30%로 줄고 카풀까지 하면 10%까지 줄어들 수 있다. 무인자동차가 상용화되면 소유시스템은 공유시스템으로 바뀔 것이다.

- 공유경제 = (사회주의 × IT기술) ÷ 자본주의

아궁이의 분리가 한국근대화를 만들다. 석유곤로 사용으로 단층주거지를 벗어나 2, 3층 건물이 가능해졌다. 이러한 도시의 고밀화는 신흥계급을 만들고 사회의 민주화와 진화를 이루어냈다. 건축물 자체가 아니라, 그 건축물이 담아내는 삶을 바라보아야 한다.

건축가 유현준의 통찰은 자유로운 공간을 닮았다. 『나의 문화유산답사기』의 유홍준이 "그의 이야기 속에는 과거, 현재, 미래가 공존하고 있고, 첨단 과학과 전통이 맞물려 있다"고 말한 것처럼, 그는 다채로운 시공간을 넘나들며 우리 모습을 예리하게 들여다본다.

저자가 이끄는 대로 고대 종교 건축물의 효시인 괴베클리 테페의 이야기를 읽다가 어느새 현대 한국의 도시로 이동하고 다시 SNS 같은 사이버 공간으로 여행을 떠났다가 눈 깜짝할 새 또 우리 집 앞 골목길에 들어와 있다.

우리는 건축물을 구경하듯이 책의 구석구석을 읽고 나면 자연스럽게 자신을 향한 질문으로 돌아올 것이다. "과연 내가 살고 싶은 곳은 어떤 곳일까?" 이 책을 통해 그 기준이 바뀔 수도 있고 혹은 더 단단해질 수도 있을 것이다.

17. 그레그 스타인메츠 지음, 노승영 옮김, 『자본가의 탄생』, 부키, 2018.

• 공공주택사업 푸거라이 건립: 토마스 크레브스간 설계한 아우크스부르크의 노동빈민 주택건설사업으로 106채 건립, 방 4개씩 40㎡ 면적, 요강 사용해서 주택단지를 지나는 개울에 버림, 사생활보호, 통행금지와 방범을 통해 거지진입 차단, 집집마다 각기 다른 초인종 손잡이로 저녁에도 현관 확인 가능, 1년에 1플로린(85유로), 사용료 징수, 가난을 도와줄만한 사람과 도와줄 필요가 없는 사람으로 구분, 하루 3회 기도, 세대를 넘어 존속.

도시계획 내지 빈민구제의 일환으로 검토할 필요.

16세기 아우크스부르크 출신 은행가(당시 고리대금업자) 야코프 푸거는 신성로마제국 황제 카를이 황제가 되도록 거액을 빌려주었고 합스부르크 가문이 유럽 정계를 벗어나 중앙무대로 진출할 수 있게함(돈이 전쟁과 정치를 좌우함).

교황을 설득해 고리대금업 금지조치를 해제하여 상업 발전 기틀을 마련. 강력한 상업조직인 한자동맹에 타격을 입히고 교황

레오와 결탁하여 베드로성당 건립을 명분으로 면죄부(누진제 적용하여 노동자는 1플로린, 상인은 3, 귀족은 20, 왕과 주교는 25플로린)를 판매(교황과 푸거가 반반씩 나누어 갖음)함으로써 루터를 격분케하여 95개조 반박문을 작성케 함으로써 종교개혁을 초래함.(동전이 연보함에서 땡그랑 울리면 영혼이 연옥에서 올라오도다)

복식부기 도입, 감사관을 파견하여 지점을 감독하게 하고, 뉴스서비스(언론)를 창시해 정보를 파악함.

1525년 사망 당시 유럽 총생산액의 2%를 차지하는 역사상 최초의 백만장자로 독일의 록펠러

르네상스시대 새로운 전문가집단 변호사 등장: 자본주의 출현과 무역의 성장으로 인해 근대적인 법체계를 이해하는 집단의 필요성, 관습법이 공동체의 관점에서 소유권을 공동체가 나누어 갖는 반면 로마법은 사유재산을 인정하므로 제후와 부자들의 지지를 받아 대학의 법학이 번성, 반면 농민과 광부, 도시노동자들은 로마법을 정의가 아니라 약탈로 증오함으로써 농민전쟁 발발했으나 푸거는 이를 극복함.

18. 홍성국 지음, 『수축사회』, 메디치미디어, 2018.

성장신화를 버려야 미래가 보인다, 저성장 시대를 이해하는 새로운 프레임

수축사회: 저성장 기조가 장기간 지속되면서 정치, 경제, 환경을 비롯한 사회 모든 영역의 기초 골격이 바뀌고 인간의 행동규범, 사고방식까지 영향을 미치는 현상, 팽창사회의 반대말로, '서로가 적인 사회'로 팽창사회가 positive sum society라면, 수축사회는 negative sum society

왜 수축하는가: 인구감소, 과학기술의 발전, 개인주의가 서로 얽혀 수축사회로 간다. 모든 개인이 폐쇄된 상황에서 자신의 행복만을 추구해 사회 전체의 질서와 도덕이 무너지는 것으로 협력보다 개인 이기주의가 득세사면서 양극화가 심화되고 중산층이 몰락하게 됨.

새로운 계급의 분화: 플랫폼 소유주계급 0.001%, 플랫폼 스타(대중적 호소력을 지닌 정치 엘리트, 예체능스타, 창의적 전문가)계급 0.002%, 프레카리아트(불안정함+프롤레타리아) 99.997%로 구성.

수축사회의 특징: ① 원칙없는 이기주의 ② 나비효과로 상호 의존성이 증대됨으로써 모두가 전투 중 ③ 도둑, 예의, 공생 같은 사회규범이 부재한 일종의 무정부상태에서 눈 앞의 이익에만 매몰된 미래실종 ④ 경제력 집중등 팽창사회로 이주해감으로써 집중화 심화 ⑤ 의사결정 장애, 회피, 우울증 같은 정신질환 확산

4차 산업혁명이 수축사회 진입을 촉진한다. 4차 산업혁명으로 한계비용이 제로가 되면 수출중심국가는 수축사회 진입이 빨라진다.

무한 혼돈사회: 뷰카[변동성(volatility), 불확실성(uncertainty), 복잡성(complexity), 모호성(ambiguity)]

울리히 벡의 위험사회: 과학기술과 산업이 발전하면서 일상적 위험이 만연.

중국위기론: 사회적 자본 부족, 시진핑은 부족한 사회적 자본으로 인한 무질서를 강력한 권위주의 폭력으로 막아냄, 지나친 인구의 규모의 비경제, 비효율적 통제 시스템, 저출산 고령화 사회안전망 미비, 과잉투자 후유증.

※ 선진국 적정 인구규모는 7천만~1억 명, 미국은 주정부에 의해 분할통치 하나 중국은 중앙집권적.

※ 루이스 전환점(Lewisian turning point): 개도국에서 도시로 이주하는 농촌 잉여노동력이 고갈될 때 임금 급등으로 고비용-저효율구조가 나타나 경제성장이 꺾이게 되는 지점.

※ 데이비드 삼보의 『중국의 미래』가 예상하는 향후 중국의

정체성 4가지: ①신전체주의(철권통치) ②경성 권위주의(지금 상태) ③ 연성 권위주의 ④ 준민주주의(싱가폴과 유사) 중국은 장기적으로 ③ ④로 가야 하지만 ① ②를 벗어나지 못할 경우 대붕괴.

수축사회 생존전략: ① 원칙을 세우고 지켜라. ② 사회환원, 복지.배당정책 등으로 정직성을 높여라. ③ 미래예측에 대비하라. ④ 창의성(브랜드)을 높이라. ⑤ 정치적 감각을 키우고 독점을 피하라. ⑥ 긍정적 조직문화를 키우는 격이 다른 리더가 되라.

※ 로사다 비율(Losada ratio): 긍정적 단어와 부정적 단어비율이 2.9 대 1 이상인 기업은 성장하지만 미달인 기업은 쇠퇴한다.

※ 계급의 고착화: 한국사회에서 소득하위 10%가 중산층으로 도약하기 위해서는 5세대가 걸린다.

※ 사회적 갈등: 삼성경제연구소 사회갈등지수는 터키 다음 2위로 심각, 2013년 연간 갈등비용 82조~246조 부담, 소득양극화가 고착되고 민주주의가 정착하지 못하고 정부 역할이 미약하면 갈등은 커진다.

수축사회에서 정치의 3가지 역할
① 전체적 시각: 국가 전체 차원에서 정책을 만들고 시행해야 한다. 팽창사회에서는 노력하면 누구나 일정 파이를 갖을 수 있

기 때문에 정치인의 일탈이 용인되었지만 제로섬 게임에선 불가능하다.

② 갈등조정을 통해 사회통합에 나서야 한다.

③ 미래지향: 정치는 과거보다 미래 변화에 적극 대응해야 한다. 위 3가지는 서로 연결되어 있는 상호의존성을 이해해야 함

부동산문제: 부동산 가격 급락은 수축사회 진입을 앞당길 수 있다. 고령화와 인구감소로 장기적으로 중산층 고령자주택이 매물로 나오면 가격급락으로 파국이 초래될 수 있음. 한국 주택문제는 수도권, 그 중에서도 서울, 강남의 아파트, 그리고 강남의 새 아파트 공급이 본질임.

1인 가구 증가로 주택 보급율보다 중요한 지표로

※ 인구 천명당 주택수: 한국 320호, 미국 420호, 영국 436호, 일본 476호 서울은 355호, 뉴욕 412호, 런던 411호, 도쿄 579호 파리 606호

수축사회 탈출방법: 인구증가, 이타주의, 양극화 완화, 사회적 자본 축적

수축사회 진입을 늦추는 방법: ① 수축사회에 대한 인식의 전환으로 이제는 특정계층이 부를 독점하면 나머지 계층이 빈곤해져 결국은 모두가 빈곤해진다. ② 위, 아래, 옆으로부터의 입체적 혁명이 필요하다. ③ 사회 전체가 하나의 거대한 블로 상호연계되어 있기 때문에 특정 이슈는 거의 모든 사회문제와 연결되어 있다. ④ 인구동향, 세계경제, 국가재정 등 미래의 예측가능

한 변수들을 종합해서 미래를 위한 투자 우선순위를 정해야 한다. ⑤ 사회 전체가 공감할 수 있는 사회적 비전을 만들어 공유한다.

19. 레온 빈트샤이트 지음, 장혜경 옮김, 『삶의 무기가 되는 심리학』, 심플라이프, 2019.

심리학을 활용할 줄 알면 인생에서 마주치는 모든 문제를 해결할 수 있다.

회사에서 일 잘하는 사람으로 보이는 비결은 무엇일까? 연봉 협상에서 내 몫 챙기는 비법은 무엇일까? 내가 싫어하는 그 인간과 매일 마주쳐야 한다면 어떻게 살까? 뭘 위해서 사나 싶을 땐 무얼 해야 할까? 걱정에서 빠져나오는 탈출구는 어떻게 찾을 수 있을까? 수도 없이 부딪히는 질문들은 생활의 도처에서 매일 마주치지만 복잡하게 얽혀 있어 깔끔하게 해결하기 어려운 문제다. 그 갈등을 손쉽게 해결할 방법을 알려주는 책이다.

독일의 심리학 박사이자 인기 퀴즈 쇼 「누가 백만장자가 될 것인가?」의 우승자 레온 빈트샤이트는 학자로서 그동안 연구해 온 심리 기술을 적극 활용해 우승 상금 100만 유로를 서머쥐었다. 그는 이 우승을 계기로 심리학을 공부해 제대로 훈련만 하면 누구나 원하는 (거의) 모든 것을 이룰 수 있다는 확신을 갖게 되었다고 말한다. 그 확신을 바탕으로 심리학을 이용해 백만장자가 된 과정, 자신이 세 달간 하루 10시간씩 훈련한 심리 기술, 더 나아가 우리가 일상에서 가장 자주 사용하고 가장 자주 속아 넘어가는 심리 현상, 그 심리 현상을 역이용해 자신에게 유리한 쪽으로 활용하는 방법 등을 책 속에 담았다.

교양없는 전문가보다 위험한 것은 없다.
- 프리드리히 니체의 르상티망: 타인의 시기심을 관찰하면 비즈니스 기회가 보인다. 르상티망- 여우의 포도처럼 손이 닿지않는 것을 신 것으로 생각을 바꾸어 버리는 것. 니체는 박사학위와 교원 자격증도 없이 24살에 바젤대학교 교수임용 되었으나 무시 속에 대학을 사임.
- 한나 아렌트, 악의 평범성: 악의가 없어도 악인이 될 수 있다. 에이브러햄 메슬로, 자아실현적 인간: 자아실현을 이룬 사람일수록 인맥이 넓지 않다.
- 스탠리 밀그램, 권위에의 복종: 개인의 양심은 아무런 힘이 없다. 쿠르트 레빈, 변화과정: 혁신은 새로운 시도가 아니라 과거와의 작별에서 시작한다.
- 존 로크의 타불라 라사(경험 이전의 백지상태): 타고난 능력이란 없다. 경험을 통해 인간은 무엇이든 될 수 있다.
- 로버트 킹 머튼, 마태효과(마태복음 25장 29절): 가난한 사람은 더 가난해지고 부자인 사람은 더 부유해진다.
- 나심 니콜라스 탈레브, 反 취약성: 안정이 계속될수록 축적

되는 리스크다.
- 질 들뢰즈, 파라노이아와 스키조프레니아: 재빨리 도망칠 줄 아는 사람이 승리한다. 파라노이아(편집증), 스키조프레니아(분열증) 중에서 현대사회에서는 성실한 노력형 보다 아니다 싶을 때 재빨리 도망치는 사람이 승리한다.
- 세르주 모스코비치, 격차: 공평한 사회일수록 차별에 의한 상처가 깊다. 장 보드리야르, 차이적 소비: 사람들은 필요해서가 아니라 다르게 보이기 위해 돈을 쓴다.
- 베이컨, 우상: 오해에는 여러 가지 유형(우상)이 있다. 동굴의 우상- 개인경험의 일반화로 인한 위험성, 시장의 우상- 매스컴이나 인터넷 등의 가짜뉴스를 정확한 것인 양 전하는 것이다.
- 르네 데카르트, 코기토: 생각은 아웃소싱할 수 없다.(모든 것을 의심할지라도 오직 사유하는 인식주관으로서 나만이 진리)
- 토마스 쿤, 패러다임의 전환: 조급해하지 마라, 세상은 그렇게 갑자기 바뀌지 않는다.
- 앨런케이, 미래예측: 미래를 예측하는 최선의 방법은 미래를 창조하는 것이다.
- 안토니오 다마지오, 신체적 표지: 사람은 뇌뿐만이 아니라 몸으로도 생각한다.
- 에드문트 후설, 에포케(epoche): 때로는 판단을 보류하는 것이 도움이 된다.
- 클로드 레비스트로스, 브리 콜라쥬: 에디슨은 축음기를 유언장의 대체품으로 발명했다.

20. 신영복 지음, 『강의-나의 동양고전 독법』, 돌베개, 2004.

周南, 汝墳「강둑에서」

遵彼汝墳, 伐其條枚
저 강둑길 따라 나뭇가지를 꺾는다
未見君子, 惄如調飢. 旣見君子, 不我遐棄
저기 기다리는 님 오시는구나, 나를 멀리하여 버리지 않으셨구나
魴魚赬尾, 王室如燬
방어 꼬리 붉고 정치는 불타는 듯 가혹하다
雖則如燬, 父母孔邇
비록 불타는 듯 가혹하더라도 부모가 바로 가까이에 계시는구려

이 시 한 편이 내 눈에 가득 찬 내용이다. 이 글은 『시경』에 담긴 것으로 신영복 선생님이 풀이한 내용이 다른 사람들의 해석과 다르게 다가온다. 동양에서는 자연이 최고의 질서이다. 자연(自然)이란 본래부터 있었던 것으로 어떤 지시나 구속으로 매이지 않는 스스로 그러한 것이다. 글자 그대로 자연이며 그런 점에서 최고의 질서다. 인성 역시 마찬가지다. 인성이란 개별 인간의

내부에 쌓아가는 어떤 배타적인 가치가 아니라 개인이 맺고 있는 관계망의 의미다. 예컨대 동양적 인간주의는 철저하게 관계론적 개념이라는 사실을 이해한다.

그러면서도 차이에 주목한다. 방송인 김제동은 신영복 선생님의 책에서 다음 내용을 가장 인상 깊게 뇌리에 새겨진 구절로 꼽았다. "차이에 주목하는 것은 부분을 확대하는 것이고, 엄밀한 의미에서 대등한 비교란 존재하지 않습니다. 비교와 차이는 원천적으로 비대칭적입니다."

리뷰 가운데 대표적으로 김제동은 오히려 이 구절을 통해 느끼고 있는 것처럼 차이에 주목하기보다 본질에 좀 더 주목하였으며, 본질로서의 가치를 소중히 여겨야 할 것이라고 말했다. 그는 본질을 웃음이라고 말하고, 그 웃음의 뿌리를 이 책에서 찾을 수 있었다고 했다.

그리고 신영복 선생님 강연을 열 때 시민단체가 김제동에게 사회를 맡겼다. 그때 과분하게도 '김제동, 신영복에게 길을 묻다'라고 제목을 붙였다고 한다. 그날 사회자로서가 아니라 한 명의 청중으로서 책에서 보았던 좋은 구절을 직접 들었다고 고백했다. 즉, 책의 내용대로 '미래로 가는 길은 오래된 과거에서 찾는다.'고 느꼈다고 적었다. 그는 미래의 길이 될 '오래된 과거의 기록'을 몇 줄 진히고 있다.

"창랑의 물이 맑으면 갓끈을 씻고, 창랑의 물이 흐리면 발을 씻는다."(굴원)

"사람들이 알아주지 않아도 노여워하지 않으니 어찌 군자가 아니겠는가."(학이)

'가장 곧은 것은 마치 굽은 듯하고, 가장 뛰어난 기교는 마치 서툰 듯하며, 가장 잘하는 말은 마치 더듬는 듯하다.'(노자45)

김재동은 이렇게 칭찬한다. 신영복 선생님의 고전 해석을 일품으로 꼽는다. 예컨대 지금까지 "군자는 화목하되 부화뇌동하지 아니하며 소인은 동일함에도 불구하고 화목하지 못한다."라고 해석해온 구절을 신영복 선생님은 "군자는 다양성을 인정하고 지배하려고 하지 않으며, 소인은 지배하려고 하며 공존하지 못한다."라고 재해석한 것이다.

신영복 선생님의 새로운 해석을 통해 재탄생하는 모습은 정말 경이롭기까지 하다고 말했다. 마치 옛 현인들이 깔끔한 정장을 입고 제 앞에 서는 듯한 기분이 들었다는 것이다. (시사IN자료 참조)

동양 사상은 과거의 사상이면서 동시에 미래의 사상이다. 과거를 성찰하고 미래를 전망하는 뛰어난 관점을 제시하고 있다. 동양의 역사에는 과학과 종교의 모순이 없으며, 동양 사회의 도덕적 구조는 자연과 인간 그리고 인간관계 등 지극히 현실적이고 인문주의적인 가치들로 채워져 있다.

21. 김헌태 지음, 『초소통사회 대한민국 키워드』, 21세기북스, 2018.

• SNS 포퓰리즘: SNS광풍이 연출한 새로운 새상, 초소통사회.
스마트폰을 장악해야 정치권력을 잡는다. 스마트폰 앱사용시간 하루 200분.
마녀사냥과 편 가르기, 엘리트의 독점으로부터 대중의 권력을 찾아오는 반면 혐오와 갈등의 확산으로 지성과 이성의 마비로 인한 파국을 초래할 수 있다.
예능정치: 셀럽정치인, 강권통치 속 등장한 새로운 대중운동, 문화적 저항, 정치권력의 권위와 존엄성을 비웃은 조롱과 해학
• 정치팬덤: 정치팬덤의 시대, 분열과 갈등의 거점이 되나?
정치팬덤의 확산은 대의민주주의와 충돌, 특권동맹(엘리트 카르텔)에 대항하면서 열혈지시는 공격성와 배타성으로 분열초래.
• 로컬리즘: 지역정치의 재탄생, 이제는 로컬리즘이다.
생활밀착형 정치, 자치·분권
• 페미니즘 행동주의: 끝없는 외침, 성난 대한민국 페미니스트

메갈리아와 워마드, 미러링 전략, 이젠 여자가 여자를 찍는다. 젠더전쟁
- LGBT: 성소수자들의 반격, 레인보우 퍼레이드 5% 성소수자.
- 혼삶: 가족은 없다! 혼자 즐기고 혼자 죽어가는 세상.

가족이 사라지는 시대, 돈이 있어야 노후가 있다. 기계가 노동을 대신하고 스마트폰이 관계를 대신하는 세상.
- 기본소득: 노동종말

1970년대 캐나다 민컴실험에 의하면 기본소득이 사람을 게으르게 만들지는 않는다, 푸리에주의(노동능력과 무관하게 기본생계를 위해 자본을 먼저 배분함)
- 존중투쟁: 가난해도 좋다. 위를 무시하지 말라!

계급투쟁 대신 존중투쟁
- 초라한 진보정권: 진보정권의 시작은 창대하나 그 끝은 미약하다?

사람을 겨냥한 적폐청산은 대중의 피로감을 가중시키고 대중의 삶의 변화없이 출세한 사람만 바꾸니는 결과를 가져온다. 적폐청산은 제도와 시스템을 통해 시도되어야 하며 일사의 문화와 상식이 바뀌어야 한다. 새로운 지도자가 대중의 바람대로 다 해줄 것처럼 등장하지만 실제 할 수 있는 일은 많지 않다. 정치권력이 자본질서를 이길 수 없다.
- 보수의 재구성: 절망의 끝자락에서 보수는 일어설 수 있나?

보수유형 ① 박정희보수: 반공, 고연령층 산업화세대로 결집력 크지만 확장성 약함.

② 전통보수(귀족보수): TK 엘리트 기득권층
③ 웰빙보수: 이명박보수, 수도권 중산층과 부유층, 정체의식 약하고 정치성향 보다 경제노선(시장친화적 성장친화적) 중심으로 정치성향이 결정됨
• 정치개혁: 다원정치의 길목, 연동형 비례대표제
제왕적 대통령제에서 해서는 안 되는 것은 ① 대중을 바라보고 정치하는 것-법치와 제도의 장벽을 넘을 수 없다 ② 비서실이 정부를 움직이는 것-제왕적 비서실
• 한반도 평화체제: 우리 목표는 평화냐, 통일이냐?
최장집, 박명림 교수: 남북은 현실적으로 다른 나라이기 땜에 평화체제가 중요하다는 현실론.

홍석현 평화오디세이: 북한 경제가 좋아져서 김정은 정권 스스로 붕괴 불안감이 해소되어야 완전한 비핵화 가능, 투키디데스 함정에 의해 특정 나라가 지역패권을 가진 상태에서 새로운 세력이 그 패권을 위협할 정도로 커지게 되면 전쟁가능성이 키진다는 점에서 미중충돌가능성을 주장.
- 정치가 할 수 있는 일은 줄어가는데, 정치에 대한 요구는 날로 커진다는 문제점.
- 포퓰리즘은 너도 나도 자신의 욕망을 부끄러워하지 않고 드러내는 성지, 대중의 욕망에 편승해 그들의 욕망을 과잉시키는 정치를 통해 결국 자신이 필요로 하는 세속 권력을 탈취한다.

22. 다니엘 핑크 지음, 김명철 옮김, 『새로운 미래가 온다』, 한국경제신문, 2020.

지식근로자(이론적 분석적 지식을 획득하고 적용하는 능력)의 미래: 풍요(경제적 풍요의 시대 생존투쟁에서 벗어나 극소수가 추구하던 자아실현은 거의 모든 사람이 추구하는 상황으로 변모됨), 아시아(아웃소싱의 세계화), 자동화(변호사와 의사도 안전하지 않다. 근로자 존헨리의 스토리)

• 6가지 조건
① 기능만으로 안 된다: 디자인으로 승부하라.
② 단순한 주장만으로는 안 된다: 스토리를 겸비하라.
③ 집중만으로 안 된다: 조화를 이뤄야 한다.
④ 논리만으로 안 된다: 공감이 있어야 한다.
⑤ 진지한 것만으로 안 된다; 유희도 필요하다.
⑥ 물질 축적만으로는 부족하다: 의미를 찾아야 한다.

- 당근과 채찍이라는 '외적' 동기부여는 주도성과 전문성, 그

리고 목적의식이라는 '내적' 동기부여를 이기지 못한다. 1990년대 마이크로소프트는 브리태니커의 대항마로 엔카르타를 만들었지만 온라인 공유에 의한 위키피디아를 당해내지 못했다.

- 하버드 MBA 합격률 10%, UCLA 예술대학원 합격률 3%
- 미로(maze): 어지럽게 구획된 통로들이 얽혀있어 통로를 찾기 어렵게 만든 것으로 좌뇌가 필요하다.
- 미궁(labyrinth): 나선형 보행코스로 중심으로 이동했다가 다시 되돌아나오게 하는 일종의 움직이는 명상공간으로 우뇌를 움직이게 한다. 미궁을 통해 영적 경험과 정신적 위안을 얻을 수 있는 감정치료수단, 미국 존홉킨스대학 메디컬센터에 8개 동심원으로 된 미궁이 있음(센프란시스코 그레이스대성당의 로렌 아트레스주교).

23. 장성권 지음, 『데이터를 철학하다』, 흐름출판, 2018.

우리가 믿고 있는 객관적인 데이터에 대한 신화를 깨뜨린다. 데이터는 시대에 따라 그 정의와 범위가 달라져 왔다. 데이터는 어디에서 오는가? 관찰자의 마음, 즉 주관성이다. 관찰자의 관점과 목적에 따라 데이터의 내용이 바뀌거나, 왜곡될 수 있다.

"인지 시간은 일정한 물리적 시간 동안 내가 시간의 흐름을 인지하는데 할애한 두뇌 활동의 양에 비례한다." 수집된 데이터를 가치 있는 정보로 재생산해 내는 방법은 스캐닝, 모니터링, 개관, 연구 등 다양하다. 저자는 이들 방법을 살펴본다. 그 가운데 인공지능이나 알고리즘이 제 역할을 하기 위해서는 인간의 가치판단의 중요성을 강조한다.

신이 내린 인간의 선물로 불려온 지능의 실체를 탐구한다. 인간의 지능은 오랜 시간 자연에서 진화의 과정을 거쳐 탄생한 능력이다. 지능은 인식, 분석, 검증, 추론, 예측, 판단과 의사결정 같은 작동 메커니즘을 갖고 있다.

우리 주변에 활용되고 있는 알고리즘도 인간의 지능 작동 메커니즘을 프로그램화한 것이다. 사람마다 시간의 길이가 다르다. 시간 인지의 주관성은 지능을 대하는 태도 역시 달라진다. 생태계를 지배하고자 하는 자는 자신의 목표보다 생태계의 목표를 추구해야 한다. 신뢰와 주도권이 생태계 예측을 가능케 한다.

교황청의 "AI를 위한 로마콜(Rome Call for AI Ethics)"은 AI가 약자와 소외계층 보호, 디지털 보안대책, 윤리원칙 준수를 위한 새로운 규제선언, AI의 윤리적 디자인 등을 주장, 특히 편견없는 데이터 입력이 필요함을 주장한다.

빅 데이터와 인공 지능 기술의 발달과 규제에 따라 펼쳐질 4가지 시나리오를 살펴본다. 이를 통해 빅데이터 시대에 인간이 주인공으로 서기 위해서는 어떻게 해야 할 것인지 확인한다. 지금 우리에게 필요한 것은 인간 중심의 데이터 담론이 탐구되고 모색되어야 한다.

미래에 다가 올 빅인텔리전스 세상은 인공지능의 특이점 돌파 여부와 인공지능의 규제여부에 달려있다. 빅 인텔리전스시대에 맞게 재정립된 지혜로운 인간이 호모소포스(Homo Sophos)이다.

24. 토드 로즈 지음, 정미나 옮김, 『평균의 종말』, 21세기북스, 2018.

평균의 탄생:

1819년 아돌프 케틀레는 수학으로 인간을 분석하고자 평균 키, 평균체중, 평균 얼굴빛, 평균 결혼연령과 출산, 평균 빈곤인구, 평균 교육수준, 케틀레지수(체질량지수) 등을 통계적으로 계산해서 평균값은 평균적 인간의 특성을 보여줌으로써 평균적 인간을 정상으로 우러러 받들고 평균에서 벗어난 개인은 오류로 혐오한다. 이 개념은 나이팅게일은 평균적 인간을 신의 섭리로 보았고 마르크스는 평균적 인간이 역사결정론을 성립시켜주는 증거라고 주장하였다. 이후 프랜시스 골턴은 평균을 향상시키는 것은 인류의 의무라고 간주하고 평균이 미치지 못하는 사람은 최하위층의 저능층에서 평범층을 거쳐 최상층인 우월층까지 14가지로 계층화함. 여기서 평균은 평범으로 간주됨. 이후 19세기 이래 평균주의자들의 시대로 전락하였다.

산업혁명 이후 산업화과정에서 프레데릭 윈스로 테일러는 공장 생산과저의 표준화시스템을 도입하면서 오류를 최소화해주는 「과학적 관리의 원칙」이 산업계의 지배적인 원칙으로 자리매김하게 되면서 직원의 개개인성은 등한시된다.

테일러주의의 교육비전에 따라 교육도 평균적 근로자를 키워내는 공장식 학교교육으로 표준화된 동일교육을 목표로 삼아왔다. 에드워드 손다이크에 의해 학습속도가 빠른 뇌를 타고난 람은 사회생활에서도 성공을 거둔다고 보고 학습능력을 측정하는 표준화 시험을 마련하였다. 모든 학생을 똑같은 수준으로 교육시키는 것이 아니라 타고난 재능수준에 따라 분류하는 등급중심적 교육을 도입한다. 이에 평균적 인간에 맞추어 설계된 표준화된 교육 커리큘럼 수행능력에 따라 평가한다.

- 피터 몰레나의 에르고딕 스위치(ergodic switch): 평균주의의 결함을 발견, 평균주의에 빠져 개개인을 평균과 비교함으로써 개개인을 이해하려고 하지만 실재로는 개개인에 대한 중요한 것을 모두 무시하고 있는 상태임을 깨닫고 개개인성에 기반한 개개인의 과학을 주창한다. 개개인은 오류가 아니고 개개인을 가장 중시되는 인간자질에 따라 단 하나의 점수로 전락시켜서는 안 된다. 평균주의자들이 정적 통계학에 근거한다면 몰레나는 가변적이고 비선형적인 역동적 시스템에 근거해야 함을 주장한다.
- 길버트 대니얼스는 조정석을 평균적인 조종사에 맞출 것이 아니라 모든 조종사에 맞도록 설계해야 함을 제안했다. 이

후 조정석의 유연성이 적용되기 시작하였다. 갓난아이가 걷는 것처럼 두 다리를 움직이는 보행반사가 2달이면 사라졌다가 걸음마를 떼기 직전 다시 나타난다. 이를 두고 연령발달과 정상 평균적 뇌의 신경기능 발달로 이해했지만 텔렌은 개개인 우선 접근법을 통해 포동포동한 허벅다리에 근거한 것이었음을 밝힌다.

- 교육혁명을 위한 개개인성의 원칙: 인간의 재능은 다차원적이다. 들쭉날쭉의 원칙이 필요하다. 예를 들어 체격은 키, 체중, 어깨넓이, 가슴둘레, 허리둘레 등 다양한 변수가 있는데 일차원적 단위로 획일화할 수 없다. 구글의 인재채용법은 바로 이러한 들쭉날쭉 재능을 이해하고 있는 것이다. 인간에게 천성이란 없으며, 상황 맥락별 기질이 있을 뿐이다. 마땅하고 틀림없는 표준경로가 있다는 동결과성(equifinality)이 있다거나 빠를수록 더 똑똑하다는 학습신념은 평균주의의 산물이다. 인간은 개개인성에 따라 새로운 가능성이 온갖 다양한 형태로 펼쳐지는 발달의 그물망을 가지고 있다. 필자 토드 로즈는 중학교 때 ADHD 장애판정을 받고 성적 미달로 고교를 중퇴했으나 하버드대학 박사를 받았다. 그 과정은 우수성을 이루기 위해 자신에게 유용한 길이 어딘가에 있다. 하지만 그 길이 어떤 형태일지를 알아낼 수 있는 사람은 자신뿐이다. 때문에 자신이 어떤 사람인지를 알아내는 것이 매우 중요하다. 자신에게 맞는 길을 찾기 위해 자신의 들쭉날쭉한 특성을 이해해야 한다. 자신의 실력이 발휘

될 수 있는 맥락을 이해하고 자기에게 가장 잘 맞는 독자적 경로를 정해서 나가야 한다.
- 학위시스템의 혁신: 학위 대신 세분된 학습단위별 자격증(MOOC 이수에 대한 자격증제도), 성적 대신 실력평가로 대체하고 학생의 자신의 교육진로 결정권을 허용한다.

25. 정용선 지음,『장자, 고뇌하는 인간과 대면하다』, 빈빈책방, 2018.

- 프리모 레비: 이상한 미덕, 거울같이 비추는 고결한 눈.

남의 고백을 잘 들어주는 미덕을 가진다. 따뜻한 시선으로 상대를 인식하기 위해 공부한 화학자로『장자』에 나오는 왕태처럼 거울에 비추는 마음을 가졌다. 수용소에서 파시즘의 폭력에 시달리면서도 인간 탐구의 장으로 인식하고, 인간성을 폐기한 사람들 속에서도 그들의 인간다운 면모를 이해하고자 하는 노력(불행까지도 자기 삶을 깊이 이해할 수 있는 사건으로 이해)하면서 자신을 성찰했지만 자신의 아파트 엘리베이터 통로에서 의문의 추락사를 한다.

- 알퐁스 도테: 아름다움을 캐내는 눈

도테의 풍차 방앗간과 스갱 씨네 염소 이야기 등 인간의 자유의지 탐색.

- 『아를라탕의 보물』 매독으로 죽기 직전 작품: 연인 마들렌의 자유분방함과 자신의 집착의 괴로움을 정면돌파하여 마

들렌에 대한 관념이 자신의 상상력이 만들어낸 것으로 실체가 아님을 자각, 고뇌하는 정신이 영혼을 밝힌다.
- 가브리엘 마르케스: 꿀 같은 세상, 꿈처럼 풀어내는 이야기 마술사

『백 년 동안의 고독』에서 최초 마콘도 건설에서 시작된 6대에 걸친 꿈같은 인간사 호접지몽.
- 엔도 슈사쿠: 이해하고 이해하려는 깊은 마음의 눈.

홍성사의 『침묵』의 로드리고처럼 순교하지 못한채 '후미에'를 하면서 배교하지만 예수는 그런 인간의 나약함과 버림받은 자의 슬픔을 침묵으로 고통을 함께하며 구원해주는 진정한 신이라는 자각을 하게 된다.

*본명 오카모토 산에몬은 시칠리아 출생으로 페레이라 신부를 찾아 1643년 일본 잠복선교를 도모하였으나 체포되어 이노우에의 구멍 매달기 고문을 받다 파교 후 일본여인을 아내로 맞아 이노우에 저택에서 거주한다.
- 알베르 카뮈: 부조리한 세상에서 의미를 찾아 고뇌한 영혼

시지프의 신화에서 신들의 노여움을 받아 무용하고 희망없는 노동을 하는 시지프의 부조리와 같이 인간은 무의미하게 반복되는 일상의 삶의 의미를 탐색하며 부조리에 도전하고 대결하거나, 이방인의 뮈르소처럼 삶과 죽음. 기쁨과 고통이 서로 맞닿아 공존하는 세계에 대한 무관심과 부정, 페스트의 리유와 같이 자신을 불살라 부조리와 정면대결하는 긍정의 얼굴.

26. 말콤 글래드웰 지음, 유강은 옮김, 『타인의 해석』, 김영사, 2020

내 앞의 이 사람은 적인가, 친구인가. 누가 거짓을 말하고 누가 진실을 말하는가. 우리는 몇 가지 단서를 설렁설렁 훑어보고는 다른 사람의 심중을 쉽게 들여다볼 수 있다고 여긴다. 낯선 이를 판단하는 기회를 덥석 잡아버린다. 진실에 가까워지기 위해서는 진실일 것이라는 가정을 깨부수어야 한다.

검사가 판사에게 제공한 정보를 AI에게 제시하고 석방대상을 고를 경우 AI가 뽑은 사람이 보석이나 석방 후 범죄를 저지를 확률이 25% 더 낮았다. AI가 고위험군으로 고른 1%를 판사는 48.5%를 석방했다. 오케스트라 신입 단원을 선발할 때도 블라인드 오디션이 더 현명한 결정을 한다. 낯선 이를 직접 만나면 만나지 않는 것보다 그 사람을 파악하는데 오히려 방해가 되는 이유는?

1519년 코르테스가 멕시코에 상륙해서 몬테수마와의 만남에서 의사소통이 잘못되어 항복하라는 것을 항복하는 것으로 오인했다. 결국 아스테카의 수도 테노치티틀란의 눈부신 문명이 파괴되고 2천만 명이 죽게 된 사건은 우리가 얼마나 타인을 이해하지 못해 비극을 겪게 되는지를 잘 보여준다.

자살은 장소와 맥락과 관계가 있다. 보통 사람들이 알지 못하는 사람의 심중을 꿰뚫어 보는 완벽한 기법이란 없다. 우리에겐 자제와 겸손이 필요하다. 순간적인 충동을 막기 위해 다리에 구조물을 설치하고 파티에서 무모하게 술을 마시면 타인을 읽는 능력을 거의 잃어버리게 된다.

27. 정두희 지음, 『3년 후 AI 초격차 시대가 온다』, 청림출판, 2019

티핑포인트로 임계점을 넘어서면 근본적 변화, 3년후 모든 산업에서 인공지능의 파괴적 혁신과 승자독식 완성될 것.

인공지능은 선점게임으로 시간이 지날수록 인공지능 성능은 학습에 의해 고도화되고 데이터가 늘어나며 숙련도도 커진다.

인공지능 영향은 금융, 소매업, 의료서비스 순이며, 교육은 데이터 생산이 적어 마지막 영향을 받을 것.

딘러닝 단계에 이르면 스스로 데이터를 추출하고 판단하는 자울학습, 입력까지 하는 강화학습.

AI기술의 특성: 학습성, 정확성(딥페이스 인식도 97.5% 2107 기준), 속도, 통찰력(구글이미지 분석을 통한 투표성향 분석), 자율성.

인공지능 애플리케이션 개발을 지원하는 API: 텐서플루, 카페, 케라스, MX넷.

[출판사 서평]

"더 이상 미룰 수 없는 AI 퍼스트 시대의 도래,
새로운 혁신의 파도 속에서 살아남을 것인가 사라질 것인가!"

정보통신기술(ICT) 산업을 삼킨 AI 기술이 유통 등 다른 산업 영역으로 빠르게 확대되고 있다. 다양한 글로벌 보고서를 살펴보면 AI 기술이 기업의 순이익 증가에 기여한다는 사례들이 나오고 있다. 이 추세라면 AI가 도입되지 않은 산업이 도태되는 것은 시간문제이다. AI 기술은 빠른 시간 내 대부분의 산업에 적용될 것이다.

AI 역량을 기반으로 월등한 제품과 서비스를 배포하고 확산시켜나가는 기업들이 앞으로의 시장을 장악할 것이다. 이 기업들은 인간의 한계를 극복하고, 과거에는 상상조차 못한 엄청난 가치를 생산해낼 것이다. 소비자는 월등한 AI 기술을 보유하거나 활용하는 기업에 열광하고 지갑을 열 것이다. 이렇게 되면 AI 기반의 비즈니스에 쏠림현상이 일어나 블랙홀처럼 시장의 모든 것을 빨아들일 것이다. 그리고 더 많은 소비자의 사용 데이터를 기반으로 인공지능 머신은 더욱 강력하게 고도화될 것이다. 그리고 이 과정에서 AI 기술을 준비하지 못한 수많은 기업들은 시장에서 소멸될 것이다.

"앞으로 3년, AI는 폭발적 성장기에 들어설 것이다"

이처럼 AI 기술의 발전은 기하급수적으로 이뤄지고 있다. 인공지능의 연료 역할을 하는 데이터의 증가 속도는 갈수록 빨라지고 있고, 아마존, 애플, 넷플릭스, IBM 등 시장 선도기업들의 AI 학습도 어느덧 무르익고 있다. 소비자 또한 AI 기술을 기반으로 한 다양한 서비스 및 상품들을 받아들일 준비를 하고 있다. 그리하여 여러 글로벌 보고서가 공통적으로 이야기하듯, 3년 후부터는 시장의 근본적인 변화가 눈에 띄게 나타날 것이다.

신기술의 수명주기를 나타내는 S곡선을 살펴보면, 기술 발전 초기에는 곡선이 완만하다가 어느 순간이 지나면 갑자기 폭발적인 성장 궤도를 그린다. AI 기술은 아직 S곡선의 성장 지점에 이르지 않았다. 새로운 기술을 배우고 기업 내에 도입하는 데는 막대한 비용이 따르는데, 불확실성이 높기 때문에 기업이 투자에 머뭇거리기 쉽다. 기술도 아직 미숙하고 사회도 이를 받아들일 준비가 덜 되어 있는 것도 기술 속도에 한몫을 한다. 저자의 조사에 따르면 인공지능 기술 도입을 준비하고 있는 국내 기업인은 16%밖에 되지 않고, 실제 업무에 AI 기술을 활용하고 있다는 답변은 12.5%에 머물렀다(2018년 8월 조사 결과). 더군다나 이 기술을 실제 비즈니스 문제를 해결하기 위한 용도가 아니라 '인공지능을 활용하는 앞서가는 기업'이라는 이미지를 만들기 위한 '무늬'로만 개발하는 경우도 허다했다.

그러나 기술 수준이 지속적으로 발전함에 따라 미래 비즈니스 시장에서 AI는 초격차의 원동력이 될 것이다. 이제 AI 기술을 비즈니스에 적용해야 할 시점이다. AI 기술로 무장한 선도자들에 의해 시장이 파괴되기까지는 3년밖에 남지 않았다. 지금, 인공지능 혁신에 대한 방법론이 그 어느 때보다도 절실하다.

"격변하는 비즈니스의 미래, 다가올 부의 기회를 잡는 법"

AI 기술은 이미 다양한 산업에 적용되면서 비즈니스 모델을 새롭게 정의하고 있다. 그러나 우리는 AI의 정확한 의미조차 파악하지 못하고 있다. AI 기술의 흐름을 장악하지 못하는 기업에게 미래는 없다. 이 책은 AI의 정의부터 관련 산업의 미래, AI가 도입된 이후에 바뀌어야 할 경영 전략과 리더십에 이르기까지 실제 AI 도입이 바꾸는 미래 산업의 모습을 알려주고, AI 기술로 바뀌는 산업에 필요한 모든 전략과 방법을 제시한다.
  - 기업이 성공적인 AI 도입을 할 수 있는 현실적 지식을 전달
  - AI 도입을 위해 알아야 할 중요한 기술적 이슈
  - AI 기능을 기반으로 비즈니스 모델을 개발하는 방법
  - AI 도입을 위해 경영인이 갖춰야 할 실무적 지식과 자세

지금, AI 기술은 비즈니스 구조를 본격적으로 바꿀 티핑 포인트를 목전에 두고 있다. 더 이상 미룰 수 없는 AI 퍼스트 시대의 도래 속에서 살아남기 위한 기업의 리더와, 새로운 시장을 개척하고자 하는 창업가, 그리고 비즈니스 투자치를 찾고 있는 투자자라면 반드시 읽고 미래를 통찰해야 할 것이다.

[책 내용 발췌]

안타까운 사실이지만 인공지능에 대한 높은 기대에도 불구하고, 구글이나 IBM 같은 IT 기업 외에 대부분 비즈니스 현장에서 이 기술을 제대로 도입해 활용하는 기업은 그리 많지 않다. 『MIT 슬론매니지먼트리뷰』의 설문조사에서 드러난 것처럼 85%의 경영자 및 기술 전문가는 인공지능을 기업의 미래를 위한 전략적 기회로 여기고 있는 데 반해, 실제 인공지능을 기업 프로세스에 적용한 사례는 23%에 불과하다. 인공지능을 완전히 내재화하여 기업 전반에 통합시킨 경우는 단 5%밖에 안 된다. 또한 현재 인공지능이 조직 운영에 실제로 영향을 미치는 경우도 18%밖에 되지 않는다(pp.33~34).

최근 2년간 실리콘밸리 기업을 중심으로 딥러닝을 활용한 자율주행 기술을 구현하는 기업이 빠르게 증가하고 있다. 전문가들은 "자율주행 기술의 핵심은 이미 딥러닝으로 이동하기 시작했으며, 고가의 특화센서를 저가의 범용센서가 빠르게 대체해나가고 있다"고 강조한다. 자율주행 기술의 패러다임이 딥러닝으로 전환된 가운데, 향후 미래차 시장경쟁의 핵심은 인공지능 분야의 역량, 특히 주행에 필요한 데이터 확보가 될 전망이다. 딥러닝 기술의 완성도도 결국 다양한 상황의 데이터 확보에 의해 좌우될 것이다. 최근 콤마닷에이아이나 테슬라 같은 기업이 수억 킬로미터에 달하는 주행 데이터를 수집하는 이유다. 과거 자율주행 기술의 핵심이 자본이었다면, 지금부터는 데이터와 시간의 싸움으로 봐도 무방하다. 자율주행 시장 초기부터 데이터를 확보한 기업과 그러지 못한 기업의 격차는 매우 클 것으로 예상되며, 어쩌면 과거 자본에 의한 격차보다 더 높은 진입장벽이 될 수도 있다(pp.58~59).

앞으로 3~5년 사이, 산업은 인공지능 기술에 의해 커다란 지각변동을 겪을 것이다. 이 시기의 시장에서 기업은 혁신을 주도하는 기업과 혁신에 따르는 기업 두 종류로 나뉠 것이다. 전자는 시장의 파괴를 주도할 것이고 후자는 파괴의 희생양이 될 것이다. 앞장에서 살펴봤듯 이미 시장에는 독창적이고 진취적인 마인드로 비즈니스를 혁신하는 기업이 많다. 앞으로 3년 후 시장은 이들에 의해서 파괴될 가능성이 크다. 이들은 인공지능에 의해 증폭된 역량을 활용해 월등한 제품을 배포, 확산시켜 시장을 장악할 것이다. 월등한 인공지능 기술을 보유한 기업에 더 많은 소비자가 몰릴 것이며, 인공지능 머신은 더 많은 소비자의 사용 데이터를 기반으로 더욱 강력하게 고도화될 것이다. 역량이 증폭된 소수가 시장을 독식하게 된다. 파괴자와 희생자, 무엇이 이러한 운명을 가를까? 결국은 '실행'이다. 실행력이 강한 기업이 시장의 파괴적 혁신을 주도할 것이다(p.213).

28. Wayne Holmes, Maya Bialiik, Charles Fadel 지음, 정제영. 이선복 옮김, 『인공지능시대의 미래 교육』, 박영스토리, 2020.

"Artificial Intelligence In Education, Promises and Implications for Teaching and Learning"라는 책은 케리스 업무를 위해 크게 눈길을 끈 제목이다. 우리나라 온라인 교육의 중책을 맡고 있는 사람으로서 꼭 읽어야 할 책이었다. 일과 속에서 원본으로 읽기에는 시간이 없었다. 다행히 2020년 번역본이 나왔다.

최근 코로나19는 '제4차 산업혁명, 지능정보사회'에 뒤이어 AI 인공지능 등 첨단 기술이 거론되는 가운데 교육 현장은 새롭게 덮친 상황이 되었다. 과거 근대식 학교제도는 상당히 효율적인 시스템을 통해 산업사회의 인력을 양성해 내는 데 성과를 이루어왔다. 해방 이후 우리나라 교육에 있어서도 근대화 과정에서 세계가 주목할 정도로 빠르게 양적 성장을 이룩했다. 많은 학생들을 효율적으로 가르치기 위한 교육제도인 학교 시스템은

2차 산업혁명의 대량생산과 대량교육이었다.

표준화, 전문화와 관료제적 관리, 컨베이어벨트를 통한 분업 등의 방식은 2차 산업혁명의 산물이다. 학교제도는 2차 산업혁명 그대로 담고 있어 여러 가지 문제를 드러내고 있다. 제각기 고유한 소질과 적성을 가지고 있는 학생들이 다양한 경험에 의한 학습의 결과가 그들에게 체화되어 있다. 그럼에도 학교제도는 이러한 다양성을 반영하지 못하고 있다.

예컨대 학년제의 기본적인 운영방식은 공장의 컨베이어벨트와 같은 원리다. 실제 운영과정에서 개별 학생의 학습성과에 대한 관리는 불가능하다. 국가교육 과정은 학년제와 연계되어 운영되고 있는데 학년별로 학습해야 할 내용의 분량은 표준화되어 있다. 심지어는 선행학습 금지를 통해 과정을 통제하고 있다. 놀랄만한 것은 학생들의 학습과 무관하게 진도라는 형태로 수업이 진행되고 있다. 학교에서의 평가는 교육적 성장보다는 사회적 선별의 목적이 더 앞서고 있다. 그 대표적인 형태가 집단 내 서열을 매기는 상대평가의 방식이다.

이 책은 T자형 인간과 M자형 인간의 모형을 통해 새로운 교육을 이야기 하고 있다. 미래 교육은 data, Information보다 전문성과 선이가 중요, 각 교과에 근본적으로 내재화되어 있는 논리와 사고체계를 이해하도록 노력해야 한다. 그것이 플립드교육과정이다. 플립드 러닝은 교과의 핵심 내용을 교사가 동영상으로 제작, 배포해서 학생들이 미리 집에서 학습하게 하고, 수업시간에는 집에서 학습한 내용을 토대로 학생들이 토론하고 탐구하는 등의 학생 활동 중심으로 심화학습과 응용 학습을 할 수 있도록 하는 데 초점을 둔 수업 방법이다.

학교는 변해야 한다. 이구동성으로 거대화된 학교교육 시스템을 혁신시키려고 노력한다. 변화의 축을 옮기기 위해 지렛대가 필요하다. 많은 교육 혁신가들이 수없이 노력해 왔지만 제대로 변화하지 않았다. 그 이유는 뭘까? 현재의 시스템이 어느 정도 성과를 내고 있어서다. 이 균형을 깨고 혁신을 할 수 있을 정도의 충격이 필요하다. 변화는 느리다. 다양한 방식으로 사회에서 활용되고 있는 챗봇(Chatbot), 증강현실(AR)과 가상현실(VR), 자연언어 처리기술 등 첨단 기술이 교육분야에서도 조금씩 활용되는 상황이 변화의 작은 모습이다.

2020년 세계보건기구(WHO)가 2020년 3월 11일, 코로나19에 대해 세계적 대유행을 의미하는 팬데믹을 선언하였다. 우리나라를 비롯한 전 세계의 대부분 학교가 휴교하는 초유의 상황이 발생했다. 이에 따라 대학에서 먼저 시작한 온라인 수업이 전체 초등학교, 중학교, 고등학교에서 활용되었다. 인류가 원하지 않았지만 어쩔 수 없이 맞이한 상황이 된 것이다.

코로나19 상황은 위기의 상황인 것은 맞다. 위기는 기회다. 역사적 교육 혁신의 기회로 삼아야 한다. EBS에서 메타버스와 인공지능의 결합, 미래 교육에 대한 안내를 하고 있다. 코로나가 쉽게 수그러들지 않을 것이다. 더 많은 교육적 활용을 주문할 것이다. 교육분야는 인공지능 기술이 적용될 수 있는 중요한 분야 중의 하나이다. 그래서 에듀테크로 일컬어지는 미래 교육 혁명이 이미 세계 곳곳에서 진행되고 있다. 그린스마트와 함께 메타버스와 교육이 변해야 한다. AI인공지능의 교육적 활용은 한 명의 교사가 많은 학생들을 대상으로 일방향 강의를 진행하는 근대식 학교교육의 문제를 해결해 줄 최적의 방법으로 인식된다.

끝으로 이 책을 소개한 출판사 서평 일부를 다음과 같이 옮긴다.

'인공지능 기술의 교육적 활용(AI in Education)'과 관련하여 크게 두 가지 측면에서 논의하고 있다. 즉 인공지능 시대에 무엇을 가르쳐야 할 것인지(What)와 어떻게 가르쳐야 할 것인지(How)에 대한 것이다. 우선 무엇을 가르칠 것인가와 관련해 개념적 지식(Conceptual Knowledge)의 중요성을 강조하고 있다. 개념적 지식은 학습 결과의 전이(Transfer), 즉 단순한 정보에 그치는 것이 아닌 다른 범주와 상황에 적용할 수 있는 가치가 높은 지식을 의미한다.

예를 쉽게 들어 이야기하면, 나라의 수도를 외우는 것은 단순한 정보의 암기이다. 수도의 역사적, 사회적 의미와 가치를 이해하는 편이 더 가치가 크다. 하지만, 수도를 아는 것(외우는 것)은 역사적, 사회적 의미 등 다른 범주와 상황에 적용할 가치가 높아 개념적 지식, 교과의 핵심 내용이라고 할 수 있다. 창의적 학습을 위해서는 교과의 핵심적 개념에 대한 이해가 꼭 필요하다. 이런 맥락에서 우리는 너무 많은 개별 지식을 암기시키는 단점을 해소하는 교육과정을 찾아야 한다.

이어서 인공지능 시대에 어떻게 가르칠 것인지와 관련해, 저자들은 인공지능으로 어떻게 교육 활동을 향상시키고 변화시킬 수 있을지에 대해 질문을 제기한다. 학습자의 동기 자극에서부터 적응적 학습을 돕는 다양한 에듀테크의 사례를 제시하고 있다. 하지만 중요하게 강조하는 부분은 인공지능을 활용한 교육이 교사를 대체하는 것은 아니라는 점이다. 인공지능 교육의 가장 중요한 내용이라고 할 수 있는 지능형 튜터링 시스템(Intelligent Tutoring System)의 윤리적 이슈에 대해 구체적으로 검토가 필요하며 이러한 문제를 해결할 수 있는 ITS+의 내용에 대해서도 깊은 고민이 필요하다. 인공지능의 교육적 활용과 관련된 중요한 개념과 기술에 대해서는 부록으로 제시하고 있으므로 좀 더 깊은 내용이 궁금한 독자들에게 도움이 될 것으로 기대한다.

이 책은 인공지능 시대의 교육 내용과 방법의 측면에서 의미 있는 문제를 제시하고 있다. 하지만 이 책의 내용만으로는 완전한 혁신의 방안을 마련하기에 한계가 있다. 교육정책의 과정에서 부분적인 개선으로는 거대한 학교 시스템을 혁신할 수 없다는 것이 역사의 가르침이다. 인공지능을 활용한 교육 시스템 혁신이 실제 모든 교실의 교수-학습-평가의 과정을 바꿀 수 있는 종합적 방안으로 마련될 필요가 있다.

29. 박석무 지음, 『목민심서, 다산에게 시대를 묻다』, 현암사, 2021

『목민심서, 다산에게 시대를 묻다』는 바로 그 정약용의 『목민심서』를 오늘날의 눈으로 풀어서 읽을 수 있다. 박석무 선생님은 이 지역 선배님으로 평생을 다산 연구에 매진하며 『유배지에서 보낸 편지』, 『다산산문선』, 『다산 정약용 평전』 등 다수의 저역서를 펴내셨다. 선생님은 정약용의 삶과 사상을 연구하신 국내 최고의 연구자이다.

전남도청 복지국장을 맡으면서 공무원의 자세를 고민하던 중 가장 가깝게 접한 책이다. 선생님에 따르면 시대가 바뀌면서 다산의 목민관은 이제 수령이 아니라 최하급 공무원에서 입법부, 사법부의 공무원과 최고 지위인 대통령에 이르기까지 모든 공직자를 가리키는 말이 되었다.

조선조 관리들의 부패를 개탄하며 목민심서를 썼던 시내로부터 많은 시간이 지났다. 오늘날에도 공직자들의 윤리성 문제는 사회적으로 끊이지 않고 생긴다. 불과 얼마 전에도 공공기관의 부동산 투기, 뇌물 수수 문제가 사회면을 장식하면서 많은 사람들에게 실망과 분노를 안겨주었다. 박석무 선생님은 이 책의 머리말에서 "다산이 평생 동안 추구했던 공렴이라는 가치를 공직자는 물론, 우리 사회 모두가 실천하는 세상이 되기를 바라는 염원으로 오늘의 눈으로 읽는 목민심서를 엮었다."고 밝히셨다. 이처럼 다산의 사상과 공렴이 가진 의미는 지금 시대에도 여전히 유효하다고 믿는다.

공평정대한 공직자의 복무 태도는 어떤 위치와 자리에 있던지 간에 멸사봉공의 자세가 필요하다. 그 귀감을 던져주는 책이 『목민심서』이고, 박석무 선생님의 해설 내용이다. 앞으로도 반복해서 계속 읽고 마음을 다잡을 책이다.

에필로그

책을 마치면서 거리를 채웠던 단풍이 형형색색으로 바뀌는 모습을 봤다. 그 끝자락에서 필자가 몸담았던 한국교육학술정보원(KERIS)원장직을 내려놓았다. 틈틈이 메모하고 정리한 글을 다시 책으로 엮었다. 어쩌면 한국의 온라인 교육과 학술 데이터의 정보 관리 보급 분야에서 최고의 기능을 하는 KERIS는 필자에게 새로운 열정을 불러일으키고 다져 준 곳이다. 그 이유는 몇 가지로 떠오른다. 첫째, 광주교육 현장 실태를 너무 속속들이 들여다볼 수 있었다. 둘째, 교육에 대한 그동안의 편견들을 교정하고 흩어졌던 생각의 편린들을 바르게 꿰는 시간을 가졌다. 세 번째는 다양한 국내외의 교육정보와 네트워크를 연결할 수 있는 인프라를 접하고 활용할 방안을 얻게 되었다. 네 번째는 지역교육을 위해 무엇을 어떻게 해야 할 것인지 생각을 다듬을 수 있게 해줬다. 그리고 마주한 생각이다. 지역사회 교육을 위해 어떤 역할을 할 것인가? 그 역할은 미래와 돌봄을 위한 마중물 말고 딱히 떠오르지 않았다.

필자는 믿는다. 교육 현장에는 많은 고수들이 계시다는 사실을 믿는다. 사석에서 가끔 말로만 듣던 그 무용담같은 사실을 케리스에서 근무하면서 직접 확인했다. 그리고 생각보다 많은 사람들이 교육을 걱정하고 있다는 사실 또한 구체적으로 목격했다. 그분들에게 가장 우선 되어야 할 요소는 활동할 수 있는 환경이었다. 환경은 재정적인 것에서부터 공간적인 것까지 필요하지만 더 중요한 것은 능력을 묶는 시스템과 정책적 지원이었다. 다른 목소리라도 인정받을 때, 엉뚱하더라도 보호받을 수 있는 지지기반이 필요했다. 그분들이 교육과 기술을 구축할 수 있도록 돕는 역할이 필요하다는 사실을 깨달았다. 그들의 길을 닦아서 광주교육의 미래가 열릴 수 있도록 돕자고 결심한 것이다.

아직도 부족한 것이 많다. 교육은 한 사람 한 사람이 모두 다른 성과를 낼 수 있도록 협력하는 과정이라고 할 때 불쏘시개라고 하더라도 더 채워야 할 능력과 역량은 끝이 없다. 백지장도 붙들면 낫다고 했다. 교육은 동네가 완성할 때 가능하다. 동네라는 상징적인 말은 협력적 과정으로 교육이 달라져야 한다는 것을 의미한다. 온통 교사들만 그 짐을 짊어지게 해서는 안 된다. 유사 이래 가장 유능한 실력자들이 교사들이다. 그들의 높은 실력이 발휘될 수 있을 때 광주교육은 다시 탄생하는 계기가 될 것이다. 교사들의 선도적 역할을 끌어내고 학생들의 창의성과 자발성을 촉발시키는 일이 마중물의 몫이다. 사회적인 존중은 곧 서로 가르치면서 배울 수 있다는 말이 딱 맞다. 요즘은 학생들에게 배운다는 말까지 나올 만큼 배움은 조건이 없다. 교육은 그 정도로 복잡하고 다양하다는 말이다. 그래서 필자는 집단지성을 믿는다. 크게 광주시민의 지혜를 모으면 해결하지 못할 것이 없을 것이다. 결국 도화선을 만드는 일을 기꺼이 자청하고자 한다.

의회정치의 경험을 통해서 행정이 사람을 어떻게 모셔야 하는지 알았다면 이제 교육 현장에서 그 일머리의 기술을 발휘해야 할 일이다. 이 책을 통해 가능성을 열었으면 좋겠다. 그래서 마중물이라는 말을 좋아한다. 필자는 무엇을 하겠다는 욕심보다는 화두를 던지는 역할에 더 관심이 있다. 함께 가자고 권하고 싶다. 그것이 나만의 것이 아니기 때문에 더 그렇다.